DUOYUANHUA FANGSHI TUIDONG
FUSHUNSHI XIANGCUN ZHENXING LUJING YANJIU

多元化方式推动
抚顺市乡村振兴路径研究

主　编／刘士全
副主编／孙　熠／罗　震／付　杨／孙涧桥／刘静宜

辽宁大学出版社
Liaoning University Press

图书在版编目（CIP）数据

多元化方式推动抚顺市乡村振兴路径研究/刘士全
主编. —沈阳：辽宁大学出版社，2019.7（2020.7 重印）
　ISBN 978-7-5610-9569-0

　Ⅰ.①多…　Ⅱ.①刘…　Ⅲ.①农村—社会主义建设—
研究—抚顺　Ⅳ.①F327.313

中国版本图书馆 CIP 数据核字（2019）第 022733 号

多元化方式推动抚顺市乡村振兴路径研究
DUOYUANHUA FANGSHI TUIDONG FUSHUNSHI XIANGCUN ZHENXING LUJING YANJIU

出 版 者：辽宁大学出版社有限责任公司
　　　　　（地址：沈阳市皇姑区崇山中路 66 号　邮政编码：110036）
印 刷 者：永清县晔盛亚胶印有限公司
发 行 者：辽宁大学出版社有限责任公司
幅面尺寸：170mm×240mm
印　　张：12.75
字　　数：220 千字
出版时间：2019 年 7 月第 1 版
印刷时间：2020 年 7 月第 4 次印刷
责任编辑：李振宇
封面设计：韩　实
责任校对：齐　悦

书　　号：ISBN 978-7-5610-9569-0
定　　价：45.00 元

联系电话：024-86864613
邮购热线：024-86830665
网　　址：http://press.lnu.edu.cn
电子邮件：lnupress@vip.163.com

序　言

实施乡村振兴战略，是党的十九大做出的重大决策部署，是决胜全面建成小康社会、全面建设社会主义现代化强国的重大历史任务，是中国特色社会主义进入新时代做好"三农"工作的总抓手。习近平总书记参加十三届全国人大一次会议时，就实施乡村振兴战略，特别是就推动产业振兴、人才振兴、文化振兴、生态振兴、组织振兴做出了"五位一体"的总体要求。抚顺市乡村要振兴，就要按照"五位一体"的要求，全方位整体推进，哪一方面都不能偏离。但是"五位一体"推进乡村振兴，产业振兴是最关键的一环。因此，抚顺市要结合域内乡村的特色、特质、特点的差异性和独特性，充分发挥乡村资源优势，紧紧围绕农村第一、第二、第三产业融合发展，实现乡村可持续发展，只有这样才能促进抚顺市乡村振兴的全面实现。

乡村振兴是着力解决好城乡发展不平衡、不充分问题的战略选择。党的十八大以来，抚顺市最大的发展不平衡是城乡发展不平衡，最大的发展不充分是农村发展不充分。农村基础设施薄弱、基本公共服务短缺等问题依然较为突出，城乡之间、工农之间的要素不平等交换仍然存在。实施乡村振兴战略，有利于重塑城乡形象，强化制度性供给，促进城乡融合发展，着力补齐农业农村发展短板。抚顺市应加快实现农业农村现代化建设，努力让农业成为有前途的产业，让农民成为有吸引力的职业，让农村成为农民安居乐业的美丽家园。

乡村振兴是实现推动新旧动能转换的重要载体和方向选择。

实施乡村振兴战略，进一步深化农业供给侧结构性改革，大力发展现代高效农业，加快培育农业"新六产"，有利于推进农业由增产导向转向提质导向，从而提高农业创新力、竞争力和全要素生产率，培育乡村发展新动能，增创抚顺市农业发展新优势，进而加快实现由农业小市向农业强市的跨越和转变。

乡村振兴是实现精准脱贫的基础，是由精准脱贫向乡村振兴的战略转移，是检验全面建成小康社会的重要标准。近三年是脱贫攻坚的冲刺期，抚顺市要做好脱贫工作，必须依靠产业脱贫。不同于救济式脱贫，产业脱贫是治本之策，对有或无劳动能力的贫困户来说，产业脱贫是解决贫困的最好方式。从抚顺市乡村近些年的产业脱贫情况来看，一大批贫困户通过参与农业产业生产，实现了脱贫，一批贫困村实现了脱贫目标，做到了脱真贫、真脱贫。随着乡村产业的振兴，更多的贫困户有机会通过贷款入股、打工等方式分享产业链增值收益，进而实现脱贫的目标。

可以说，能否实现乡村振兴是关系到抚顺市是否能从根本上解决城乡差别，乡村发展不平衡、不充分的问题，也关系到抚顺市整体发展是否均衡，否能实现城乡统筹、农业一体的可持续发展的重大问题。抚顺市社会科学院作为地方智库，以"服务地方、侧重应用"为己任，紧紧围绕着乡村振兴开展专题研究。《多元化方式推动抚顺市乡村振兴路径研究》一书正是围绕农村产业发展，以及第一、第二、第三产业深度融合的重点课题展开的。本书紧扣地方实际，立题针对性强、侧重实证性研究，围绕多元化促进乡村振兴的思路、特色产业攻坚、打造特色小镇、企业带动乡村振兴等方面内容，进行了比较系统、全面、深入、多维度的探讨剖析，对抚顺市领导决策和相关部门开展具体工作能够提供借鉴和参考，对全市上下形成乡村振兴的共识也能够起到重要的引领作用。

编　者

2019 年 3 月

目　　录

导论　多元化方式推动抚顺市乡村振兴研究

　　为了更好地贯彻落实《中共中央、国务院关于实施乡村振兴战略的意见》、《中共辽宁省委、辽宁省人民政府关于贯彻落实中央决策部署实施乡村振兴战略的意见》和《抚顺市委、市政府关于实施乡村振兴战略的意见》，寻找振兴乡村产业发展的突破口，2018 年 5 月，抚顺市社科院课题组对抚顺市乡村产业发展情况进行了调研。本次调研实地考察了清原县、抚顺县、新宾县三县的 37 个乡镇，通过集体座谈、个别交流和召开研讨会等形式，全面深入了解了抚顺市乡村发展的情况。

一、抚顺市乡村情况概述

（一）抚顺市乡村基本情况

　　抚顺市乡村的基本情况主要体现为新宾县、清原县、抚顺县三县的基本情况。三县共有乡镇 37 个，行政村 464 个，人口 76.2 万人，其中 87% 以上是农业人口，三县总面积 10683 平方千米。以下为三县 2017 年情况简介。

　　1. 清原县，地区生产总值 56.1 亿元；公共财政预算收入 5.3 亿元；固定资产投资额 19.3 亿元；农村居民人均可支配收入达到 12805 元。清原县是国家秸秆综合利用示范县、国家有机产品认证示范创建区、"辽宁龙胆之乡"。

　　2. 新宾县，地区生产总值实现 51.2 亿元；公共财政预算收入实现 3.8 亿元；固定资产投资实现 18.3 亿元；农村居民人均可支配收入实现 12532 元。新宾县是国家级先进林业县、全国"一二三工程"示范县、全国生态环境建设重点县、全国山区资源综合开发示范县、全国秸秆养牛示范县、全国绒山羊生产基地县、"中国林蛙之乡"。

　　3. 抚顺县，地区生产总值完成 33.1 亿元；公共财政预算收入实现 4.1 亿元；全社会固定资产投资完成 11.9 亿元；农村居民人均可支配收入达到

14003 元。抚顺县是全国食用菌产业化建设示范县、辽宁省大果榛子示范县、"中国的大果榛子之乡"。

（二）抚顺市乡村自然资源优势

1. 丰富的矿产资源。抚顺市地处辽东地块中部，在漫长的地质变迁中经历了频繁的火山活动、地壳活动，抚顺市山区的底层内具有良好的地质环境和找矿的地质条件。抚顺市矿产资源丰富，全市有金属、非金属、煤矿三大类矿产资源 34 种，总量约 54.97 亿吨，保有总量约 43.32 亿吨。主要矿产有煤、铁、铜、锌、铅、金、银、镍、铂、钯、硫化铁等。其中，红透山铜锌矿的规模和储量居全省前列。另外，煤、铁等矿产资源在省内也占有重要位置。虽然由于政策限制，对抚顺市水源地保护区内的矿产资源实施限采，但一些不在保护区的矿产资源仍可以在当地乃至周边形成优势产业，从而促进乡村经济发展。

2. 丰沛的水资源，为农业产业发展提供保障。抚顺市主要有浑河、太子河、清河、柴河、富尔江、柳河等 29 条河流，水域面积 13963.03 公顷（1 公顷＝10000 平方米，下同），占全市面积的 2.9%。境内有 6 条比较大的天然河流，支流河长 10 千米以上的有 110 条之多，小流域 1 万多个。从水资源总量上看，2017 年全市水资源总量为 39.45 亿立方米，比"十二五"期间平均水资源量 30.60 亿立方米增加了 28.9%。全市人均占有水资源量 1836 立方米，居全省前列。从蓄水能力上看，抚顺市共修建大、中、小型水库 56 座，其中大型水库 1 座，即大伙房水库，每年为沈阳、大连、鞍山、抚顺、辽阳、营口、盘锦 7 个城市供水近 26 亿立方米。同时，大伙房水源保护区被列入国家江河湖泊生态环境保护试点区域。从水质上看，全市各乡村保护区水质较好。丰沛的水资源，保障了抚顺市乡村农业产业的良性发展，更对人口聚集起到了积极的推动作用。

3. 充裕的山地资源，为保护物种的多样性提供了载体。山地占抚顺市全市面积的 78%。以山地为基础，以浑河谷为骨架，以众多的山涧沟谷为网络的山地、河床、沟谷交织成抚顺市的自然地貌。抚顺市区域内丰富的山地资源，造就了生物的多样性。据统计，抚顺市境内的乔木、灌木和木质藤本野生植物 133 科 970 种、野生动物 63 科 242 种。其中，有经济价值的植物近 300 种，人参、黄菠萝、胡桃楸、水曲柳被列为国家重点保护的濒危植物，东华绣线菊、刺楸、红松、刺五加等被列为省重点保护的濒危植物。独特的山地区域内有丰富的药材、山野菜和菌类。特殊的地理和山地环境使抚顺市山区开发程度较低，受现代工业化的影响较少，抚顺市山区的自然生态资源长期处于较为封闭的状态。因此，生物资源开发潜力很大。

4. 广袤的森林资源，为生态资源保护和开发奠定了基础。抚顺市地区属长白山系，是长白山西南的延伸部分，由龙岗哈达岭的余脉构成。境内气候属于暖温带亚湿润季风气候，具有四季分明、气候温和、日照充足、季风明显、雨热同季等特点。抚顺市森林资源十分丰富，林业用地、林木蓄积、森林覆盖率三项重要指标常年位居辽宁省前列。截至 2017 年，抚顺市林业用地面积 84.1 万公顷，占全市总面积的 74.6％。有林地面积 74.2 万公顷，占林业用地面积的 88.2％。在有林地面积中，林分面积 71.9 万公顷，占有林地面积的 96.9％；经济林面积 2.3 万公顷，占有林地面积的 3.1％。在林木蓄积方面，抚顺市活立木总蓄积量 6287.51 万立方米，占全省活立木总蓄积量的 25％，位居全省第一。其中，林分蓄积量 6271.21 万立方米、疏林蓄积量 2.25 万立方米、散木蓄积量 10.21 万立方米、四旁树蓄积量 3.84 万立方米。丰富的森林资源，在轮伐指标允许的情况下，为抚顺市木业及食用菌业发展奠定了坚实的基础。

5. 富饶的湿地资源，为"大生态产业"提供了支撑点。湿地资源对全市生态建设具有极高的价值，对大生态产业发展具有非常重要的作用，是生物多样性丰富的重要地区，是濒危鸟类、迁徙候鸟和其他野生动物的栖息繁殖地，依赖湿地生存、繁衍的野生动植物极为丰富。抚顺市伴随水库、河流、水田形成的湿地较多初步统计，各县乡有成规模的湿地近 10 块。其中大型的湿地主要有大伙房湿地和社河河口湿地。社河河口湿地位于抚顺县上马乡境内台沟村社河入库口，西起白家店岭东，沿抚金线经台沟桥至台上线通什岭，公路环库总长约 3 千米，面积约 6 平方千米。抚顺市乡村的湿地多属于浑然天成的自然美景，有效地开发利用湿地资源，做好湿地观光体验游，无论是对湿地的可持续发展，还是对周边乡村的百姓都是有益的。

二、抚顺市乡村产业的发展现状

（一）第一产业发展情况

抚顺市从水源保护区的实际出发，依托生态产业，做大做强了特色农业产业，有效增加了农民的收入。

1. 中药材种植产业实现快速发展。抚顺市将中药材资源优势转化为产业优势和经济优势，实现了中药材产业跨越式发展，中药材产业规模位居辽宁省首位。2017 年，抚顺市中药材种植及抚育总面积达到 94.05 万亩（1 亩＝666.7平方米，下同）、产量为 4.17 万吨、产值为 12.26 亿元，建成了 50 亩规模标准化中药材小区 80 个，初步形成了以永陵镇中药材交易市场建设为平台的集种植、加工、销售于一体的产业链，建成了农村第一、第二、第三产业融合省级示范区。抚顺市的辽细辛、辽五味、龙胆草、平地参、刺五加等中药材已获得国家地理标识农产品认证。其中，清原龙胆草交易量占全国龙胆草市场份额的 82％，新宾辽细辛交易量占全国细辛市场份额的 50％。2017 年抚顺市主要中药材种植情况如表 1 所示。

表 1　　　　　　　2017 年抚顺市主要中药材种植情况

品　　种	种植面积（亩）	产量（吨）	产值（万元）
龙胆草	25370	1250	2950
平地参	10310	940	25380
辽细辛	53230	3100	5560
辽五味	9190	2820	4820
玉竹	15270	3130	2780
辽藁本	10100	2050	5280

2. 食用菌产业稳步增长。2017 年，抚顺市新增食用菌 1800 万段，食用菌生产规模达到 1.65 亿段、产量达 14.44 万吨、产值达 10.48 亿元，食用菌生产规模居全省第二位。抚顺县单片黑木耳生产规模居全省第一位。抚顺县单片黑木耳、新宾香菇等均获得国家地理标志证明商标。在食用菌加工方面，全市主要依托三友生物科技公司等龙头企业，重点发展食用菌加工，逐步形成了区域菌种繁育、基地种植、农产品精深加工产业，打造了全国食用菌繁育推一体化发展产业集聚区。2017 年抚顺市主要食用菌种植情况如表 2 所示。

表 2　　　　　　　2017 年抚顺市主要食用菌种植情况

品　　种	种植面积（万段）	产量（吨）	产值（万元）
黑木耳	5270	34600	26217
香菇	9232	80668	63826
金针菇	140	1800	860

3. 优质水稻产业稳步推进。抚顺市依托水源保护地的优势，广泛种植优质稻米，并打造了清河牌大米、大孤家大米等品牌。同时，抚顺市积极发

展稻米专业合作社,形成了产加销一体、通过采用"合作社＋农户＋绿标"的创新模式,让无公害水稻、绿色水稻、有机水稻成为抚顺市稻米产业主打品牌。截至 2017 年,抚顺市优质稻米种植面积保持在 18.58 万亩,总产量 9.04 万吨。全市有水稻经营合作社 40 多家,通过种植优质稻米稳产稳销,带动农户 2 万人实现了增收。

4. 果、花产业实现提档升级。抚顺市是省内香瓜、寒富苹果、南果梨等重要产地。抚顺市通过产业政策,鼓励农民发展特色水果产业,调整农业结构,并取得了明显成效。2017 年,抚顺市水果栽种面积达 14.42 万亩、产量 13.55 万吨、产值 5.29 亿元,较高的水果产量,有效实现了农民增收。优质特色水果实现了从无到有、从小到大、规模开发的跨越式发展。抚顺市依托优质水果产业,重点发展水果采摘产业。精品水果采摘园已成为抚顺市农业和农村经济新的增长点。全市花卉种植以清原为主产地,抚顺市重点培养畅隆花卉、益源福花卉等从事集花卉育苗、生产、销售为一体的龙头企业。2017 年,抚顺市精品花卉生产面积稳定在 3608 亩,年产花卉 4380 万枝,草花 1240 万盆,产值达 2900 万元。

5. 山野菜促进农民增收。抚顺市三县均在发展山野菜产业,扩大反季山野菜生产规模,以养生、保健的绿色生鲜产品占领蔬菜市场,以高产值增加农民收入。2017 年,抚顺市的山野菜种植规模稳定在 23.05 万亩,产量达 3.04 万吨,反季山野菜种植规模达 0.08 万亩,产量为 0.07 万吨。山野菜产业规模位居辽宁省首位。山野菜产业已经成为抚顺市农业发展和农民增收的主导产业。

6. 畜牧业产量、产值有所提升。从党的十八大以来,抚顺市通过养殖结构调整,畜牧业的规模、产值和效益都有所提升。到 2017 年,抚顺市基本上形成了以大苏河乡、草市镇为主的肉牛产业基地,以抚顺县汤图乡为主的奶牛产业基地,以石文、旺清门等地为主的绒山羊产业基地,以禾丰牧业为主的生猪产业基地等。2017 年,抚顺市饲养肉牛 6.89 万头,出栏 2.84 万头;奶牛存栏 1.37 万头;饲养羊 45.42 万只,出栏 20.78 万只;饲养生猪 54.25 万头,出栏 33.54 万头;饲养蛋鸡 244.73 万只;饲养肉鸡 3013.65 万只,其中肉鸡出栏 2619.56 万只。全市肉、蛋、奶总产量分别达到 10.66 万吨、3.34 万吨、2.58 万吨。

通过分析三县农业产业发展情况可以发现,种植业、畜牧业等第一产业是影响当地农民人均收入的重要因素,三县 90% 以上的人口都在从事第一产业。第一产业是抚顺市乡村振兴的主引擎。

（二）第二产业发展情况

通过调研发现，抚顺市三县的第二产业在结合自身产业结构特点的基础上，利用现有条件整合县域内资源，初步形成了抚顺县救兵木制品加工园区、新宾县高新材料智能制造产业园区、清原县生态健康产业园区。

1. 抚顺县救兵木制品产业园区发展良好，规划面积 2.33 平方千米，建成 0.11 平方千米。产业园在规范提升现有木业企业的同时，积极引进培育上下游产业项，形成了从原料供应、成品半成品加工到终端产品销售的完整产业链条，产业集聚效应不断放大。产业园依托天和环保生物能源科技项目，着力引导地区木材集中干燥；依托东北亚木业交易中心和辽中环高速等发达的交通网络，大力发展仓储、物流、商贸、金融等配套服务，全力助推产业集聚发展。园区共有企业 145 户，其中规上企业 4 户，重点企业有辽宁达亨木业、万华木业、宏林木业、三森林、万众木业、东体地板等。2018 年 1 月至 4 月，园区实现产值 2.8 亿元，同比增长了 7%，2018 年上半年完成产值 4.4 亿元。未来，随着入驻企业的增加，园区年销售总额将会进一步增加，安置就业人数也将随之进一步加大。

2. 新宾县高新材料智能制造产业园区发展快速。新宾县高新材料智能制造产业园区，规划面积 14.5 平方千米，建成 2.5 平方千米，由两部分组成。其中，新宾镇焊丝产业园以焊接和增材制造产业为主、南杂木镇园区以石墨、阻燃产品等新材料为主；另外，园区大力发展以 3D 打印技术为代表的高新技术产业，形成了以新型工业为重点、以新材料产业为支撑的高新技术产业园区，该园区共有企业 100 户，其中规上企业 15 户，重点企业有东工冶金、大化国瑞、合兴万家等。2018 年 1 月至 4 月，园区实现产值 4.18 亿元，同比增长了 9.4%，2018 年上半年完成产值 7 亿元。

3. 清原县生态健康产业园区稳步发展。清原县生态健康产业园区位于清原县清原镇英额河南岸，规划面积 5.55 平方千米，建成 2.75 平方千米，整合了县城东部健康食品园区、县城西部机械加工园区。园区确定以健康产业、机械加工和电站配套为产业方向，发展农林产品深加工以及健康食品、保健品、药品生产，从而推动园区向高科技、高附加值和资源深加工的新型园区发展。园区共有企业 24 户，其中规上企业 4 户，重点企业有勃朗服装、金松食品、三源健康、美辰材料等。2018 年 1 月至 4 月，园区实现产值 0.42 亿元，同比增长了 16%，2018 年上半年完成产值 0.8 亿元。

通过分析抚顺市三县产业园区发展情况可以发现，在三县 37 个乡镇中，除了拥有工业园区的乡村外，其余乡村工业实体较少，即使有工业企业的乡村，也往往以铁矿企业为主，抚顺县这种现象尤为严重。由于受铁矿资源价格波动的影响，一些铁矿企业处于半停滞状态，不能稳定生产，加之受制于生态保护区范围的限制，不少铁矿的延期手续一直没有通过省相关部门审核，这给地方财税保工资、保运转、保民生带来了很大压力。

（三）旅游业发展情况

2017 年，三县拥有 3A 级以上景区共 11 个，年接待游客量超过 400 万人次，旅游业产值达 8 亿元，形成了多个农业和乡村旅游融合发展的新载体。

1. 森林旅游快速发展。到 2017 年，三县森林公园已发展到 7 处，经营总面积达 3.9 万公顷。其中，国家级森林公园 5 处，经营面积 2.7 万公顷；省级森林公园 2 处，经营面积 1.2 万公顷。7 处森林公园有景区 28 个，景点 243 个，年接待游客 200 余万人，产值超过 4 亿元。

2. 以冰雪经济为突破，带动全季全域旅游。三县深入贯彻落实"冰天雪地也是金山银山"的理念，依托申办 2024 年全国冬运会的契机，大力发展冰雪旅游，形成了冬季戏雪滑冰、温泉养生、雪峰穿越、冬捕渔猎、年货大集、迎春灯会、满族老家过大年等一系列丰富多彩的抚顺市冬季旅游产品。仅 2017 年冬季，三县共接待游客超过 100 万人次，实现旅游收入超过 3 亿元。

3. 采摘游发展得有声有色。三县依托丰富的果蔬资源，自探索出了一条以"园区采摘＋农耕体验＋农业认领＋农家乐＋民宿业＋民俗娱乐＋农产品采购"融合发展的新路径以来，形成了"十路百园"休闲农业和乡村旅游发展新格局。2017 年，三县打造了 10 条采摘精品线路，其中省级精品线路 2 条。建设了 110 个精品园区，接待游客近 20 万人次，营业收入超过 3500 万元。

4. 民宿旅游逐渐成为热点。2017 年，三县的"农家乐"数量接近 500 家，年接待游客达 100 万人次，实现旅游收入 5000 万元。其中，新宾县永陵镇赫图阿拉村、清原县大苏河乡沙河子村、抚顺县后安镇佟庄子村、新宾县木奇镇大房子村等 10 个村落的乡村民宿已经粗具规模，拥有相对完善的配套设施。

三、抚顺市乡村产业的发展实践探索

可以看到抚顺市乡村产业发展取得了一定成就，部分产业已经走在全省前列。通过对抚顺市三县各乡村产业发展情况进行深入分析研究，可以将其经验概括为以下三个方面。

1. 明确乡村发展总体要求。抚顺市按照党的十九大报告和《中共中央、国务院关于实施乡村振兴战略的意见》的总要求，全面发力乡村振兴战略。抚顺市三县不仅大力发展生态产业和城郊特色产业，还以深化改革为动力进一步激发了乡村活力。

（1）在村专业合作社层面上，充分发挥农民专业合作社的组织优势，引导企业和农户通过资金、土地、劳动力入股等方式推进股份合作和集约化经营。例如，蔡家村出资 200 万元建设香菇专业种植合作社，占股金总额的 65.4%，农户以土地使用权入股，折资 79.2 万元，占股金总额的 34.6%。这种壮大乡村合作社的形式，不仅壮大了集体经济，还实现了没有劳动能力的贫困户的脱贫致富。

（2）在乡村基础设施建设上，三县依托特色小镇建设，形成了乡村振兴的核心支撑，同时以加强农村基础设施建设为重点，推动了农村繁荣兴旺，以加强生态建设为保障，打造了美丽宜居乡村。

2. 充分发挥乡镇政府引领作用。抚顺市各县乡坚持以推进农业供给侧结构性改革为主线，以绿色发展为导向，以产业结构调整为重点，着力培育新动能、打造新业态、扶持新主体、拓宽新渠道，围绕农业增效、农民增收、农村增绿，加快农业转型升级，着力构建农业与第二、第三产业交叉融合的现代产业体系，推进了乡村产业朝着现代化、合理化方向发展。

（1）以农业供给侧结构性改革为主线，倡导绿色发展。一是以供给侧结构性改革为主线，加大产业结构调整力度。抚顺市各县乡深入贯彻落实中央一号文件和省市相关会议精神，坚持以推进农业供给侧结构性改革为主线，依托全市乡村的资源优势，加快农业产业结构调整步伐，大力发展优势特色产业，构建了"一米五业"新格局，有效推进了农业供给侧结构性改革，促进了农业增效、农民增收。二是强化基础科技人才的引导作用，引领绿色发展。抚顺市各县乡发挥基层农技人员作用，围绕特色产业发展加强技术服务，做好新品种引进、示范和推广，提高了生产效益，解决了农民不会种、种不好的问题。按照现代农业发展要求，抚顺市各县乡做好测土配方施肥、土壤提质增效、病虫害绿色生物防治等技术推广，指导科学种植、绿色种植，并落实了主要作物控减施肥与手机信息化服务技术集成示范推广项目，组织开展了农业科技培训与现场指导。三是积极推动农业绿色品牌发展。抚顺市各县乡引导有条件的农业经营主体，由无公害种植向绿色、有机种植标准提升，推进了农业标准化示范区、标准化规模养殖场建设，积极发展了无公害农产品、绿色农产品、有机农产品生产，并围绕"一米五业"发展规划，实施"双减"工程，深入推进测土配方施肥，遵循"控、替、精、统"技术途径，加强病虫害防控能力建设，促进了专业化统防统治与绿色防控技术有机融合，减少了化学农药使用量。

（2）强化工业与其他产业协同发展。一是密切配合，协同推进产业发展。抚顺市三县加大深入乡镇、企业调研的工作力度，了解掌握各乡镇和重点企业产业经济发展中存在的问题，与相关乡镇共同研究了切实可行的对策措施，跟踪措施落实和执行效果，并结合调研工作中掌握的实际情况，协同各乡镇，扎实做好规模企业升级和盘活企业工作，为县乡经济发展提供了新的增长点。二是搭建平台，加快乡镇工业发展。在招商引资工作中，抚顺市依托县乡优势资源，创新工作思路，积极引进加工贸易、农产品深加工等企业落户工业园区。这既能够加快产业集聚，又有利于基础设施配套和项目服务，还可以节约利用土地，减少环境污染。抚顺市充分调动各乡镇产业向园区集聚的积极性，对通过招商引资落户园区的企业，除了实现的经济指标归引进乡镇所有外，年终考核时也给予适度的资金奖励。在服务管理方面，全市各乡镇牢固树立亲商、安商、富商的服务理念，积极帮助企业解决困难和问题，使企业把主要精力放在发展上，让园区真正成为招商引资和乡镇产业经济发展的优质载体和平台。三是争取政策，着力扶持中小企业。抚顺市各县乡对乡镇工业发展秉承"无工不富"的理念，积极与上级部门沟通联系，为企业争取政策。同时结合实际情况，一些乡镇出台了相关优惠政策，为工业企业融资、品牌创建提供帮助。针对乡镇工业企业发展中人才匮乏的实际情况，抚顺市各县乡帮助企业加快人才队伍建设，主动协调劳动就业部门，为企业引进和培训高素质管理人才和高级技工，助推乡镇产业经济发展。

3. 探索乡村振兴发展模式创新。

（1）政策支撑带来产业发展。抚顺县政府在实施乡村振兴战略过程中，较好地结合了当地乡村实际，财政每年投入 3000 万元补助资金，通过直接投资、融资、大棚补助、菌段补贴等手段对全县单片黑木耳企业进行扶持。经过资金扶持，2017 年，全县新建以单片黑木耳为主的食用菌产业基地 9

个，新增木耳菌段 800 万段，总量达到 5270 万段，产量 3.46 万吨，居辽宁省首位。抚顺县通过资金扶植产业的方式，有效解决了农业产业不兴旺的问题。未来，清原县、新宾县更应该结合当地实际，找准重点产业，拿出一定比例资金进行产业补助，进而实现乡村产业振兴。

（2）强化顶层设计。清原县结合区域特点，全面推进中药材产业发展，重点规划建设了以英额门镇为核心、带动周边四个乡镇发展的"U 型"中药材产业带。由于"U 型"产业带的带动作用，全县其他地区的中药材产量也在逐年增加。据统计，2017 年，清原县中药材种植面积在东北三省居于首位。新宾县围绕产业兴旺的目标，结合地方实际，充分利用中国辽五味之乡、辽细辛之乡、中国香菇之乡等品牌优势，重点打造了覆盖全县的"O 型"产业带，以此带动了辽五味、辽细辛和香菇的种植面积快速增长。仅2017 年，全县就新增辽细辛、香菇种植面积 6.67 平方千米，培育加工经营主体 173 家，带动农户 1300 户。

（3）水源保护地兼顾水源保护和产业发展。新宾县围绕水源保护制定了《新宾满族自治县创建生态原产地产品保护示范区实施方案》《红升苏子河源头生态保护发展实验区工作方案》等，从保护生态、保护水源的角度出发，兼顾生态产业发展，增加农民收入，在水库周边减少籽粒玉米种植面积，改种蓝莓、平地参等经济价值高的经济作物。种植结构的调整实现了水源保护区内人均年增收 3000 元以上。同时，新宾县十分重视面源污染问题，出台政策鼓励村民减少农药的使用量，并对用过的农药瓶以现金补助的方式进行回收，这样在保护生态的基础上，提高了作物的品质。

（4）以村集体经济试点夯实村集体经济。为了发展壮大村集体经济，从2016 年开始，辽宁省开展了扶持村级集体经济发展试点工作。例如，清原县大孤家镇王小堡村之前为空壳村，没有村集体资产。2017 年，清原县大孤家镇王小堡村争取到省村集体经济试点村扶持资金 200 万元。村支部将这200 万元资金购入人工林 397 亩、天然林 840 亩，共计 1237 亩，林地长期归经济试点村所有。山林每年生长增值共 20 万元，在当年就收入现金 2.8万元。再如，新宾县旺清门镇蜂蜜沟村 2017 年被列为试点村。过去，村集体经济比较薄弱，蜂蜜沟村在成为扶持村集体经济试点村后，进一步扩大了肉羊养殖基地的规模，扩建了养殖基地 3000 平方米，新建厂房 700 平方米，购进肉羊 500 只，带动农户 100 户，实现了产、供、销一条龙服务体系。2017 年，蜂蜜沟村实现村集体经济收入 15.1 万元，入股农民人均纯收入11800 元，全村农民人均纯收入增加了近 2000 元。2016 年至今，抚顺市共有 54 个村被列为扶持村集体经济发展试点村，争取到上级资金 10800 万元，截止到 2017 年年底，实现收益 536.8 万元，乡村集体经济实力明显增强，农民收入显著提升。

（5）"分灶吃饭"增强乡村内生动力。在水源地保护区，一些乡镇不靠政府救济，重点抓好特色生态农业，推进产业发展振兴。例如，红升乡就处于水源保护区内，乡内没有工业企业。因此，乡政府结合地貌特点，依托刺五加资源优势，成立了刺五加产业集团，同时联合四川的加工企业进行刺五加深加工合作，每年收入近千万元。通过政府成立公司的模式，红升乡在基本没有工业企业的情况下，依然能保证税收来源。再如，英额门镇税收十分困难，镇政府在资金紧张的情况下，联合当地合作社创办了中药材加工厂，通过加工厂的盈利，英额门镇每年能得到 100 万元的收益，从而有效地缓解了镇里的财税压力。政府通过搭建载体和平台的模式，进一步激发了产业发展内生动力，为下一步全市乡镇"分灶吃饭"的实施与推广打下了良好基础。

（6）强化"互联网＋农业"发展模式，重点打造清原电商小镇。清原县高度重视"互联网＋农业"的发展模式，将其作为培育乡村产业发展新动力来抓。2017 年，全县各类电商经营网点超过 320 家，农村电商从业人数达1500 人，累计培训电商人员 2400 余人次，电子商务交易额约 2.6 亿元，其中网络零售额约 2.4 亿元。同时，清原县重点打造的清原镇电商小镇于2017 年 7 月正式上线运营，引进了阿里农村淘宝、新益农、邮掌柜、沃易售、福农商等电商科技企业入驻。其中，阿里巴巴集团农村淘宝项目一期30 个村级服务站已投入使用；沈阳新益农投资建设的"清原特色馆"和 199个村级益农服务社销售额达 3960 余万元；邮掌柜设置服务站 175 处，网店30 个，安排邮助手 112 名，实现商品销售总额 3659 万元。通过强化"互联网＋农业"发展模式，清原现代农业信息化建设水平大幅度提高，有效地促进了第一、第三产业的融合发展，推动了农业产业结构调整升级。

四、抚顺市乡村产业发展存在的问题

抚顺市乡村产业发展虽有一定的自然资源优势，乡村产业也得到了一定的发展，但是仍然存在很多深层次的问题和矛盾，特别是在发展意识、致富带头人、产业财力支持等方面，都存在制约乡村产业发展的不利因素，具体分析如下。

（一）整合创新滞后，服务引领力度不够

1. 牵头部门不明确。抚顺市还未设置明确统一的实施乡村振兴战略工作的机构和牵头部门，中共辽宁省委一号文件是省农委牵头起草的，全省乡村振兴战略三年行动计划是省发改委牵头起草的，具体到市一级，在推进乡村振兴战略工作的对上协调、督察指导、协调调度等工作方面还存在障碍。市县区级乡村振兴总协调部门落在了市农委和县区农发局，但由于人力有限，协调乏力，工作只局限在协调层面上，未设专门的乡村振兴机构。各县区工作进度不均衡，重视的程度不同，个别县区基本未动，只停留在想法上，没有实施意见、方案、规划、计划。有方案计划的，方案的深度、广度距离中央和省市乡村振兴的要求还存在较大的差距。各部门间未安排专人或兼职负责人负责此项工作，只是处在上级布置、下级安排的被动局面，没有把乡村振兴作为重要的工作来抓，主动性不够。

2. 编制问题较为突出，财政供养负担较重。在新一轮机构改革中，各县政府机构的行政编制十分紧张，在"三定"过程中都在申请增加编制，编制部门压力很大。一是由于公务员编制不足，导致县乡政府机构普遍存在使用事业编制的问题。二是县乡重要部门缺人的矛盾比较突出。乡村振兴战略的重任主要集中在县乡的国土、农技、林管、水管等重点部门身上，而这些部门的人员编制不可增加，编制相对于复杂的振兴工作显得少了，由于人员不足，于是部门就采取了向下级单位借用人员的办法解决，这导致了人力资源被层层占用，也出现了混编混岗的问题。三是乡镇财政压力较大，乡镇财力仅仅能够保持基本运转，没有闲余资金做产业、做基础建设。

3. 村集体经济依靠转移支付运转，空壳村多。抚顺市大部分乡镇中的村集体基本没有什么固定资产和公共积累，很少有集体所有企业，村屯集体收入极其低下，或无经济收入，甚至处于亏空状态，这些村依靠政府及转移支付维持运转。以草市镇和救兵镇为例，草市镇有 16 个行政村，其中 10 个村是空壳村，仅剩的 6 个村年收入不足 5 万元。救兵镇有 14 个行政村，其中除 6 个村依靠矿震补偿和高速公路占地等因素有集体收入外，其他 8 个村全都是空壳村，没有收入，全部依靠转移支付过日子。严重的空壳村现状影响了全市乡村振兴战略的实施。

4. 改革进程比较缓慢。农村改革是提高那些闲置或被侵占的资产的使用效率，为乡村发展带来红利。可是在现实中，抚顺市乡村改革进程缓慢，主要体现在两个方面：一方面是土地确权改革迟缓。土地确权是中央对乡村土地改革的一项重要措施，从全市范围来看，部分乡镇开展得较好，但其他乡镇开展得比较缓慢，部分农民对确权工作态度消极。举个例子来说明，抚顺市现有 180 多万亩土地，如果预计确权面积在 60 万亩左右，那么抚顺市就有土地 240 多万亩，按照现在最低的土地流转价格 200 元/亩计算，确权面积收益就是 1.2 亿元，全市每个村平均每年增加收入就约有 20 万元。但从空壳村的现状可以看出，乡村土地确权改革还不深入。另一方面是抚顺市农村集体产权制度改革十分落后，村中的集体资产被占用、平调、私分等现象严重，这些闲置或被占用的资产对乡村产业发展的影响巨大。

（二）部分乡村思想保守僵化，制约产业发展

1. 部分乡村缺乏政治意识和大局意识。抚顺市部分乡镇对乡村振兴没有足够重视，很多乡镇没有制订产业规划，抓产业发展大多停留在口头上，乡镇领导对所管辖村的基本情况不能完全掌握。同时，一些乡村基层干部受传统观念影响，小农意识严重，加之受教育程度相对较低，墨守成规的意识很严重，面对市场竞争不能抓住机遇，这在一定程度上影响了齐抓共管的工作氛围。如清原县大苏河乡在食用菌扶贫项目上相关部门配合协调不够，存在产业项目电力安装难、金融支持难等问题。

2. 乡村缺乏发展意识，对产业发展不够重视。抚顺市乡镇拥有丰富的自然、人文资源，但普遍缺乏对产业发展规律的系统认识，缺少对资源如何市场化、产业化的深入研究，这在一定程度上阻碍了社会资本引入和生产要素加强，也是造成各乡镇的产业发展滞后的重要原因之一。此外，许多乡镇对优势资源包装观念较差，不仅缺少品牌企业，而且生产企业或农场包装意识薄弱。清原县的稻米、龙胆草，新宾县的细辛、平地参，抚顺县的单片黑木耳等不论在产量上，还是在品质上，在省内都是遥遥领先的，但是由于包装、美化观念滞后，难以带动相关产业价值的提升，从而形成恶性循环，制约了当地特色农业经济的发展。

3. 致富理念差，普遍缺乏产业致富带头人。致富带头人是乡村各个产业发展的重要载体。例如，新宾县湖村山沟香瓜合作社的带头人带领几十位瓜农发展休闲农业，年生产香瓜 185 吨，在他的带领下瓜农人均增收 10000 多元。这既解决了村民就业问题，又壮大了村集体经济。通过调研发现，全市一半以上的乡村没有致富带头人。例如，新宾中药材加工场建设项目实施推进狠下功夫，但因为缺少合适的带头人，因而进展缓慢。

（三）生态保护、阶层固化等矛盾比较突出

1. 水资源保护与乡村振兴矛盾突出。抚顺市是全省重要的水源保护地，境内有供全省 2000 多万人饮用水的大伙房保护区，也有观音阁水源保护区，还有富尔江水源保护区。国家以及辽宁省为了保护水源地，关停了这些水源保护区内的污染企业，尤其是采矿业企业，此外还限制发展畜牧业，禁止农业使用农药、化肥。由于限制严格，在水源保护区的乡村产业很难发展起来，乡村居民对生态补偿的呼声很高。但是省内的生态补偿资金迟迟不能落实，这严重制约了这些乡村的发展。抚顺市的水源保护和乡村居民经济利益的矛盾已经十分突出，因为水源保护造成的上访事件也时有发生。水源保护与经济发展的矛盾若处理不好，会严重影响乡村的社会稳定。

2. 收入差固定化，影响干群积极性。抚顺市乡镇近 10 年的人均收入水平与城市一直保持在 2 倍左右的差距，这在一定程度上影响了乡村干部和百姓的积极性。从土地资源上看，因受水源地保护影响，各乡村可以利用的土地有限，人地关系紧张，土地面临的压力不断增加，这长期影响了农业的增产和增收。从工业企业情况上看，企业关转停比例较高，后续投资者少，重点资源多数都在水源保护区内无法开发，工业在实现增收致富上作用难以发挥。从旅游项目来看，生态资源丰富、交通便利的地方多集中在大伙房水库周边，但《辽宁省大伙房水库水源保护管理条例》明令禁止开发。从人口结构上看，抚顺市三县人口老龄化趋势日益加重，不少年轻劳动力外出务工，劳动力老龄化趋势越来越明显，这对乡镇产业的发展也有很大影响。

（四）产业融合与衔接断档，制约乡村产业向纵深发展

1. 第一、第二、第三产业融合度不高。2017 年抚顺市三个县的第一产业总产值为 63 亿元，占全市 GDP 的 6.7%，而三个县农业总人口有 66.3 万人，占全市总人口的 1/3。由此可以看出，第一产业增加值与提升三县农业人口的人均收入不成比例，难以满足 74 万农业人口收入的快速增长的需求。主要原因在于第一产业与第二产业脱节，第一产业的利润率非常低，基本上是以初级农产品的形式进行销售，没有实现产品的深加工。例如，辽宁三友集团作为全市食用菌龙头企业，农产品的加工能力仅有几百吨，主要利润是从专业化生产菌包获得的。再如，全市中药材加工企业仅有青松药业、秘参堂两家，两家企业的加工能力为 3500 吨/年，与全市每年 3 万多吨的中药材产量相比，其加工量能力严重不足，并且两家企业的加工水平仍停留在初级

加工层面上，即只能加工饮片，因而造成了农业增加值不高、第一产业带动能力不强的局面。另一方面，第一产业与第三产业融合率不高。通过调研发现，三县的第一产业与第三产业最好的融合方式是水果采摘，但三县的水果采摘过程过于单调，只注重"采"，而没有考虑延伸服务，即使有延伸服务，其附加值也不高，因而造成抚顺市水果采摘留不住人的奇怪现象。

2. 制约产业发展的关键环节没有打通。一是机械化率低。由于山区地貌限制、土地流转面积小，大田玉米只在机收环节有部分农机具应用，水稻全程机械化率不足 30％；农机专业合作社由于受资金限制，农机具老化，合作社无资金购置大型农机具。二是道路通达率不高。乡村项目多数集中在偏远地区，而对项目影响最大的就是道路通达率，如土口子乡灵芝养殖基地，仅有一条土路延伸到那里，这增加了采购者购买的难度。三是农业项目用电难、用电贵。调研发现，一些农业项目由于位置较远，周边没有电力设施，园区用电问题无法解决，投资者通过联系县政府和国家电网等部门，最终自行出资把电引到了产业园区，但引来的电是按照工业电价计算，这无形中增加了项目的运行成本。四是农产品储运设施滞后。这些年，抚顺市农村基础设施虽然有一定发展，但由于历史欠账较多，农村基础设施建设标准和水平仍比较落后，农产品加工储藏、贸易市场、冷链物流等方面的基础设施建设明显滞后，农产品服务"最后一公里"问题依然突出。五是市场终端没有打通。调研发现，海浪乡、苇子峪镇等香瓜产业发展较好，果品在品质上独具特色，但是在其发展中出现产业终端没有打通的问题，商品难以进入中高端消费市场，更没有形成生产、加工、销售为一体的产业链条，由于市场终端限制，导致香瓜产业长期处于销售初级产品的状态，这严重制约了香瓜生产规模的扩大。

3. 现代化农业经营体系尚未形成，电商建设水平推进缓慢。虽然抚顺市正在积极打造"互联网＋农业"模式，实施电商网上销售、网上支付等交易形式，打造了清原电商小镇，形成了一定规模的"益农信息服务社"，拓宽了农产品销售平台，但在淘宝网上输入"抚顺特色农产品"，显示出来的多是一些特色小吃产品信息，在京东网络平台显示抚顺市特色产品信息也只有几条，其他都是外地农特产品信息。这表明，抚顺市的特色农业产品的网络营销意识仍停留在表面，没有与时代发展和市场开发紧密结合，不能满足网络消费的需求，营销、宣传方式仍比较落后；普通农产品市场、特色农产品市场、大型农产品商贸市场、集聚区、终端市场、农产品超市有机对接未能形成体系，单一市场规模小、质量差、设施落后，农产品质量不能得到保证。

4. 工业园区功能缺失,土地制约因素明显。一是集群化程度不足,缺少知名品牌。这些年来,抚顺市三县虽加强工业园区建设,但龙头企业数量、规模等与周边城市相比仍有较大差距,中型企业的数量、规模差距更大,同时未形成知名品牌的初级加工产品,大部分产品销售到南方城市后由外地企业加工贴牌销售,初加工产品附加值非常低。二是同质化问题突出。现有工业园区同质化问题比较严重,就木材加工产业园区来说,三县有 5 个木业加工园区、集聚区,这不仅占用资源多,而且建设成本也在加大,更不利于木材产业的集中化和规模化,制约了产业的做强做大,难以形成规模效应。在招商引企过程中,又容易形成域内竞争,损害大局利益。三是工业园区建设中土地要素制约较为明显。随着耕地保护制度的落实,乡村耕地流转也将进一步收紧。征地成本加大,工业园区按计划用地的矛盾也随之加剧,这在一定程度上影响了工业园区的发展。例如,永陵镇工业园区建设,涉及国家耕地一级、二级保护,导致产业园区建设迟迟不能落实。

5. 新型农业经营组织发育迟缓。农业龙头企业数量少,且规模普遍不大,农业龙头企业的发展与其他先进地区相比,仍有很大的差距,难以有效发挥产业整合能力,带动相关企业、农产品生产基地和农户的发展。各类新型农业产业组织数量少,且覆盖率低,示范带动作用不强。以农业休闲旅游合作社为例,2017 年,全市各类农家乐、休闲农庄、休闲农业园区、民俗村等经营主体总量接近 500 家,但是辐射带动农业休闲旅游业合作范围非常有限,覆盖率非常低,这制约着新型产业组织发挥产业融合的带动作用。农业产业组织治理结构流于形式,运作不规范,难以发挥辐射带动作用。

五、推动抚顺市乡村产业振兴的建议

(一)打破体制机制障碍,建设乡村产业支撑体系

1. 贯彻国家政策、乡村振兴主体方案。在《中共中央、国务院关于实施乡村振兴战略的意见》和《中共辽宁省委、辽宁省人民政府关于贯彻落实中央决策部署实施乡村振兴战略的意见》出台之后,抚顺市也出台了《抚顺市委、市政府关于实施乡村振兴战略的意见》,对抚顺市乡村振兴做出了全面部署。未来,抚顺市要结合实际,持续推进供给侧结构性改革,加快推进农业的转型升级,加快构建现代化农业产业体系、生产体系、经营体系,重

点建设农产品加工集聚区，通过产业聚集，增强企业带动市场的能力，培育数家农产品精深加工大型企业，进而全面延长特色农产品产业链，努力将抚顺市建设成为全省重要的特色农业生产基地。

2. 加强对县乡机构编制的改革力度。一是应该统筹基层编制政策。抚顺市应该在对现有县乡机构编制管理标准进行修订完善的同时，围绕乡村振兴战略，根据不同行业、不同性质、不同层次、不同类型单位的实际情况积极研究制定机构编制标准，逐步完善业务规范体系。二是下大力气改善人才结构。一方面，建立后备干部培养制度，大胆培养和运用德才兼备的后备干部。在机关事业单位，对使用急需、特殊、拔尖人才，可以开辟人才使用的绿色通道。另一方面，制定全市人员编制统筹使用制度。抚顺市应该建立人才使用"动态调整、周转使用"的编制市内统筹调剂使用制度，形成需求引领、基数不变、存量整合、动态供给的编制管理新模式。

3. 依托现行涉农政策，抓好农村改革。涉及抚顺市乡村振兴的改革政策主要有农业集体产权制度改革、村集体经济试点村建设等，这些都是助推抚顺市乡村产业发展的重要举措，如何落实好是关键。一要深化农村土地制度改革，稳步推进农村土地征收、集体经营性建设用地入市、宅基地制度改革，扎实推进房地一体的农村集体建设用地和宅基地使用权确权登记颁证，完善农民闲置宅基地和闲置农房政策，探索宅基地所有权、资格权、使用权"三权分置"，落实宅基地集体所有权，保障宅基地农户资格权和农民房屋财产权，适度放活宅基地和农民房屋使用权。二要推进农村集体产权制度改革。抚顺市各县乡村要着重抓好量上突破、质上提升、激发活力和农村承包地确权登记颁证扫尾四项工作，在激发农业农村发展活力、增强农业农村发展新动能、拓展农民增收渠道等方面做出成绩。县乡村要完善工作措施，加大工作力度，加快推进集体资产清产核资，确保清产核资结果得到群众认可。三要做好村集体经济试点村选拔工作。此项政策为没有集体产业的乡村提供了发展机会。因此，抚顺市要鼓励没有成为试点村的各乡村积极参与，政府部门要重点做好培训、内部选拔、强化等工作，各乡村争取被选为集体经济发展试点村。

4. 完善县乡财政管理体制，稳步推进县乡财政"分灶吃饭"。乡镇财力的增加，是乡村振兴的关键环节，也是实现县乡财政"分灶吃饭"的内生动力。因此，加大乡镇财源建设，应作为抚顺市乡村振兴的主要战略目标。在部分乡镇招商引资项目受保护水资源限制的情况下，英额门镇通过参股当地中药材加工厂获取分红的经验可以借鉴。在乡镇加大财源建设的同时，各县区要不折不扣地执行《辽宁省人民政府关于完善县乡财政管理体制的意见》中"从 2018 年起，3 年内乡镇新增的财力要全部留给乡镇"的规定，在科学合理确定乡镇财政收入基数的前提下，结合现行财政体制统筹落实。对具备条件的乡镇，积极推进其实行县乡财政"分灶吃饭"。

5. 政策引导，提倡"归农、归村"，解决乡村振兴人才难题。乡村产业振兴离不开人才，抚顺市乡村劳动力资源严重短缺，青壮年劳动力多数外出务工，剩余劳动力老龄化严重。面对这种局面，要想实现乡村振兴，抚顺市就应该做好人才引进工作，尤其是引进年轻劳动力。"归农、归村"政策是韩国现在实行的一项针对农村发展劳动力短缺问题的政策，其目的是给到农村生活或从事农业生产经营的人优惠政策，从而保障乡村农业后继劳动力，这一政策在韩国取得了非常好的效果。因此，抚顺市想解决农村人才短缺的局面，应尽快出台适合乡村实际的"归农、归村"规划，并鼓励这些"归农、归村"的人成为乡村产业带头人。而在制定政策上应该对符合条件的"归农"人员给予创业及购房方面的优惠政策，对他们提供低息贷款支持。同时，抚顺市政府部门应该设立相应的办事机构，为他们提供所需的信息和服务。此外，"归农、归村"规划中，要有要求、有条件地选拔"归农、归村"人才，对通过选拔的人才，政府部门应该做好对他们的培训工作，进一步提高他们的综合素质，让他们尽快适应农村生产经营实际，进而达到推动农村产业发展的目标。

（二）转变观念，调整状态，激发人的积极性、创造性

1. 转观念、调状态。抚顺市乡村领导干部应该调整好自身的精神状态，加强乡村产业的发力点。一是持续向状态发力，彻底解决轻农思想。乡村领导干部应转变观念，在脑海中明确乡镇应该干什么，村屯应该干什么。乡镇就是应该招商引资抓项目，村屯就是抓农业产业，让村民增收致富，这两件事不能混淆，否者容易两件事都做不好。只有转变观念了，才能实现乡村振兴，达到共同富裕的目标。二是持续向农业转型发力。抚顺市农村经济发展不好，农业产业结构制约问题是重要原因。而解决这一问题最好的方法就是持续推动农业产业结构调整，改变现有的以玉米种植为主的农业产业结构，重点发展特色农业，因为发展特色农业与传统农业之间的收入差距在十几倍甚至是几十倍。三是向引领发力。乡村应该发挥目标导向作用，针对发展规划的实践需求，对标发达城市、地区，结合抚顺市实际找差距，学经验，拓展思路，从而不断完善乡村产业发展思路，为乡村打造"十路百园四区"奠

定良好的基础。四是向实效发力。抚顺县单片黑木耳产业就是一个好的榜样，全县集中精力发展单片黑木耳产业，经过十年的努力，抚顺县将单片黑木耳产业做到全省最强。因此，其他乡村应该学习这种想干事、能干事、干成事的精神，找准产业，集中精力和注意力狠抓落实。五是向决胜脱贫攻坚发力。注重产业扶贫，想办法提高贫困户自身脱贫能力，实现由"输血"到"造血"的转变，确保脱贫攻坚的路上不落下一人。

2. 解放观念，选好乡村发展带头人。乡村产业振兴离不开乡村产业的兴旺，而乡村产业的发展离不开致富带头人。农村致富带头人是当今农村最具潜力的人力创业资源，是实现农村跨越发展的主力军，是实现农村产业发展、农民增收的必要条件。只有带头人选好了，才能促进产业的大发展。因此，抚顺市应该做好村里致富带头人培育工作。一般情况下，村支书或村主任就是本村的致富带头人。抚顺市应该加强村支书或村主任等村干部的培育工作。一是帮助他们更新观念，改变其小农思维，培养其发现农村大市场的巨大发展潜力，引导他们正确看待眼前"吃亏"，实现长远收益和共同致富的价值，使他们愿意带头，主动带头，带好头。二是对他们进行相关法律法规培训和业务培训，培训出一批懂法律、守诚信、懂技术、善经营、解难题、能带头的带头人。三是鼓励和支持他们组建区域性农村致富带头人专业协会、学会等社会组织，通过合作和共享信息，进一步提高自身水平、能力，开拓市场，为农村产业发展提供广阔的市场空间。

(三) 打通农业产业发展配套环节，促进产业链延伸

1. 重新定位县乡产业园区规划，逐步完善园区建设薄弱环节。抚顺市三县应该结合各自的资源优势，合理定位产业布局，即避免同质化竞争。在农耕土地受到重点保护的前提下，新宾县应该利用资源优势和区域优势发展香菇产业、新能源汽车产业、木材加工产业；清原县应该围绕生态特色、旅游特色小镇、中国龙胆草基地等重点建设产业园区；抚顺县应该依托矿业资源和黑木耳资源丰富的优势，规划矿业科技园区和黑木耳产业园区的建设。同时，三县应该完善园区建设的各因素环节，提高园区基础和配套设施。一是建议建立政府引导与市场运作相结合的园区建设机制，在财政上争取上级资金支持的同时，坚持多元化主体投资园区建设，让入驻企业、投资主体等都以园区建设为己任，不断扩大园区的品牌效应。二是提高园区用地水平，以监管为主要手段，促进产业园区的集约用地。三是做重点项目的引进。围绕规划建设的产业集群，以引进重大项目为主要途径，发挥科技含量高、大

项目的作用，促进产业园区集聚。对重大项目要以领导招商、定向招商为主，广泛搜集信息，主动出击、主动联系，从而实现大项目的落地。四是各县应该按照《抚顺市促进"飞地经济"发展的实施方案》尽快出台"飞地"招商政策，通过"飞地经济"促进县乡经济快速发展。

2. 以农产品加工业为根本，推进全产业链发展。发挥领军型农业龙头企业的引领带动作用，以建立与配套技术链为目标，深化产学研合作，加大新品种和新技术的推广应用。加强农产品加工的技术革新，集聚农业全产业链龙头企业技术人才、实验设备等资源，建立技术研发中心和成果转化应用基地。加强核心主体的科研开发应用中心建设，鼓励龙头企业加大研发投入，突出农产品精、深加工和副产物综合利用，研发行业关键工艺和设备，挖掘提升农产品附加值。以规模化、标准化生产基地为基础，以农产品加工型龙头企业为依托、以加工型农产品全产业链为母链，横向拓展，纵向提升，打造一批高效、生态、优质、安全的农业全产业链。

3. 加强本土品牌建设，为产业发展提供动力。抚顺市应该重点打造永陵旗袍小镇，突出"遥远的赫图阿拉"、"神奇的天女山"、"激情的红河峡谷"等品牌，不断提升县乡旅游产业综合实力。同时，着力建设新宾县、清原县等地旅游产业集聚区，到 2020 年，把这些旅游产业集聚区全部建成省级重点品牌。三县乡镇应该大力扶持本辖区内重点工业企业、农业企业等经营主体，使其上规模、上档次，创建具有市场竞争力的农、工品牌，实现品牌与产业的融合发展。在旅游业方面，应大力开发以温泉旅游和湿地旅游为重点的生态旅游产品，建设推广风情小镇、养生基地等系列品牌，开发建设工业主题公园等工业旅游项目，建设推广具有国际影响力的清前文化旅游示范区。在农业方面，应重点打造清原龙胆草、草市优质稻米，抚顺市单片黑木耳，新宾辽细辛、辽五味等区域农产品品牌；支持新型经营主体"三品一标"认证，进一步提升有机产品认证、绿色食品认证、无公害农产品认证的规模，完成抚顺市三县生态原产地保护标志、生态原产地基地保护示范区等建设工作；积极组织全市名优特新农产品经营主体赴全国重点城市等进行"名优特新"农产品展销，利用冬捕节、年货节等节庆活动进行农产品展销。

4. 加强基础设施建设，强化产业服务的基础支撑。对于广阔的农村地区，要实现产业的快速发展，需要强化道路、通信、电力、供气、供水等基础设施建设，为社会投资主体参与现代产业融合提供良好条件。一方面，应重点加强乡村产业及基础设施配套建设，为乡村产业发展提供保障。面对产业发展中服务节点没有打通的局面，抚顺市各县乡应积极联络交通、电力、燃气、水务等部门，在农产品产业相对集中的地方，申请国家电网给予帮助，加强变电所、电线杆等方面建设，彻底解决乡村产业投资者自掏腰包引电的问题。面对中药材需要及时灌溉、喷洒等用水难的问题，乡级政府应拿出一定比例资金对产业周边的取水井管理给予补助。针对产业项目较偏僻的乡村，应该积极争取市县对小城镇的基础设施建设的帮助和支持，通过"一事一议"等措施，解决交通、垃圾处理等基础设施建设资金问题，让乡村的道路更通畅，生活的环境更优美，为乡村产业链条的延伸提供必要的基础条件，为乡村产业振兴打下良好的基础。同时，要围绕推进"全程、全面、高质、高效"农业机械化，调整优化农机装备结构布局，优先发展大马力、高性能、复式作业机械，大力发展智能化、高端农机装备，要促进农机农艺融合，提高农机装备智能决策和精准作业能力。另一方面，应积极运用财政贴息等政策措施，加大对农产品批发市场、物流配送中心等流通基础设施建设的投入力度，推进农村流通设施建设，完善流通环节食品检疫检测体系，拓展现代流通体系的覆盖范围。

5.创新乡村网络经营新模式，带动乡村产业的快速发展。将"互联网＋"思维贯穿在乡村产业的全过程中，不断加强乡村各项产业与互联网的融合，发挥抚顺市特色农产品质好、质优的资源优势，依托优势创新"网店＋实体店＋基地的O2O"模式。实体店是网店的体验店，这种模式既能让消费者看到产品实物，又能让消费者参观到产品的生产过程，从而增加消费者对商品的信任程度。同时，抓好分享电商模式。分享电商在营销推广上的成功率很高，抚顺市乡村优势产业或专业合作社应该利用好这种方式，通过朋友圈招募会员和发展新的客户，同时鼓励老会员在朋友圈转发分享信息，口碑相传，进而使抚顺市的优质农产品走向全国各地。此外，农产品加工企业、合作社、家庭农场等经营主体应该运用好互联网，不断挖掘数据的价值，进行深度应用，如可以鼓励有实力的农场与科技网络公司合作，研发属于自身农场的APP软件。在这个软件运作过程中，消费者成为农场会员的同时，也能时刻了解农场所能提供的产品。与商场超市和普通的电商平台不一样的是，会员可以在APP上提前预订产品，农场可以根据订单数据计算出种植面积，针对预定的批发商，有计划地生产；针对预定的散户，有计划地定价。这个APP可以记录农产生产过程和追溯产品的信息，消费者也可以了解育苗、田间管理、采摘、配送等所有环节的记录，从而增强对农场和产品的信任。创新网络新模式能够进一步提高特色产业经济效益，从而促进抚顺市乡村特色农业产业化发展。（李栋　刘士全）

第一篇　特色产业支撑乡村振兴

第一节　新宾辽细辛产业发展研究

新宾满族自治县（以下简称"新宾县"）位于辽宁省东部，有"八山半水一分田，半分道路和庄园"的美誉，属于长白山支脉末端植物区系。新宾县具有典型的季风性大陆性山地气候特点，处于温凉湿润、冷凉亚湿润气候区。新宾县森林资源丰富，土壤肥沃，自然植被条件良好，药材品种丰富，中药材种植历史悠久。新宾县被誉为"辽细辛，辽五味之乡"，其盛产的新宾辽细辛为著名的东北道地中药材，是国家农产品地理标志登记保护产品。据统计，新宾辽细辛种植面积已达5万余亩，年产量3万多吨，占辽宁省总产量的60%，占全国总产量的50%，目前已形成了一定的产业规模。随着产业的发展，新宾辽细辛产业发展中的深层次问题也逐渐显现出来。一方面，生产成本高，生产质量有待提高，价格波动频繁，种植者收益难以得到保障，产业发展前景堪忧；另一方面，辽细辛应用逐渐广泛，需求量不断提高，辽细辛产业发展前景广阔。

在此背景下，新宾辽细辛产业将何去何从？本节通过对新宾辽细辛产业发展的分析，提出了通过政府政策的示范性效应改变人们预期，从而突破新宾辽细辛产业路径依赖效应，走向可持续发展的崭新之路。

一、辽细辛相关概述

1. 辽细辛的概念和品种介绍。细辛为马兜铃科植物。北细辛、汉城细辛合称为"辽细辛"，又名万病草、细参、烟袋锅花、东北细辛。其中，北细辛多产于辽宁、吉林和黑龙江三省，气辛香、味辛辣、麻舌；汉城细辛多产于辽宁和吉林两省。细辛的主要有效成分为挥发油，其主要功能成分为甲基丁香酚和黄樟醚、L-细辛脂素、L-芝麻脂素、卡枯醇，主治风冷头痛、鼻炎、牙痛、痰多咳嗽、风湿痹病等症。

2. 辽细辛的实用价值。秦汉时期的《神农本草经》对辽细辛作为药用价值有所记载，并将其列为上品，认为其有局部麻醉、解热、镇痛等作用，有影响血压、抑菌作用，还有抗衰老、刺激毛发生长、抗肿瘤、抗抑郁等作用。辽细辛药用价值非常高，以其为配料，研制出了两千多种药物。中国兽药企业利用辽细辛生产了大量兽药，用于治疗禽畜咳喘、便秘等症。

辽细辛精油可对离体条件下的玉米、花卉、蔬菜病害有很好的抑制作用，以其为原料的农药已成为主流产品。木业或家装行业将其用于生产防腐、除虫等作用的装饰涂料，产品畅销海内外。辽细辛独特的香辛味被化工企业用于生产花露水、药膏、香皂、卫生香等生活日用品。

二、新宾辽细辛产业发展现状

1. 产业规模及市场情况。2006 年，新宾县种植辽细辛 3 万亩；2017年，种植面积约 5.3 万亩，约占新宾县中药材种植面积的 25％。2017 年，辽细辛产量达到 3100 吨，产值达到 5560 万元。新宾县 29 个村当中，主导产业为中药材产业的有 9 个村，辽细辛栽种主要集中在北四平、旺清门等镇。北四平镇年产辽细辛 500 吨左右，其境内有 2 个省级示范合作社，中药材种植面积达到 1.5 万亩，其中火石村是辽细辛的核心产区。旺清门镇是种植辽细辛面积较大的镇，2016 年种植面积达 300 多亩，年产值 3900 万元，年净收入近 1950 万元。

新宾辽细辛产量占辽宁省的 60％，占全国细辛市场份额的 50％。2016年，新宾辽细辛成为国家农产品地理标志登记保护产品，其产品销往国内各大制药厂，以及安国、德州等药材市场，部分产品精加工后销往日本、韩国、俄罗斯等国。新宾辽细辛产业对全国乃至世界辽细辛市场有着巨大的影响。

2. 生产条件。辽细辛生长于林下、灌木丛间、山沟、林缘或山阴湿地，土壤以疏松肥沃的森林腐殖土和山地棕壤土为好。植被应选择天然阔叶林或针阔混交林，遮光度在 50％ 以下。新宾县是辽细辛的原产地，有着合适的自然地理气候条件，仍存留着野生辽细辛资源，而且具有丰富的辽细辛人工培育的经验。在 21 世纪之前，辽细辛主要来自于野生资源，年产量可以达到 4000 吨，但由于受到人类生产活动对其生存环境的破坏，野生细辛产量骤降，且辽细辛市价增加，遂转为人工种植。人工种植的辽细辛和野生辽细辛有效含量相似。自然地理环境、土壤、光照对细辛挥发油的含量和成分都有影响。新宾县得天独厚的自然条件和人工培育条件是其他地区无法比拟的，这为新宾辽细辛产业的发展奠定了坚实的基础。

3. 品牌。新宾辽细辛于 2016 年获得了中国农产品地理标志登记证书，实施国家农产品地理标志登记保护，认定区域为新宾县所辖北四平乡、红庙子乡、旺清门镇、响水河子乡、红升乡、新宾镇、永陵镇、木奇镇、榆树乡共 9 个乡镇 120 个行政村。地理坐标为东经 $124°15'56''\sim124°25'03''$，北纬 $41°14'10''\sim41°28'50''$，地理标志的认定创造了品牌效应，为产业发展注入了不竭的动力。

4. 产业模式。新宾县依托抚顺市青松药业有限公司、华康参茸药业等省级龙头企业，科技产业化龙头企业、扶贫龙头企业秘参堂药业、昊源生物科技、兴京制药等市级龙头企业，以及兴盛细辛合作社、丰林下中药材合作社等 73 个经营主体，采取了"企业＋合作社＋基地＋农户"的模式，发展道地药材。

新宾县约有 400 家中药材规模加工企业，2 家省级龙头企业、3 家市级龙头企业，形成了腰堡村、查家村、杨树村等较为集中的道地药材加工专业村。新宾县响水河乡腰堡村有加工厂点近 100 家，被誉为"辽东药材加工第一村"。

三、新宾辽细辛产业发展中存在的问题

研究发现，新宾辽细辛产业存在的问题主要体现在生产过程和销售过程。一方面，生产过程成本负担越来越重，突出表现在由于无法重茬，加之对土地质量要求严格，造成土地流转成本过高；另一方面，生产过程依赖人工种植，农村青壮年流失严重，人工成本高。最后，生产过程的科研局限性造成生产成品有效含量不达标，无法提高售价。销售过程方面，由于小品种药材的局限，加之诸多因素影响，辽细辛的价格波动频繁，种植农户收益无法保障。

1. 生产过程。在生产过程中存在的主要问题如下：

（1）土地轮流转。辽细辛属于多年生植物，生产周期为"2＋3"或"2＋5"，需要 2～3 年的播种育苗期，幼苗移栽后生长 3～5 年采收，直播栽培

生长5~6年采收。辽细辛和人参一样，不能在同一块土地上连续栽种，即重茬。对于辽细辛来说，重茬危害太大，使新苗易受侵害，甚至产生自毒的现象，必须实现轮作。但辽细辛的生长害怕农药，一旦触及农药就会出现烂根、枯萎等现象，而现在的田地基本都使用农药。因此，不是所有的田地都适宜种植辽细辛，这给辽细辛的持续种植造成了很大的影响。另一方面，土地的一般租赁费用为200元/亩，但辽细辛或其他药材种植土地的租赁费用高达1000~1200元/亩，这大大提高了种植的成本。

（2）人工成本上升。辽细辛种植方式是一种典型的劳动密集型生产方式，人工使用多，机械化程度低。辽细辛的种植有些在林下、山地，这为农业机械化操作带来了困难。在整个种植过程中需要除草、浇水、调节光照、追肥、培土、冬季保护根系、防虫、施肥，这些过程都需要人工。如果是非林下栽培，还需要人工搭棚遮阴。早春不遮阴，6月初开始遮阴，3年生以下的小苗，透光度要控制在30%~40%，4年生以上的大苗要控制在50%以上。7月上旬至8月末，要保持搭棚的透光度在30%以下。刨挖采摘也需要人工，采摘后向山下的运输，下山后的辽细辛的分拣、冲洗、烘干都需要人工。

对于辽细辛的栽种成本来说，除了种苗、土地租赁的费用，日常生产辅料的费用之外，主要的就是人工费用。近几年，越来越多的青壮年劳动力外出打工，农村剩余劳动力偏老龄化，在最繁忙的采摘时节，青壮年劳动力日结算费用达到200元/天，年龄偏大的劳动力费用也达到120元/天。

（3）新宾辽细辛的质量。辽细辛育苗需要2~3年时间，幼苗移栽后需要3~5年成熟。药厂一般都收购生长期4年的辽细辛，原因是5年生长年限过长，根部容易腐烂；少于4年生长年限，其有效成分挥发油的含量较难达到国家药典规定的2.0（ml/g）的标准。但对于种植者来说，比较棘手的问题是没有解决根部腐烂的问题，大部分辽细辛采摘期为移栽后3年，由于土质、栽培技术等原因，超过3年以上的辽细辛根部易腐烂，所以只能3年采摘。由于提前采摘，导致新宾辽细辛的质量未能达到最好水平，因而售价较低。

另外，细辛挥发油的90%以上存在于根系中，如何在栽培中提高根占全草重量的比例是提高道地药材有效成分的关键。辽细辛杂质含量一般都高达10%左右，远高于药典规定小于等于1%的标准，杂质的来源主要是根系中夹带泥沙，如何保证在采摘加工中有效成分不流失的情况下最大限度地去除泥沙是提高辽细辛品质的关键问题。而现实的情况是，从采摘到加工企业的物流问题还未细化考虑，集约加工与集中仓储无从谈起，大量的加工企业遍布新宾县，这些企业各自为政分散仓储，培育采摘过程的标准化程序GAP还未建立，缺乏科研支撑的分散经验总结、技术人员指导主导着培育采摘、加工的过程。这诸多的欠缺进一步拉低了本已处于低端水平的道地药材的有效成分。

2. 销售过程。辽细辛虽然是十大经典验方中必备之药，但由于用量有限，所以属于小品种药材。需求量较其他品种的药材相对较少，且基本稳定。但是受到市场供求、生长周期、自然灾害、人为炒作囤积、外贸出口需求等多方面因素的影响，辽细辛的价格波动较大，这给占全国50％生产份额的新宾辽细辛生产者带来了巨大影响。

2000年，受野生辽细辛产量已大幅下降，种植辽细辛未大量上市等原因影响，市场需求无法得到有效满足，辽细辛每千克的市场价格上涨到了160元至180元，价格的高涨引发了农户大面积种植。辽细辛的生长周期为4～6年。2006年至2008年，辽细辛最低价格跌至35元至38元区间，种植农户连成本都无法收回，大量的种植者开始弃种幼苗，政府部门也在指导调整缩减种植面积，市场供给量减少，价格开始回升。到2011年，价格徘徊在70元至80元之间。2012年、2013年冬季，东北地区气温异常偏低，降雪异常频繁，且遭遇了特大暴雪，春季种苗受涝，尤其是2013年东北三省遭遇的暴雨洪灾，造成了50％的栽种面积受灾。2013年8月16日，新宾县遭受强暴雨袭击，7个乡镇受灾，使2014年辽细辛的价格上升到90元至100元。随着栽种面积的扩大，且近几年一直处于供给大于需求的局面，因而价格逐渐回落，呈现出一年低、一年高的特点。2018年7月，价格趋于50元至60元之间。栽种时间长，加上长期价格的频繁波动，让很多农户不愿种植辽细辛，这对其发展十分不利。加之大型制药厂、药材贸易商囤积居奇，以及价格波动对大量游资的吸引，辽细辛的市场变成了资本牟利的场所，这更加剧了价格的波动。

四、新宾辽细辛产业发展的对策与建议

一方面，新宾辽细辛的生产过程中土地流转费用过高、人工成本上升、成本质量无法保障，售价无法提高，加之销售过程价格波动频繁，摆在新宾辽细辛生产者面前的是等待5年到6年之后的低收益，这让新宾辽细辛产业的未来发展变得不可预知。另一方面，随着对辽细辛研究的深入，对辽细辛

的需求必将增多，新宾辽细辛产业前景广阔。新宾辽细辛产业到底路在何方，单纯依靠产业自身发展，明显就会体现"路径依赖"特征，生产成本低一些、市场前景好一些，就扩大一些生产，市场成本高涨、市场前景低迷，产业规模就大幅度缩水。此时，人们预期的变化和政府管理部门的示范效应对产业发展会产生深刻甚至决定性的影响。政府管理部门应从以下方面着手，改变人们的预期，破除新宾辽细辛产业路径依赖的老路，走可持续发展的崭新之路。

1. 协助土地流转，建立新宾辽细辛产业带。土地流转是解决土地规模经营的需要与分散的家庭土地使用制度矛盾的有效方式，是农村改革与发展中必须解决的重大问题，也是保障新宾辽细辛产业持续发展的必由之路。政府管理部门可借鉴清原县推广中药材产业发展的经验，重点规划建设国家农产品地理标志登记保护的区域，即以新宾县所辖北四平乡、红庙子乡、旺清门镇、响水河子乡、红升乡、新宾镇、永陵镇、木奇镇、榆树乡共 9 个乡镇120 个行政村，形成辽细辛种植产业带，推动集体土地流转，以此解决土地流转中的价格过高问题。

2. 培训辽细辛产业从业者，重视外包部分种植环节。首先，结合自身情况，酌情发展辽细辛的 GAP 生产，建立行业生产本土标准，考量从业者资格，颁发从业资格证书，提高从业者的专业化水平。对现有从业者不断进行培训，提升劳动技能，进而提高劳动生产率。其次，在规范和细化辽细辛生产流程的基础上，将生产过程分割，建立各环节生产的标准化操作规程，外包部分操作环节，以提升生产效率，降低劳动力成本。

3. 搭建科研平台，开放科技合作窗口。新宾辽细辛生产缺乏有效的科研支撑。建议与国内外研究机构、大学进行合作，建立新宾辽细辛生物研究所，通过"互联网＋"众筹的形式、与大型药企合作的形式，融资科研基金，就辽细辛生物特性、有效成分的研究开发、辽细辛种植与生态环境的适应性、辽细辛种质资源的保护、优良种质的选育、种子种苗的检测与标准、生产生态环境对辽细辛有效成分影响、加工仓储杂质的祛除、有效成分的保留等问题进行研究开发。推动种植合作社、加工企业、大型药企开放与科研机构的合作窗口，为辽细辛现实的生产、初加工提供科研支持，为未来新宾辽细辛产业多元化、深加工、精细加工发展提供科研基础理论支持。

4. 整合产业链（标准化生产、中药材收储制度）。新宾辽细辛产业处于生产分散、加工分散的状态，若进行产业链整合不仅可以节约成本，更重要的是能够提高新宾辽细辛的议价权，平抑辽细辛价格，保障本地生产者的收益。政府管理部门应整合产业链，与生产合作社、企业合作，整合生产、加工、物流、仓储、销售环节。在生产环节实现标准化生产，加强生产过程服务的全程供给，降低生产风险，简化生产难度，联合本地的各加工企业，采用参股等合作方式，建立集约式加工，降低加工成本，最大限度降低有效成分的加工过程的散失。建立配套物流，推动新宾辽细辛物流体系的标准化、现代化，实现无缝对接。建立新宾辽细辛的收储制度，集中仓储。与全国各地仓储企业合作，或融资建立规范化的仓储系统，通过仓储系统调整新宾辽细辛的供给，提高辽细辛的定价权，平抑价格，保障种植者的利益。（孙熠）

第二节　清原龙胆草产业发展研究

　　每年 7 月、8 月是抚顺市清原县最美丽的月份，漫山遍野盛开的蓝紫色小花就是抚顺市特有的国家地理标识产品——清原龙胆草。清原龙胆草不仅花美丽，更有巨大的药用价值、经济价值和生态价值。面对野生龙胆草濒临灭绝的情况，如何实现龙胆草的繁衍生息，清原人在 20 世纪 80 年就开始尝试人工种植，经过无数次的探索实践，清原县终于形成了一套完整的科学种植技术和培育方法。清原龙胆草以其独特的医用、保健、观光作用，被人们所青睐，在清原县的种植面积也在不断增加，到 2017 年种植面积已超过 20 万亩，产量占全国的 82%。随着产业规模的壮大，在县乡政府的引导下，种植龙胆草的乡镇基本都建立了专业合作社，合作社为老百姓提供了技术和销量，也带动了一些贫困户入社，让他们成功地摆脱了贫困。

一、清原龙胆草产业发展的基础条件

　　1. 特殊的自然条件为龙胆草提供了良好的生长环境。清原县处于抚顺市西南部，浑河源头，距市中心 45 公里，全县总面积为 3932.96 平方公里，年平均气温 14.8℃，年均降水量 1593 毫米。山高谷深，沟壑纵横，峰峦叠嶂，多样的土壤资源，昼夜温差大，空气湿润，光照充足，降雨适中，土地肥沃的生态环境给龙胆草生长提供了不可多得的自然条件。

　　2. 相对充足的农村劳动力为龙胆草的种植提供了人力资源优势。由于清原县地理条件差，大部分乡村基础设施建设滞后等诸多因素，产业结构单

一，社会发育程度和劳动者科技意识低，致使贫困面大、贫困程度深及农村出现一定量的剩余劳动力。大力培育清原龙胆草产业，一是可改变清原县农民落后的思想观念，培养农民的科学发展观。二是可以解决农村剩余劳动力问题，为农民增加一条脱贫致富的好路子。三是人工培育清原龙胆草可以减少对野生资源的采挖，使自然资源和生态得到有效的保护，防止土地荒漠化及水土流失，进而改善生态环境。

3. 可行的政策为发展龙胆草产业提供保障。清原县为加快区域经济发展步伐，拓宽农民增收致富渠道，立足于县情、乡情，从实际出发，依托资源优势，以市场为导向，连片规划，并引进了多家龙胆草加工企业，采取"公司＋农户"的开发模式，积极引导和鼓励群众发展龙胆草产业。同时，清原县将龙胆草作为主导产业发展，出台了相关的补贴政策，如每年都会对龙胆草加工厂给予一定现金补助。由于政策资金的支持，清原龙胆草加工企业已有 11 家，这不仅满足龙胆草种植户的加工需求，还增加了清原龙胆草的附加值。

二、清原龙胆草产业发展前景分析

1. 国际市场空间广阔。在国际上，随着人们对中药材认识水平的提高，中药材产业发展规模也越来越大。截至 2017 年，全球已有 124 个国家设有各类中医药机构，销售收入高达 300 亿美元以上，且以年均 10% 的速度增长，这其中仅龙胆草一项日本每年就须进口 10 万吨。在国内，随着经济发展和人们生活水平的提高，健康意识不断增强，西药的不良反应和副作用越来越受到人们的关注，安全、无毒的绿色药品消费逐渐成为 21 世纪药品消费的主流和时尚，中药材消费成为国内的热门话题，产品也是供不应求。据有关专家预测，在 2025 年之前，龙胆草供应将难以满足市场需求，因而清原县种植龙胆草具有广阔的市场空间。

2. 人工栽植的清原龙胆草功效足以与野生龙胆草相媲美。清原龙胆草入药的主要成分为龙胆苦甙、龙胆碱和龙胆糖，而龙胆苦甙是主要的有效成分，它是确定清原龙胆草品质及价值的主要依据。据辽宁中医药大学中药学院对龙胆苦甙测定表明：生长期 3 年的清原龙胆草中龙胆苦甙的含量高于同等野生龙胆草。在野生龙胆草资源遭到破坏、品质下降的情况下，清原龙胆草人工种植将是满足市场需求的重要途径。

3. 清原龙胆草的效益可观。按市场价格计算，清原龙胆草每亩产值

7000～8000 元，而且清原龙胆草品质好、质量过硬，市场供不应求。与此同时，东北其他一些产地的龙胆草产量在同步减少，而市场需求却在不断增长，库存无力补充，价格上涨几成定局。据相关调查显示，2017 年，清原龙胆春秋两季的收购价和药市价的具体走势为：春季收购价已上涨至每千克55 元至 70 元，秋季收购价已上涨每千克至 60 元至 75 元。清原龙胆草生产周期一般在 3 年，全国各地少有库存，未来几年全国总产量增幅较大，但价格仍有小幅上行空间。

三、清原龙胆草产业发展现状

1. 清原龙胆草产业粗具规模。清原龙胆草种植始于 20 世纪 80 年代。当时在抚顺市科协引导下，在清原县两个乡村试种中药材龙胆草 500 亩，试种成功后，遇到销售困难。为解决好销售问题，消除种植农户的后顾之忧，20 世纪 90 年代初期，清原县成立了首家龙胆草种植专业协会，健全了产供销一条龙服务机制，方便了种植农户产销，这也极大地鼓舞了当地农户种植龙胆草的积极性。到 2017 年，清原龙胆草产量已达 1600 吨，占全国市场份额的 82%。清原龙胆草已通过国家 GAP 基地和地理标志认证，并在国家工商总局注册"清原龙胆"商标，品牌价值被中国农业部评估为 1.17 亿元。按照清原县农业产业发展规划，清原县在 2020 年之前将通过自建和引进外来企业不断壮大清原龙胆草的加工能力，从而加快产业升级，推动产业融合，进而建成集药材加工、药膳食疗、健身养生、休闲娱乐、自然景观于一体的健康产业示范区。截至 2017 年，清原县共有生产加工龙胆草的企业 11家，保鲜仓库 3 个，清原龙胆草专业合作社 15 个，合作社负责供种、定价、技术服务、回收成品和对外信息交流。由于产量多、质量好，清原龙胆草畅销国内外。例如，北京同仁堂制药厂每年都需采购清原龙胆草 50 吨；哈药六厂每年采购清原龙胆草 40 吨；河北安国中药材批发市场每年购货量达 60吨至 70 吨。此外，剩余部分出口日本及东南亚地区。

2. 龙胆草产业已经成为村民脱贫致富的重要手段。种植清原龙胆草效益可观，群众种植积极性较高。据统计，清原龙胆草种植户平均收益达 7 万元/年至 8 万元/年。当地居民通过种植清原龙胆草改变了发展意识，提高了当地产业发展水平。此外，种植清原龙胆草有效地促进了村民就业。在培育发展清原龙胆草产业过程中，清原县坚持注重基地建设与村民脱贫致富相结合的原则，有效地促进了当地贫困户脱贫致富。

四、清原龙胆草产业发展存在的问题

从清原龙胆草产业发展现状来看，农户种植清原龙胆草积极性很高，但多数种植户还处于"小产业、低效益"的状况，与特色产业效益最大化的目标相比，仍存在一定差距。

1. 农户市场信息闭塞，推广难度大。种植清原龙胆草的农户对市场信息把握不足，接收渠道单一，且栽种技术含量不高，出现很多"重栽轻管"现象。在科学技术上，没有进行科学系统的深入研究，忽视了清原龙胆草与外地龙胆草的区别，简单的种植方法造成了生产成本的提高。在推广方面，清原县没有直接对接农户的扶持政策，由于清原县的乡镇群众相对比较贫困，清原龙胆草产业又属特色产业，籽种价格较高，大多群众无能力购买大量籽种，乡镇财政负担较大，无法满足清原龙胆草产业发展的需要。

2. 病虫害对龙胆草种植威胁大。清原县由于有高山密林作为自然屏障，使清原龙胆草的病虫害较少，但若发生斑枯病的话，其传染速度快，病情很难被控制，容易造成龙胆草的大幅减产；在虫害方面，清原龙胆草的虫害主要是蝼蛄和蛴螬，如不加以控制也容易发生连片虫灾。

五、清原龙胆草产业发展对策与措施

1. 加强领导，实现产业发展组织化。清原县应结合农业产业结构调整的要求，强化市场意识和科技创新意识，部门通力合作，建立有关机制，提高产业化组织程度，集中力量，集中资金，采取"公司＋基地＋农户"的模式，利用自然条件、土地资源和剩余劳动力，因地制宜，合理布局，推动清原龙胆草产业的稳步发展。

2. 抓好示范，加大投入，实现产业发展规模化。清原县应着力扩大连片种植龙胆草种子基地，以"清原U型产业带"为依托，力求在2020年年底，清原龙胆草种植面积发展到30万亩。在开发过程中，要坚持可持续发展战略，既要保护森林植被，又要发展好清原龙胆草，做到开发利用和保护资源并举，实现保护生态与清原龙胆草产业协调发展。

3. 注重调研，实现产业发展市场化。清原县应按照群众自愿、民主管理、风险共担、利益共享的原则，壮大龙胆草协会，加强市场研究，关注龙胆草市场信息，利用各种形式广泛宣传清原龙胆草的药用价值、市场价格、

发展情景，充分发挥高收入种植大户的榜样、带头作用，调动农民的种植积极性。要在生产管理、市场营销上形成协作机制，让分散经营的农户形成利益共同体，实现与市场的对接。

4. 加强培训，实现产业发展科技化。一是要采取多种形式对种植户进行技术培训，增强种植、管理的技能。二是明确清原龙胆草发展管理机构，负责对清原龙胆草种植及加工方面的科技攻关和成果的推广。三是建立清原龙胆草产业联盟，通过联盟将种植、管护技术送到农户手中，给予种植技术上强大的支撑与指导。

5. 加强病虫草害防治，生产无公害、无污染的"绿色地道"中药产品，以适应市场的需求。一是加强培肥地力与土壤消毒。土壤肥力高，秧苗长势好，生长量大，抗病能力强，同时也可提高经济产量。二是强化种苗消毒。清原龙胆草种子和种苗均带菌传病，因而播种和移栽前应采用相关药水浸泡以达到标准。三是合理密植及种植遮阴作物。为减少地表面的裸露程度，从而减小植株与土壤的接触面积，一般每亩移栽 1 年生幼苗 8～10 万株。并于苗床两边按株距 40 厘米的距离种植玉米等高秆作物，遮阴物主要作用是减少阳光直射，减少清原龙胆草叶片枯黄，从而提高植株的抗病能力。同时，遮阴作物的种植又增加了单位面积的经济收入。（刘士全）

第三节　新宾西洋参产业发展研究

西洋参属名贵保健药品。其味类人参，唯性寒、甘苦，具有益元扶正、抗疲劳缺氧和调节中枢神经系统等药理作用。新宾县自 20 世纪 80 年代引进推广农田西洋参栽植至今，已经有 30 多年的历史，在国内西洋参中最早获国家新药生产证书，并列入卫生部西洋参部级标准。新宾县西洋参种植规模位居全省县级第二名，在全县农村经济发展和促进农民增收中起到了较大作用。但从一个完整的产业链条来说，新宾县的西洋参产业发展仍然相对缓慢，在全县经济总量中的比重不大。在供给侧改革为前提的农业产业结构调整中，西洋参产业已被新宾县委、县政府确定为农业发展的主导产业之一。因此，如何加快西洋参产业发展已经成为新宾县需要解决的一个重要课题。

一、新宾西洋参产业的发展概况

近年来，新宾县充分发挥"新宾林下参"地理标识效应，大力发展西洋参为主的道地中药材。新宾县有西洋参百亩以上生产基地 20 余个，北四平西洋参获省级"一村一品"示范乡镇称号。截至 2017 年，新宾县有西洋参合作社 42 个，全县基本形成了从西洋参种植到初级加工的产业链。

1. 种植产业粗具规模。新宾县自 20 世纪 80 年代成功引种西洋参以来，在较高种植效益的拉动下和县乡各项优惠政策的鼓励下，新宾西洋参种植面积不断扩大。到 2017 年，新宾县种植西洋参面积达到 8700 余亩，干参产量达到 820 余吨，产值达到 2 亿多元。从调查的情况看，2018 年新宾县种植西洋参发展的势头更猛，2018 年新增种植面积将达到 1300 亩以上。从地域分布看，新宾县各乡镇都不同程度地在发展新宾西洋参产业，已初步形成了以北四平乡为中心的平地种植区，以平顶山、红升、红庙子乡为中心的丘陵种植区。其中，红庙子乡西洋参产业发展力度最大，该镇充分发挥水质优良、土壤条件优良、气候适宜、农民种植积极性高的优势，并发动全乡发展西洋参产业，基本上形成了村村有平地参的局面。

2. 单产稳步提高，带动农民致富作用明显。在 20 世纪 80 年代引进初期，西洋参亩产在 100 千克左右；到 2000 年，新宾县平均亩产量已达 240 多千克；2017 年，平均产量达到 400～500 千克，高产地区达到 700 千克左右。从西洋参产值情况看，2017 年，新宾西洋参产值为 2 亿元，占种植业产值的 10％以上。此外，新宾县许多村庄通过种植西洋参或在参厂务工等方式，实现了脱贫致富的目标。据统计，2017 年，在参厂务工的村民平均月工资在 2000 元以上。此外，新宾县在广泛种植西洋参的基础上，探索建立了乡镇政府帮扶企业、帮扶村民的联动帮扶机制，解决了贫困人口脱贫问题，以增强"造血"功能，建立了长效扶贫脱贫机制。新宾县作为西洋参生产种植重点县，西洋参价格优势比较明显，这也彻底转变了当地农民种植玉米、大豆的传统观念，调动了农户种参的积极性。特别是在 2017 年，在新宾县政府加大农业产业结构调整、发展西洋参种植政策的鼓励和推动下，全县又有近一千户农民选择种植了西洋参。

3. "合作社＋基地＋农户"的产业化经营模式正在形成。21 世纪初期，新宾县有 80％以上的西洋参产量是合作社直属参场生产的。由于种植西洋参一次性投入每亩在 3 万元至 5 万元，合作社在自有资金不足的情况下，主要是依靠贷款投入，这致使西洋参合作社背上了沉重的债务负担，很难再有大量资金投入进行产品加工开发和市场开拓。经过多年的实践与摸索，随着新宾县农户种植西洋参积极性的不断提高，由合作社直接投资种植的面积下降到了40％以下，许多依靠种植西洋参的企业也开始转型。如新宾秘参堂已经由以种植为主的西洋参生产模式，向以新产品研发、市场营销为主的，集研发、服务、收购、加工、示范及市场营销为一体的西洋参产业的龙头企业转变，并形成了一整套起参、洗参、分装、装盘、上架、干燥、整形、加工、包装的技术，已拥有多个系列产品质量符合国家标准，并达到了同类进口产品水平，产品销往全国各地。

4. 政府支持的技术服务体系正在形成。新宾县充分发挥产学研结合的优势，鼓励西洋参生产企业与辽宁省高校合作，多次邀请高校专家团对新宾县参农进行栽培技术、组织培养、良种繁育、病虫害防治等各个环节的培训，并取得了较好的效果，这也为推动新宾西洋参产业发展打下了良好基础。此外，新宾县围绕新品种引进、示范和推广做文章，不断提高参农的生产效益。新宾县政府鼓励乡镇基层科技人员按照西洋参发展要求，做好测土配方施肥、土壤提质增效、病虫害生物防治等技术推广，指导科学种植、绿色种植。如2017年，新宾县政府落实手机信息化服务技术集成示范推广项目，该项目覆盖全县15个乡镇，农民可通过手机拨打"12582"电话，完成GPS定位，通过短信进行栽培指导，这提高了西洋参生产现代化管理水平。

二、新宾县发展西洋参产业的重要举措

通过分析新宾西洋参的发展现状，可以看到新宾西洋参产业发展取得了一定的成绩，部分西洋参合作社已经走在辽宁省的前列，而这些成就的取得主要得益于新宾县政府的发展措施。

1. 抓领导，落实责任。为了保证新宾西洋参产业的快速健康发展，新宾县政府成立了"新宾县发展西洋参产业工作领导小组"，该小组的组长由分管农业的副县长担任，县政府各相关部门的领导为组员，小组下设管理办公室，由办公室负责协调新宾西洋参发展事宜。

2. 抓宣传，转变观念。新宾县政府多次就西洋参产业发展存在的种植、加工、销售等问题召开座谈会、经验交流会、工作推进会，还利用电视、网络、移动媒体等进行广泛的宣传。新宾县政府领导还多次到吉林、黑龙江等地考察、学习。通过考察和学习，全县党员干部对发展新宾西洋参产业有了

更加清楚的定位和认识，这为全县西洋参产业发展做好了铺垫。

3. 抓规划，明确目标。为确保实现土地资源的科学发展，避免出现一窝蜂地盲目经营等问题，新宾县政府确定了新宾西洋参产业的基本原则，即坚持因地制宜、合理经营、科学管理的原则，进而合理地开发和保护土地资源。同时，新宾县政府对所辖土地进行了认真调查，并根据县内土地环境、土质等条件确定西洋参发展目标：到2019年年底，计划发展西洋参种植面积达到10000亩，西洋参总产值达到3亿元。

4. 抓科技服务。为了确定西洋参产业是否适应新宾县土质，20世纪末期，新宾县多次聘请专家进行实地考察，并请专家对土地环境、土壤条件等进行论证，最终专家认为新宾县自然条件非常适宜发展西洋参种植，只要技术指导和服务到位就可以。此外，新宾县政府还多次到吉林省邀请西洋参种植大户到新宾县参场介绍种植经验和传播技术，多次聘请专家进行技术讲座，办培训班，免费印制了大量《种植新宾西洋参技术手册》，并发放到参农手中。

5. 制定优惠政策，强化基础服务设施建设。近年来，新宾县政府出台了多项鼓励发展西洋参产业的优惠扶持政策，如惠农贷、农信贷等，为西洋参种植户提供贷款；而对部分距离较远的西洋参项目所在地，县政府帮助他们完成道路、电路等基础建设设施。同时，新宾县政府还与参农签订了长期的经营合同，从而有效地保障了参农的积极性。

6. 树典型、立标兵，用典型示范带动西洋参产业快速发展。新宾西洋参产业是一项特色产业。自党的十八大以来，新宾县建立了北四平西洋参产业科技示范区，用看得见、摸得着的典型示范，带动广大干部、群众积极投入到西洋参种植中。新宾县用典型引路，政策扶持、技术指导等一系列措施，推进新宾西洋参产业的健康、快速发展。

三、新宾西洋参产业发展面临的主要问题

1. 龙头企业少，产品研发、市场开拓能力弱。从新宾西洋参产业发展情况看，全县仅有秘参堂药业一家从事西洋参加工的龙头企业，由于其规模有限，带动能力比较弱。突出表现在：一是企业资金实力差，抑制了企业发展。例如，西洋参茎、叶人参皂贰提纯工艺已经成熟，但因受资金困扰，此项技术仍停留在实验室中，不能投入生产，这造成了资源的浪费。二是产品开发力度不够，企业每年收购的鲜参中，有三分之一左右是以原料形式售

出，而且加工部分多数是以零食出售，缺乏深度开发。三是市场营销力量弱、市场策划能力差，消费者认知程度低。通过对西洋参皂贰、氨基酸和微量元素含量进行分析，新宾县所生产西洋参的品质优于国内外绝大多数地区所出产的西洋参，但"好酒也怕巷子深"，由于受资金及产品宣传、市场开发、远期策划等市场营销能力多重因素影响，新宾西洋参市场认知度和市场占有率等都低于同类进口产品。四是技术力量薄弱。秘参堂公司技术服务人员仅占所有员工的 1/17。由于技术服务人员的不足，对公司下属参厂的技术支持很难做到全面、及时，随着种植面积迅速增加，亩均技术服务人员数量迅速下降，这一矛盾将更加突出。

2. 风险机制尚未全面形成。由于西洋参种植初期投入高、生产期较长，致使其投资风险加大，因而西洋参的田间管理特别是病虫害防治和自然灾害预防必须及时准确。而大多数西洋参种植户对这些技术的掌握情况较差，种参地域分布广、跨度大、技术人员少，又增大了技术人员对参农的指导难度，这些都增加了农民的投资风险。虽然大部分西洋参专业合作社都与参农签订了保价合同，但因加工能力、市场营销等多因素限制，西洋参的收购价格尚处于较低水平。

3. 专业合作社尚不完善，规模偏小。一是新宾西洋参专业合作社规模小，经济实力弱，服务功能不强，辐射带动能力较弱，抵御市场风险的能力不够。新宾西洋参合作社无论是从发展规模、数量，还是功能作用的发挥等方面，都是低层次的。许多专业合作社没有财产和资金，自我发展能力弱，经费来源主要是有限的会费，且收缴困难，办公设施简陋，在服务上仅以技术服务、信息服务、生产资料的采购服务等初级合作为主，而参农所企盼的加工、销售等服务，开展得比较少。二是西洋参专业合作社经营层次有待提高，运行存在封闭性。有些西洋参合作社法律意识淡薄，经营思想陈旧，内部组织不健全，信誉水准较低。还有的西洋参合作社眼前利益想得多、看得重，而对长远发展缺乏打算，在经营过程中往往出现一些不良行为，挫伤了参农加入合作组织的积极性。三是西洋参合作社普遍存在合作水平不高的现象。有相当一部分参农专业合作组织的组织之间、成员之间利益联结不紧密，大部分是松散型的买卖关系，双方缺乏诚信。组织之间出现互相压价、不遵守协议等情况，内部成员之间重盈利轻服务、重分配轻积累等。

4. 种植规模小、单产偏低，与基地建设要求尚有差距。从 2017 年新宾县西洋参种植面积上看，西洋参种植面积仅为 8300 亩，占全县耕地面积的 1‰ 多一点。从产值上看，2017 年西洋参产值为 2 亿元，仅占全县总产值的

6%左右。按照规划，新宾县要使新宾西洋参产业发展成全县三大主导产业之一还需要加倍努力。从单产方面来看，北美地区西洋参平均亩产量为1200~1300千克，而新宾西洋参试验基地亩产量最高为700千克，而全县平均亩产量仅在450千克左右。由此可见，新宾西洋参单产仍有很大的增长空间。

四、新宾西洋参产业发展的对策建议

今后，新宾西洋参产业的发展应紧紧围绕"全县三大主导产业之一"的总体目标，坚持以市场为导向，引入竞争机制，加强龙头企业建设；以利益为纽带，促进产学研联合，加快开发新产品和新市场；以农户投资为主体，政策引导建基地，切实保护参农利益，加快参农致富的步伐。

1. 强化龙头企业建设，全面提高龙头企业的带动辐射能力。新宾县要充分发挥秘参堂的最大效能，并全面引进竞争机制，扩大企业生产和市场规模，增强龙头企业带动力。一是要加快提高企业策划水平，围绕新宾县打造西洋参主导产业的目标，面向国内、国际两个市场，做好企业中长期发展战略性规划。二是要实施市场营销战略，努力开拓市场，在继续包装宣传秘参堂品牌的同时，走与国内知名品牌联姻之路，从而提高新宾西洋参社会认知度及市场占有率。三是要引进现代化西洋参加工企业，进一步推进西洋参产业向标准化、产业化发展，全面推进产学研，以此提高企业创新能力和市场竞争力。

2. 扩大种植基地规模。坚持培育农户种参投资主体地位，最大限度地调动农户的种参积极性，不断扩大基地规模。一是抓住种植业内部结构调整的时机，充分利用县内可用耕地，特别是要充分发挥新宾山地资源优势，强化土质好、土壤有机质含量高、排水能力比较强、地区昼夜温差大、比平原地区更适合西洋参生长的优势，进一步扩大种植面积。二是积极引导农民多渠道筹措资金，采取联合合作、合伙入股等方式发展西洋参生产，形成共同投入、共同受益、共担风险的种植模式。三是鼓励县外的个人、集体到新宾县承包、租赁土地种植西洋参，并享受县内农户种参的同等优惠待遇。

3. 加快服务组织建设，不断扩大技术服务队伍。新宾县要加快服务组织建设，进一步完善西洋参生产协会组织章程、机制，规范运作，充分发挥中介组织作用，改善参农的弱势地位，切实维护参农利益。县内西洋参生产协会、服务组织建设可以按业已形成的三类种植区设立，这样既可以充分地发挥协会组织的辐射作用，又可以避免重复建设。积极引进并培养一批种植技术服务人员，充实技术服务队伍；加强技术人员素质建设，提高技术指导能力，扩大服务范围，鼓励技术人员下基层，到参地指导参农，帮助参农降低种参技术风险；因地制宜，开展多种形式的培训活动，有针对性地提高参农技术。新宾县要充分发挥示范基地建设的作用，特别要加强西洋参种植技术创新、品种选育、种植设施优选等方面的试验示范，为提高西洋参单产和成参品质创造良好条件。

4. 加强电力、水利基础设施建设，提高抵御自然风险能力。长期以来，新宾县电力设施和水利灌溉设施建设滞后，致使部分参地用电、水利灌溉无法保障，这直接影响了当地西洋参单产及存留参苗生长质量。面对缺电、缺水的局面，新宾县政府要积极联络交通、电力、水务等部门，在西洋参产业相对集中的地方，强化国家电网的帮扶力度，加强变电所、电线架设等方面建设；同时，县乡政府应抓住新一轮水利富民工程的有利时机，及时引导并支持种参户建设节水灌溉设施，提高抗灾能力，为农民增收创造条件。针对产业项目较偏僻的乡镇，要积极争取市县对特色产业的基础设施建设的帮助和支持，通过"一事一议"等措施，解决这些问题。（刘士全）

第四节　抚顺市优质杂粮产业发展研究

抚顺市作为辽宁省重要的水源保护区，具备得天独厚的生态资源优势。由于水质好、土质好，抚顺市生产的优质杂粮也是享誉国内外。抚顺市的杂粮品种主要有小米、高粱米、黑豆、绿豆、红豆等。从发展前景来看，杂粮风味独特，具有丰富的营养保健功能，将会有广阔的发展空间。

一、抚顺市优质杂粮产业发展的现状

杂粮属于传统粮食作物，在抚顺市有着悠久的种植历史。因其抗旱耐瘠、管理粗放、产量稳定、耐储藏，历史上被称作抗灾救灾作物，抚顺农民种植杂粮的习惯延续至今。

1. 种植面积粗具规模。党的十八大以来，抚顺市不断加大农业供给侧改革的力度，相应的优质杂粮种植面积有所减少，但杂粮销售依然是水源保护区内农民的主要收入之一。2017 年，抚顺市种植优质杂粮面积为 1.8 万亩，占全市耕地的 1%，总产量达 5600 吨，平均亩产 310～320 千克，略低于全市粮食综合亩产 360 千克的水平。从抚顺市优质杂粮分布情况看，主要集中在章党镇、上马镇等大伙房水库周边的乡镇。

2. 政策扶持相对到位。2017 年，抚顺市继续深化豆类、谷类等重要农产品的价格保障机制，坚持实施小米、高粱等最低收购价政策，合理提高最低收购价格。抚顺市坚持推进优质粮食作物的市场定价、价补分离改革，健全生产者补贴制度，提高豆类目标价格政策及补贴机制，鼓励多元市场主体入市收购，防止出现卖粮难的现象。2017 年，在全市农业部门的努力下，抚顺市全年发放豆类目标价格补贴资金 1637.45 万元。

3. 科技能力不断提高。随着优质杂粮的相关补贴资金发放到位，抚顺市广大农民种植优质杂粮的积极性空前高涨，生产投入明显增加，科技应用能力明显提高。地膜覆盖、配方施肥、节水栽培等实用技术得到了普遍应用，机械化水平也大幅提高，这些都为丰产丰收奠定了坚实的基础。抚顺市通过开展精品杂粮高产创建示范区项目，普及农业新品种、新技术，示范区建设集测土配方施肥、地膜覆盖、节水滴灌、病虫害生物防治、全程机械化、合理密植等十大高产栽培技术于一身，充分发挥科技优势，达到高产增效的目的。2017 年，抚顺市万仓浩粮食储备中心、北研特产农业公司、金粮集团在抚顺市主要示范推广了多个杂粮新品种，并示范推广了配套栽培技术 3 个，建立 2 个优质杂粮核心示范区。这些项目的实施促进了优质杂粮优新品种及配套栽培技术的推广，提高了优质杂粮的产量，增加了农民的增收。

4. 开发模式得到推广。虽然抚顺市优质杂粮产业仍处于市场发育初期，但“龙头企业＋合作社＋基地”的运行模式却得到了有效推广。首先，抚顺市形成了一批具有一定规模的优质杂粮栽培基地。其中，规模较大的金粮集团基地和北研优质杂粮基地的种植面积都超过了 1000 亩。其次，成立了一批如抚顺县峡河乡红霞杂粮专业合作社、新宾县元君杂粮种植专业合作社、抚顺市绿源粮食种植专业合作社等 20 多家优质杂粮专业合作社。此外，抚顺市优质杂粮品牌建设也取得了一定成效，注册了北研杂粮、金粮杂粮等多个省内知名品牌。截至 2017 年，抚顺市认证“三品一标”优质杂粮产品共有 8 个。

二、抚顺市优质杂粮产业发展存在的问题

1. 没有统一可行的产业规划。抚顺市优质杂粮产业发展潜力较大，市场较为广阔，但是产业发展一直处于不温不火的状态。对此，抚顺市农业专家曾予以高度关注，但目前仍没有得到有效解决。究其原因主要是抚顺市缺乏有效的产业规划，因而无法采取相应的措施来进行产业链条的整体开发。抚顺市金粮集团、北研集团等相对形成规模的杂粮生产企业看到了优质杂粮产业的发展方向，并做了有益的尝试，但由于受到产业规划及合作协议的限制，未能强强联手，难以形成优质杂粮生产、加工、销售等方面的合作优势。

2. 认识程度低，重视程度不够。抚顺市农民依然存在自给自足的小农思想，市场意识不强，他们没有从种植玉米、水稻的传统观念中摆脱出来。同时，政府有关部门对在杂粮生产、市场开拓、种子研发、绿色认证、品牌创建等方面，以及发展规模和方向上都缺乏足够的政策引导。因此，抚顺市优质杂粮进入市场的比例相对较低，开拓省内乃至全国各地市场的力度不强。特别是抚顺市绿色精品杂粮产业还处于起步阶段，未来能否形成规模尚待观察。

3. 生产规模小、分散特点突出，种植技术有待提高。抚顺市优质杂粮多数种植在坡度较高的山区，这里地力相对较弱，肥水投入也比较少，种植比较分散，粗放管理。从收成方面看，抚顺市优质杂粮抵御自然灾害能力差，产量不稳。从种植技术方面看，抚顺市杂粮普遍沿用传统种植技术。栽培品种大多是地方老品种，品种混杂退化严重，新品种、新技术推广缓慢。这些因素严重影响抚顺市优质杂粮产业整体效益的提高。

4. 品牌少，市场竞争力有限。截至 2017 年，抚顺市仅有几个成规模的杂粮生产经营公司，其生产的品牌杂粮知名度不高，这对于抚顺市优质杂粮产业的市场竞争有一定的影响。在加工方面，抚顺市多数农民种植优质杂粮以自食为主，对外加工销售以原粮为主。在销售方面，分散种植增加了收购、流通难度，产后销售不畅。此外，抚顺市优质杂粮加工企业数量相对发达地区少，企业设备水平低，加工技术落后，多数优质杂粮加工企业只经过简单加工就把产品投放市场，这就导致了优质杂粮深加工水平低下，附加值也低，不能满足消费市场需求。

5. 产品包装意识较差。抚顺市优质杂粮产业包装意识差主要体现在优

质杂粮包装缺乏联动力方面。抚顺市优质杂粮包装未能向更加合理、适应市场需要的方向发展。可以说，抚顺市在优质杂粮的包装上只是在小包装零售方面略有改进，距离无毒、安全、卫生、经济、有效的要求还有相当大的差距。同时，抚顺市优质杂粮在包装改革的科技投入、资金投入上欠账较多，这也是抚顺市优质杂粮包装状况未能有根本改观的重要原因。

三、抚顺市优质杂粮产业的发展前景

1. 抚顺市区位优势明显，优质杂粮发展前景广阔。抚顺市位于辽宁省东部偏北，东与吉林省东丰、柳河、海龙、通化等杂粮生产基地相连接。抚顺市是辽宁省的水源保护地，这里水资源丰沛，得天独厚的地理气候条件，适宜多种杂粮作物的种植。同时，抚顺市现有的旱田较多，这为发展优质杂粮产业提供了土地资源。此外，抚顺市优质杂粮因各大水源保护区的生态保护限制，不存在工业污染和农药化肥使用过量及重金属残留等问题，是一种无公害的绿色食品。

2. 市场前景广阔，品质竞争优势强。随着城乡人民生活水平的提高及人们消费意识的转变，优质杂粮及其加工制品以其营养丰富、风味独特、粮药兼用等特点愈来愈受到人们的青睐，优质杂粮的消费需求增加，国内供给偏紧，市场价格走高，比较效益大幅提升。而抚顺市作为优质杂粮的生产区域，不仅杂粮品质好，价格也相对适中。抚顺市优质杂粮中的绿豆、红豆、黑豆、小米等都是传统优质农产品，在国内产销会上，获奖众多，受到国内顾客的青睐。

3. 具备一定的科技创新基础。近年来，抚顺市在杂粮科技上投入的研发经费不少，加之通过全市农业管理部门、农业科研院所的努力，全市已经初步筛选出了适合抚顺市种植的多用途的优质高产杂粮品种，对杂粮种植技术也进行了配套升级和完善。例如，目前，抚顺市种植的优质高粱产量，比21 世纪初期亩产不足 300 千克，提高了近 1.7 倍，亩产多收益 800 元至1000 元。同时，抚顺市千台春酒厂和北研集团白酒厂等白酒加工企业也在利用当地的优质高粱作为原料酿酒，其出产的高粱白酒在社会各界享有很高声誉，这也为抚顺市的高粱产品的销售提供了良好的保障。

四、抚顺市发展优质杂粮产业的建议

抚顺市应充分发挥优质杂粮的真正优势，全面提升生产水平和市场竞争力。抚顺市要因地制宜，立足当地土地、水等资源优势，来发展优质杂粮产业。为此，抚顺市应重点采取以下措施。

1. 加大宣传力度，提高人们对种植优质杂粮的认识。由于杂粮生产在农民心目中地位较低，效益不高，这对于发展优质杂粮产业是极为不利的。因此，抚顺市应总结一些优质杂粮品种增收的典型，广泛开展宣传，积极争取社会各界、各级部门的重视，使其认识到发展杂粮是促进农业供给侧结构调整的主要方式，是提高农民增收致富的重要途径，从而打造具有抚顺市特色的杂粮经济。同时，抚顺市优质杂粮营养成分丰富，且蛋白含量高，比例合理，是最佳营养食品，抚顺市要大力宣传杂粮及其制品的营养性、保健性、安全性，大幅度提高城乡居民对杂粮的消费量。

2. 加强政府引导，走精品发展路线。抚顺市要重视优质杂粮的生产，以市场为导向，把发展优质高效的杂粮作为主要粮食生产的重要补充措施来抓，切实把优质杂粮规划指导工作纳入政府重要议事日程，深入调研优质杂粮产业发展情况，研究制定扶持政策措施，积极引导农户种植优质杂粮，以此促进抚顺市优质杂粮生产特色化、规模化、产业化。抚顺市的杂粮产业要坚持"做优、做精、做强"的目标，努力将抚顺市打造成辽宁省优质杂粮的"大后方"。

3. 注重品牌创建，加快建设优质杂粮基地。抚顺市应坚持因地制宜，突出特色，充分发挥土壤类型、田野小气候等资源优势，着力培育地域性产品，打造优质杂粮品牌；着力开发有市场、有效益、有前景的特色品种，按照规范化、标准化和规模化种植，强化技术服务和综合管理，以开发品牌杂粮为导向，加大资金投入，大力搞好优质杂粮基地建设，加强优质杂粮品种开发，引导生产向专业化、规模化方向发展。

4. 推广实用技术，搞好示范带动，充分挖掘优质杂粮种植效益。一是大力开发良种资源，加快优质杂粮良种建设，做好地方品种提纯复壮和优良品种的"引、育、繁、推"各个环节工作。二是做好良种的配套栽培技术的研究组装，改粗放栽培为精细管理，加强环境保护和监测，推广应用有机肥和生物农药。三是做好技术培训，提高农民种植技能。加快制定优质杂粮栽培技术规程，指导区域优质杂粮品种的科学种植。积极搞好示范工作，以新品种、新技术为基础建立示范基地，把标准化技术推广作为基础性工作来抓，扩大新技术向周边地区辐射推广。四是提高优质杂粮生产水平。优质杂粮种植地块一般较小，不适宜大型农业机械操作，尤其是在谷子播种、收割、脱粒方面缺乏小型配套的农业机械。因此，建议研究开发一整套适合山区作业的耕地、播种、收割、脱粒等现代化农业机械。

5. 拓展销售渠道，扩大市场份额。抚顺市要组织引导农民发展订单生产，鼓励学校、超市、企业同农民签订收购合同。同时，壮大优质杂粮销售服务体系，培育流通中的中介组织和购销队伍，重点发展农民运销经纪人，充分发挥农民在开拓市场方面的积极作用。此外，还要加快精品杂粮专业批发市场和市场信息网络建设，大力发展电商建设，开展网上营销，积极拓展外销市场。

6. 积极培育杂粮经营主体。抚顺市应大力推广"龙头企业＋合作社＋基地＋农户"发展模式，提高种植户抵御风险的能力；支持合作社和种粮大户承包土地，实现规模化种植和产业化经营，鼓励合作社实行统一整地播种、统一良种供应、统一配方施肥、统一病虫害防治、统一技术指导、统一营销服务，实现标准化生产、品牌化经营；扶持农业龙头企业搞好优质杂粮新产品研发，由初级加工向精深加工转化，提高加工能力和产品档次，开发特色产品、名牌产品，满足不同层次的消费主体需求；着力研究抚顺市杂粮品种潜在药用保健价值和杂粮小吃加工技术，扩展杂粮产品的使用价值和经济价值。

7. 加强科技攻关，提高杂粮生产和综合利用的科技含量。抚顺市在推广现有优质杂粮品种的基础上，要加大力度，狠抓科技攻关。一是要开展品种攻关和良种繁育体系建设，充分发挥抚顺市和临近地区的科研力量，引进培育出产量高、品质好、成长期适中、适应性强的杂粮新品种，对名优杂粮品种及时进行提存复壮，加速良种繁殖。二是坚持旱地改制，改善杂粮生产环境。三是开展杂粮绿色产品培育技术攻关。抚顺市虽然已经开展了部分杂粮作物的高产培植技术研究，但由于受时间和条件的限制，技术还远不成熟。因此，应加强在不同生产条件下绿色杂粮栽培技术的实验研究和推广应用，鼓励农户增加生产投入，改变生产粗放的局面，努力提高单产效益。四是开展综合加工技术攻关，不仅要对杂粮主产品进行加工开发，还要对附加产物进行开发，这样才能最大限度地发挥效益。例如，优质高粱不仅能够酿酒，而且其副产品如酒糟、秸秆仍有较大利用价值；酒糟可以作为畜牧业饲料，秸秆可以用于造纸、工艺品编织，其表皮上的蜡粉是油墨、燃料的良好原料。抚顺市要通过综合利用，进一步提高杂粮的附加值。

8. 加大扶持力度，保障精品杂粮生产发展。建议抚顺市制定优质杂粮产业扶持政策，开展行业指导。惠农政策适当向优质杂粮生产地区倾斜，应采取中低产田改造、兴修水利、秸秆还田、增施有机肥等措施，改善生产条件，加快建设一批精品杂粮商品基地和扶持优质杂粮加工和出口企业等。

（刘士全）

第五节　抚顺市灵芝产业发展研究

灵芝作为中华民族的瑰宝，在中国拥有 5000 多年的悠久历史。随着人们生活水平的提高，以及灵芝人工培育的普及，灵芝逐渐进入了人们的视野，尤其是灵芝孢子粉已经成为保健品市场上的新宠。灵芝及灵芝孢子粉具有药用价值，而且营养价值极高。灵芝及灵芝孢子粉真正走入市场大约开始于 20 世纪 90 年代初。经过大量的临床研究表明，灵芝产品含灵芝多糖、三萜、核苷酸类、微量元素等多种活性物质，是医疗辅助保健品。2017 年，中共抚顺市委、抚顺市政府明确提出要继续推进农业产业结构调整，促进农业供给侧改革，发展特色农业，建设现代农业。因此，发展灵芝产业有促进抚顺市特色农业经济发展和增加农民收入的作用，建设灵芝健康农业科技示范基地对推动当地灵芝产业发展具有重要作用。

一、抚顺市发展灵芝产业的意义

1. 抚顺市灵芝产业发展升级的需要。灵芝规模栽培在抚顺市的发展从 21 世纪初到现在已经有近 20 年的历史。抚顺市平均海拔 80 米，地处中温带，属大陆性季风气候，市区位于浑河冲积平原上，三面环山，是典型的山地型城市，拥有大量可用于优质灵芝培植的山地资源、林木资源、水资源和一级空气环境，适合优质灵芝的生长和培植。2017 年，抚顺市灵芝产业已发展成为特色农业优势产业之一。抚顺市从事培植、生产加工的人口众多，灵芝的产量大，年产灵芝约 1.2 万吨，灵芝孢子粉按照 1 吨灵芝能收集 1 千克孢子计算，全市年产灵芝孢子粉 1.2 吨左右。但是，抚顺市灵芝仍是初级产品，与优质、高产、高效、安全、生态的发展目标还具有一定的差距，仍面临着众多挑战和困难。

2. 有效解决农作物废弃料利用的问题。抚顺市培养灵芝以柞木段为主，其他作物为生原料的种植面积少，培植技术水平相对落后。抚顺市是个典型的山林城市，作物耕种面积较大，可作灵芝培植的稻草秸秆、玉米芯、花生壳、木材碎料等废弃料量大，但农民受培植技术水平的限制，往往没有充分利用这些资源，没有将其"变废为宝"，更是由于随意的堆放、发霉、腐烂造成环境的脏、乱、差。为此，先进的灵芝培植技术能有效地解决农作物废弃料利用率低、效益低的问题，同时也有助于提升抚顺市灵芝产业发展水平。

3. 提高农业综合效益，带动农民增收的需要。抚顺市是辽宁省灵芝生产的主要集中地，抚顺市政府高度重视灵芝产业发展，并以专业镇建设作为促进农民增收的一项重点工作来抓，积极推进灵芝专业镇建设。自 2010 年起，抚顺市政府部门都要拿一定的资金用于扶持灵芝生产。这些表明，灵芝产业的发展得到了政府的高度重视和大力支持。因此，在政策鼓励下，抚顺市灵芝的种植进一步提升，灵芝培植成本与运输成本也进一步降低，这有效地提高了种植户的经济效益。同时，鼓励成立专业的合作社，免费为农民提供灵芝培植技术，提供培训生产实践中的技术指导，在提高农民科技水平的前提下，灵芝病虫害得到了有效防治，降低了生产成本，这些都为农民实现增产增收提供了帮助。

二、抚顺市灵芝产业发展的制约因素

1. 灵芝基地规模小，无性良种灵芝种植比率低。虽然抚顺县石文镇福运灵芝合作社、清原县土口子灵芝合作社的生产面积都达到 1200 亩，但全市大部分灵芝产业由于产销渠道不畅，灵芝种植收益不高，造成芝农种植积极性下降，灵芝种植面积和产量严重下滑，许多乡村的种植面积不足 100 亩，无性良品灵芝种植比率更低，大部分芝农还是采用五年前从日本引进的或自己在普通灵芝中选育的三代、四代菌种，多年未经脱毒、提纯、复壮，种植的灵芝产量低、品质差，经济效益不高。

2. 灵芝产品加工深度不够，系列产品开发有待加强。抚顺市的灵芝产品，包括灵芝孢子粉在内，现在只有无公害农产品认证，还没有通过有机农产品认证或绿色农产品认证，石文镇灵芝基地还没有通过 GAP 认证。食字号的产品只有超细灵芝粉和破壁灵芝孢子粉。抚顺还没有按照国家 GNP 标准建设灵芝药品生产线，没有药字号的灵芝产品，这些都使得灵芝产品附加值不高。

3. 灵芝产品市场开拓缺乏整体营销战略。抚顺市灵芝产品的品牌建设滞后，灵芝企业由于缺少专业营销人员，在市场开发上缺乏长远规划，灵芝终端消费市场营销工作开展得不到位，品牌广告宣传投入少，推介力度不大，这些使得名贵灵芝虽多，但销售价格低，高市场占有率的知名品牌少，灵芝品牌建设亟待加强。

4. 组织化程度低，灵芝产业发展缺乏组织创新。抚顺市灵芝种植大多是一家一户经营，生产经营规模小，芝农组织化程度低，灵芝生产要素流转机制尚未建立，难以应对大市场发展。仅有的几个灵芝专业合作社也存在一定的问题，如土口子灵芝合作社规模偏小，成员只有 5 户，自身经济实力不强，社员与合作社之间联系不紧密，没有形成真正的利益共同体。同时，合作社只停留在种植、养殖等一些低层次服务上，合作层次不高。另外，芝农认识不到位，入社积极性不高。部分芝农对专业合作社的认识，往往停留在把其与原来的村集经济组织混为一谈。因此，对入社的兴趣不高，参与的积极性不强，从而导致专业合作社发展缓慢。

5. 灵芝产业技术人才短缺，产业发展科技水平低。没有高素质的农业从业人员，先进的灵芝产业生产技术和管理方法就不可能得到推广应用，灵芝产业劳动生产率就难以提高。抚顺市灵芝产业带头人大多数属于传统农民，学历不高，普遍不掌握现代科学技术，仍沿用传统的生产方式和方法从事生产，加上灵芝产业技术推广人员不足，致使许多先进的科学技术和方法难以得到推广。另外，抚顺市培养的农业科技人才，真正留在农业战线上的少之又少。

三、抚顺市灵芝产业环境及市场前景分析

1. 政策保障水平稳步提升。政府非常重视"三农"，而灵芝业属于富农的"绿色"产业，符合国家可持续发展战略和生态环境保护政策。抚顺市政府制定了灵芝产业的发展规划，在税收、资金、解决农残等方面给予了政策的支持，使灵芝生产、销售、出口的协调和宏观调控体系更加完善。辽宁省对灵芝产业化经营的资金和其他方面的扶持正逐步增加，食用菌产业被《国家产业结构调整指导目录》列为农业鼓励类项目，这些为抚顺市灵芝产业的长远健康发展，创造了良好的环境。

2. 保健品消费需求日益强烈。随着收入的增加和生活的富足，人们对天然绿色食品、保健食品、功能药品的需求明显地将从生理性需求发展至安全性、健康性需求。灵芝由于对人体健康具有卓越的功效，越来越引起世界范围的关注，尤其是灵芝系列保健食品和复方中成药制品正成为最畅销流行的保健食品和药品。这一不可逆转的绿色健康消费趋势，将使灵芝突破区域性消费的局限性，这对抚顺市灵芝国内外市场的拓展无疑是极好的机遇。

3. 社会消费能力不断增强，文化与休闲消费需求日益凸显。理论和实践表明，人们随着经济收入不断增加，消费能力将不断增强。一方面，人们的消费与购买欲望将不断增强，这有利于提高灵芝的市场需求量。灵芝是绿色保健食品，随着对食用灵芝宣传力度的提升，灵芝在国内、国际市场发展空间将进一步扩大。另一方面，人们的需求将由物质层次上升为精神层次，人们将不断追求文化和休闲的消费，以其陶冶情操、修身养性，充分享受生活，体现生命的价值。抚顺市有丰富的历史、自然资源，如能充分利用这些优势，可进一步提高抚顺市灵芝产业的形象和市场竞争力。

四、抚顺市灵芝产业发展的重点方向

1. 抚顺市灵芝品牌战略。

（1）抚顺市灵芝品牌形象塑造工程。抚顺市灵芝产业在全省灵芝产业中占有举足轻重的作用。因此，建议抚顺市上下要以灵芝品牌建设为切入点，以满族风情旅游节和农业产品项目推介会为契机，启动"抚顺市灵芝品牌形象塑造工程"，从而做大做强抚顺市灵芝产业。

（2）加强抚顺市灵芝公用品牌宣传推介。建议由农业部门牵头，相关企业参与，政府给予适当补贴，集中各方力量，形成合力，每年采用不同形式组团到抚顺市灵芝主销区进行宣传、推介，通过电视广告、网络营销等方式，加强对灵芝品牌的宣传力度。

（3）提高抚顺市灵芝产品质量。加快制定抚顺市灵芝生产加工技术规程，制定灵芝种植和深加工产品标准，在重点灵芝区、重点合作社举办灵芝种植标准化培训班，普及标准化知识。以示范推广灵芝种植标准，完善工艺流程，规范灵芝的生产、加工和包装，逐步实现灵芝产品标准化、规模化、机械化，确保抚顺市灵芝产品质量稳步提高。

（4）实施抚顺市灵芝市场准入制度。抚顺市应建立灵芝公用品牌市场准入机制，在鼓励抚顺市成立灵芝品牌龙头企业自行开发包装、自行管理、自行销售的同时，对没有自主品牌的企业，由协会统一标准、统一包装、统一管理、统一使用商标。

（5）实施抚顺市灵芝原产地域产品保护。建立公用品牌的管理制度，明确公用品牌使用规则，开展相关知识培训，抓好公用品牌使用试点示范工作，建立抚顺市灵芝原产地域标志灵芝园保护示范村、示范园、示范场、示范基地等，建立灵芝原产地域保护示范场、示范店、示范公司等。同时建立公用品牌使用者受益制，加强公用品牌市场运行检查监督，建立公用品牌管理的奖惩制度，鼓励和引导更多的企业使用抚顺市灵芝原产地域标识。

2. 抚顺市灵芝市场拓展工程。

（1）原产地证明商标保护。建议由政府委托相关部门积极申办抚顺市灵芝原产地证明商标及原产地域产品保护专用标识。

（2）灵芝生产基地建设。灵芝生产企业要加大基地建设力度，强化管理，防止农业投入品的乱施乱用，切实解决农药残留问题。建设标准化生产线，净化生产环境，杜绝掺假。改革传统加工工艺，加快产品结构调整和新产品的开发，扩大小包装灵芝产品销售，提高产品的竞争力，拓展市场销售空间。

（3）加强省内外合作。利用抚顺市灵芝产品品质优势，积极寻求省内外市场著名品牌的灵芝零售商、批发商、加工商合作，通过协议、合同或合资联营等方式，在灵芝产品包装上，同时使用双方的商标品牌，双商标联营。借助他们的资金、技术、管理、市场优势和国际市场上的知名度及美誉度，尽快开拓省内外市场，提高企业自有品牌的知名度及美誉度，最终拉动抚顺市灵芝产业发展。

（4）培育灵芝销售一体的联合会。鼓励成立销售一体联合会，防止无序竞争、相互压价，避免进入低价格——低效益——低质量——低价格的恶性循环，共同拓展抚顺市灵芝的国内外市场，宣传抚顺市灵芝品牌，扩大灵芝销售量。

3. 灵芝系列产品开发工程。

（1）打造抚顺市名优灵芝精品。结合标准化实施，逐步启动抚顺市名优灵芝的精品工程，在重点抓好抚顺市灵芝发展的同时，各乡镇要结合自身特点，切实抓好自己的灵芝基地建设，创立具有一定知名度和市场认同度的精品名灵芝品牌，完善传统名优灵芝标准，挖掘深厚的灵芝文化内涵。

（2）加快灵芝深加工系列产品开发。鼓励灵芝合作社与农科院、大专院校开展技术合作，共同研究开发灵芝深加工系列产品，重点研究灵芝孢子粉、灵芝保健食品、灵芝中药制品、灵芝化妆品和灵芝旅游产品。

（3）扩大抚顺市灵芝电商网点建设。重点建设抚顺市灵芝产品电商平台，借助抚顺市灵芝的形象，鼓励灵芝企业建立电商、网络专卖店等营销平台，让抚顺市知名灵芝企业积极抢占国际市场，进而提高抚顺市名优灵芝产品的国内外市场占有率。

4. 企业战略扶持工程。

（1）加快龙头企业建设，鼓励龙头企业向靠近灵芝主产区、交通方便、市场环境好、基础设施功能完善的产业园区集中发展，培育几家上连市场、下连基地的核心龙头企业。

（2）鼓励发展中小企业和灵芝经销商。支持有发展前景和市场潜力的中小企业发展。建立抚顺市灵芝加工企业、灵芝批发商店、长期运销抚顺市灵芝的经营大户、外地销售抚顺市灵芝产品企业的档案，关心他们的经营活动，邀请他们参加市、县、区大型灵芝展销活动，通过多种途径加强与各类灵芝经营商的联系。建议农委、工商、卫生、质监、税务等部门做好服务工作，依法管理，维护良好的灵芝流通和市场秩序，对符合条件的灵芝个体经营户，工商部门优先优惠办理各项证照，开经营绿灯，进而构建优异的发展环境。

（3）支持投资灵芝深加工项目。充分利用抚顺市丰富的灵芝资源和灵芝无污染、内质好的优势，在现有超细灵芝粉、破壁灵芝孢子粉的基础上，制定优惠政策，鼓励投资多元化灵芝产品，改变抚顺市灵芝产品单一的现状，提高灵芝产业的综合经济效益。

（4）加快灵芝产业园建设。为整合资源，形成集聚效应，全市应合理布局，科学规划，建设灵芝产业加工园区。进一步制定优惠政策，鼓励有条件的企业向园区集聚，为抚顺市灵芝产业提供更好的发展平台，切实提升抚顺市灵芝产业的外向度。

五、抚顺市加强灵芝产业的保障措施

1. 切实加强领导，加快发展灵芝战略性主导产业。抚顺市农业部门要负责全市灵芝产业发展规划实施中的指导、协调、管理和服务工作。相关各乡镇要成立相应的灵芝产业实施领导小组，要专人负责，积极开展工作，宣传落实灵芝产业规划，制定本地区灵芝发展规划，落实好年度发展计划。政府要建立健全目标管理责任制，把规划的目标任务纳入各级政府和有关部门的目标考核体系，层层签订责任状，一级抓一级。政府每年将组织一次检查评比表彰活动，表彰奖励先进，对到期没完成目标任务的给予通报批评。

2. 加快发展灵芝专业合作组织和行业协会，以规范和发展灵芝种植户、灵芝基地、灵芝加工企业、灵芝销售企业之间横向联合利益共同体，充分发挥其联系政府和企业的桥梁纽带作用。要不断总结，加强乡村芝农组织化建设，鼓励乡镇、村成立相应的灵芝专业合作组织。提倡建立龙头企业、基地、农户等利益主体的有机联系，逐步形成目标一致、风险共担、利益共享、合力参与市场竞争的经济利益共同体，提倡发展芝农专业合作组织，使千家万户的小生产能与千变万化的大市场相衔接，逐步完善机制，切实增加灵芝农收入。

3. 完善芝灵产业科技机制和人才机制。抚顺市发展灵芝产业，人力资源和科技水平是关键。一是充分利用各类学校和各级部门培训基地，大力发展远程教育、电化教育，加大对芝农和企业人员的培训力度，通过多渠道、多手段的培训方式，培养造就一批懂技术、会管理、善经营的灵芝产研销专门人才。二是通过编印学习资料、刻录光盘，普及灵芝生产技术，普及灵芝标准化、清洁化知识。引导芝农和企业树立大市场观念、流通观念，增强风险意识和效益观念，逐步改变芝农和企业的急功近利和小富即安思想。三是构建灵芝管理和技术推广人员的再学习制度，及时更新知识，不断提高抚顺市灵芝管理和技术推广人员灵芝生产和管理的综合科技水平。四是逐步建立人才引进和科技引进推广机制，着重引进和培养外销、企业管理人才和技术，市场开拓策划人才和技术，灵芝深加工人才和技术。

4. 健全社会化服务体系。在稳定和加强各级灵芝生产技术推广机构的同时，鼓励各级灵芝生产技术推广机构、科研院所、大中院校、协会、企业及农民，以灵芝生产技术开发、技术咨询、技术服务、技术承包和技术转让等形式，从事灵芝生产技术推广事业。鼓励扶持各类灵芝专业合作组织成立专业服务队，开展灵芝园种植、管理、采收、病虫统一防治等有偿技术服务，拓宽技术服务领域，增强技术推广和服务水平。（刘士全）

第六节　抚顺市香菇产业发展研究

中国是全球食用菌生产大国，食用菌产量占全世界的 72%。其中，香菇的产量排在世界首位，2016 年全国香菇产量为 898.3 万吨。辽宁省是我国香菇主产地之一，其总产量为 53 万吨，从业人员 21 万人，其中抚顺市产量为 8 万余吨，约占全省总产量的 15%。由于抚顺市特殊的地理条件，昼夜温差大的气候特点，适宜反季菇的栽培，从 20 世纪 80 年代起，抚顺市的香菇产业就已成为全市农民增收致富的主导产业。其中的佼佼者——新宾"红升"牌香菇是国家生态原产地保护产品。抚顺市香菇产业已走在规模化、标准化发展的道路上。2016 年后，我国香菇产量迅速持续增长，价格下降，利润下降，香菇产业出现了新业态，抚顺市香菇产业该如何应对是一个值得深思的问题。

一、抚顺市香菇产业发展现状

1. 生产规模。抚顺市食用菌生产处于辽宁省第二的位置，主要生产的食用菌类型为单片黑木耳、香菇、金针菇，其中以香菇种植为主导。2006年，棚栽香菇达到 2000 万段，地栽香菇面积达到 580 平方千米，产量为4.5 万吨，产值为 2.7 亿元。2014 年，抚顺市香菇栽培 7000 万袋。2017年，抚顺香菇种植面积达到 9000 多万段，占抚顺市食用菌种植面积的63%，产量约 8 万多吨，约占食用菌总产量 69%，产值达到 6.3 亿多元，约占食用菌生产总产值的 70%。11 年的时间，种植量增长了 3.5 倍，产值增长了 1.3 倍。其中，新宾县香菇产量最高，其 15 个乡镇中有 14 个从事香菇生产，香菇年产量达到 5 万吨。

2. 政府扶持。抚顺市各级政府部门科学规划引导，出台优惠政策扶持食用菌产业的发展。例如，清原县以财政投入为先导，争取市级资金。2017年，清原县整合县级资金 100 多万元，用于食用菌基地冷棚建设和水电等硬件基础设施配套建设，对年生产能力 100 万袋以上菌包厂每座补贴 20 万元，规模达到 50 亩以上集中连片的食用菌生产小区，每栋发菌棚钢架补贴 8000元，香菇冷棚每栋补贴 1500 元，配电每处补贴 15 万元，建设保鲜库每座补贴 8 万元等。又如，抚顺县先后出台了扶持政策，对当年农村土地承包经营权流转集中连片达 100 亩以上且流转期限 3 年以上，从事有机粮食、食用菌、果品、蔬菜等特色农业生产的，给予受让方每亩 100 元至 150 元补贴等。再如，新宾县也出台了一整套的扶持优惠政策，为香菇生产统一协调土地流转、统一协调贷款，每棚补贴 500 元，提供冷棚钢管骨架，配套服务生产小区水、电、路、烘干、保鲜的需求等。

3. 生产方式。抚顺市香菇产业已形成规模化、集约化、产业化的生产方式。抚顺市有食用菌新型经营主体 156 家，这些经营主体通过"经营主体＋基地＋农户"的生产模式开展规模经营。2017 年，抚顺市依托新型经营主体，打造了三产协同发展的标准化园区 11 个，辽宁省农科院与地方共建的食用菌科技服务团在抚顺市建成香菇、黑木耳等核心示范基地 25 个，示范推广面积达到了 16900 亩。以新宾县为例，新宾县 2017 年食用菌种植面积达到 6500 亩，50 亩以上食用菌种植小区 45 个，专业合作社 49 家，菌种厂 20 家，旺福隆食品、榆树振平香菇等食用菌加工经营主体 42 家。在转变生产方式的同时，新宾县专业合作社创新运营模式，合作社无偿提供标准化菇棚给农户使用，农户购买合作社生产的菌段，严格按照合作社的技术规程，生产出香菇再出售给合作社。合作社和农户利益统分结合，在整个生产环节中，合作社靠出售菌段收益和香菇成品代销收益，农户赚取种植香菇的收益。

4. 三产融合。抚顺市一直在探索香菇产业三产融合发展，走拉长产业链的路径。两条腿走路，一方面走传统路径，即"生产＋加工"；另一方面走创新路径，即"生产＋采摘＋民宿"。抚顺县依托三友集团等龙头企业，新宾县依托旺福隆食品、榆树振平香菇、红升绿环食用菌、永陵伟华食用菌、苇子峪菇满香等 42 家食用菌加工经营主体，以第一、第二产业融合的方式及产业化生产经营模式，形成生产、加工、销售产业链，以冷链物流的形式反季生产和销售。新宾县永陵镇的青松岭林下种植合作社开展三产融合，将种植的部分食用菌售卖给前来采摘的游客，并在山下建起了民宿小屋，同时从事食用菌深加工。2017 年，该社占用林地 68 亩，收入 137 万元。

二、抚顺市香菇产业发展的优势

1. 气候优势。抚顺市位于辽宁省的东北部，位于华北地台的北缘，地质构造属于长白山脉的交接地带，以山地为主，森林覆盖面积为67%，野生菌类资源丰富。抚顺市属于温带大陆性季风气候区，气候变化较为明显，空气温湿度适合香菇养殖。以2017年为例，6月至8月全市平均气温为22.2℃，夏季较凉爽，该阶段接种率较高，有利于提早出菇，有利于反季种植，填补了夏季香菇市场的空白。香菇属于变温型菌类植物，出菇时若有高温和低温刺激，尤其是一日内温差大于10℃，实体生长比较旺盛，有利于厚菇和优质菇的形成。以新宾县为例，4月至5月的昼夜温差均大于10℃，此时为子实体发育期，经过低温刺激，香菇的菇体生长提速，品质提高，产量也会随之增加。

2. 原料优势。香菇主要有段木栽培和代料栽培两种栽培方式。南菇北移的原因之一就是南方森林资源匮乏，加之2017年3月，我国已在全国范围内实行了全面停止天然林商业性采伐致使香菇段木栽培原料缺乏。同时，代料栽培的生物学效率较前者要高，代料栽培的空间更广阔。香菇代料栽培可选用木屑类、种壳类、糖渣类、作物秸秆类（稻草、麦秸、玉米秸、高粱秸、棉花秆等）、野草等原料。抚顺市玉米秸秆等资源非常丰富。玉米是抚顺市最主要的农作物之一，2017年抚顺市玉米秸秆产量达90多万吨，可收集量约在80万吨左右，完全可以满足抚顺市香菇年产量8万吨所需代料的要求。

3. 技术优势。抚顺市香菇研发技术力量雄厚。抚顺市农委、抚顺市农业技术中心、抚顺市农业科学院食用菌研究所的科研人员，抚顺市食用菌协会技术人员、辽宁省农科院专家、大型企业研发机构科研人员，以及省内外高校的科研人员共同合作，推动了抚顺市香菇栽培技术和优良品种的研究引进、示范推广，支撑了抚顺市香菇产业的发展。例如，抚顺市地栽香菇技术通过了辽宁省评审鉴定，被食用菌领域的专家一致认为是全国首创，属于全国香菇九大栽培模式之一。陆地香菇经国家中科院分析鉴定，各项指标均优于国内外同类产品，其工艺及产品荣获国际香菇研讨会双项金奖。抚顺市农业科学院从20世纪80年代开始就不间断地引进、试验，先后培育出了"抚香2号""抚香3号""辽抚4号"等香菇新品种。再如，抚顺市农业科学院专家与辽宁省农业科学院专家联合，自主研发，培育适宜辽宁省地理气候特点的菌种，深入长白山腹地采集野生香菇菌株，利用单孢杂交技术培育出香菇新品种"辽抚4号"。它因性状优良，在辽宁省香菇市场覆盖面超过80%。

三、抚顺市香菇产业发展中存在的问题

抚顺市香菇产业发展中存在的问题主要凸显在生产环节和销售环节。

1. 生产环节。

(1) 产业链不完善，深加工程度不足。抚顺市香菇产品多以初中级产品为主，生产菌包、鲜销菇、保鲜菇、烘干菇。抚顺县的三友集团主营利润来自于专业化的菌包生产，它也小批量生产即食香菇，并计划与中国台湾大学食品学院合作引进年产量 30 吨、产值达 1.2 亿元的生产食脆片和清水罐头的两条食用菌生产线。

现在的主流消费人群为 20 世纪 80 年代至 20 世纪 90 年代的人群，干鲜产品主要迎合的是 20 世纪 60 年代至 20 世纪 70 年代的人群需要。由于干香菇泡发时间多达 4～6 小时，很多"80 后""90 后""00 后"消费者都将干香菇产品排除在消费菜单之外。如果抚顺市香菇产品依然走路径依赖的老路，不寻求拉长产业链，不走深加工的道路，不开拓新的消费群体，必然会由于传统市场的饱和而饱受利润锐减的损失。

(2) 劳动力短缺，人工成本升高。香菇生产属于劳动密集型生产，对劳动力需求量大，抚顺市人口减少、老龄化、青壮年劳动力外出务工造成的劳动力供给减少和成本上升限制了香菇产业的发展。抚顺市人口已连续多年呈负增长态势，如 2017 年比 2016 年减少 7000 人。抚顺市 60 周岁以上的老年人达到 47.36 万人，占全市总人口的 22.05％。抚顺市已进入老龄化社会。抚顺市农村剩余劳动力外出务工的数量逐年递增。从 2005 年起，抚顺市就已经出现从事香菇产业种植人力短缺的现象，现 13 年过去了，这一现象仍在进一步加剧。加之抚顺市香菇产业在不断壮大，对劳动力需求增多，而劳动力供给呈下降趋势，故劳动力成本上升，从业人员年龄偏大。

2. 销售环节。

(1) 香菇价格波动较大，香菇市场趋于饱和。由于香菇生产具有季节性，一年产出 6～7 茬，这就导致香菇一年内的价格波动较大，各年份之间的价格波动也较大。这对于香菇生产者来说，具有一定的风险。由于香菇投入成本小，种植周期短，见效快，香菇培植产业被全国众多地区作为精准扶贫的主打产业来发展，因而出现了聚集性的发展。以云南、甘肃、山西、大别山等为代表的贫困山区，七成以上的贫困地区选择了香菇，仅阜平县一期就投资 3.3 亿元，栽培量达 3000 万棒。受扶贫政策和补贴扶持的推动，

2017 年香菇生产仍持续大规模增长。以贵州省为例，2017 年的增长率为
126.34%，预计 2019 年贵州省将实现 240 万吨的产量，产值 300 亿元，全
省推出了"一县一业"产业扶贫基金，推动 71 个县大力发展食用菌产业。
由于全国香菇总产量增加，香菇的价格存在整体显著下降趋势，带来的收益
也会随之下降。连续两年的价格下降已经对抚顺市食用菌产业产生了直接的
影响。

（2）品牌宣传力度不够，文化建设缺失，本土市场开发不足。虽然，抚
顺市成功打造了辽宁三友、锦禾和新宾绿环等知名食用菌品牌，新宾红升香
菇也成了国家生态原产地保护产品，但依然存在品牌不知名的问题。抚顺市
的香菇产品品牌广告投入较低，这也是整个东北三省香菇产业存在的问题。
全国十大香菇产品知名品牌集中在上海、北京、湖北、浙江、福建等地。南
方省份一直是香菇的主要传统消费市场，虽然抚顺市从 20 世纪 80 年代就开
始种植香菇，到 2017 年已能年生产 8 万余吨，却始终没有在本土形成香菇
的餐饮文化，没有开拓本土市场。反省自身，我们长久以来的产业发展关注
的生产、加工、销售、品牌，从未将香菇产业与饮食文化相结合，从未关注
过本土市场的开发。营养学家建议的香菇消费标准每人日均消费量为 250
克，中国国内每人日均消费量为（湿品）70 克，二者差距较大。截至 2017
年年末，抚顺市总人口为 214.8 万人，这说明了抚顺市食用菌消费市场还有
极大的空间可拓展。

四、抚顺市香菇产业发展的对策与建议

为了推动抚顺市香菇产业发展，建议以产业指导性政策为支撑，推动抚
顺市香菇产业发展升级。

1. 延长产业链，提高深加工水平。抚顺市香菇以初中级产品为主，产
品附加值低，随着市场饱和度增高，香菇价格的整体跳水，初、中级产品的
利润空间会更小。抚顺市香菇产业中的加工企业应进一步拉长产业链，提高
深加工水平，开发高附加值产品。企业应开发香菇系列饮料、香菇系列调味
品，学习西峡欢乐菇的经验，除了现已开发和计划开发的素食香菇、香菇
脆、香菇罐头外，应进一步开发香菇关东煮、香菇酱、香菇水饺、香菇包
子、香菇饼干、香菇酱油、香菇豆干、油焖香菇、香菇膏、香菇粉、香菇
精、香菇脆等产品，还可以开发香菇系列保健品，如香菇多糖、香菇保健
酒，开发香菇系列药物、化妆品。

2. 形成香菇营养区域文化，树立知名地方品牌。抚顺市从 20 世纪 80 年代就已经开始进行香菇的人工栽培，到 2017 年已经有 30 多年的香菇产业发展史，从粗放、分散性生产转移到了集约化生产，实现了生产、加工、销售一体化生产。但抚顺市香菇产业仍处于初、中级加工生产阶段，生产模式未实现产业的实质性升级的原因在于，只埋头于技术、生产效率的提高，没有提升到产业文化的发展，所以本地的香菇营养饮食文化氛围一直不浓郁，没有形成需求对生产的倒逼机制，培养的知名品牌只局限在产业范围内，没有到寻常百姓家。政府、企业可以通过开展香菇文化节、香菇饮食节，把文化和区域香菇品牌建设相结合，将香菇营养饮食文化融入香菇产品体系内涵，赋予抚顺市本地香菇产品营养饮食的内涵和价值意识，并应用香菇健康饮食的文化理念，增加区域品牌的传播力。

3. 利用大数据，提高香菇生产的机械化、智能化程度。抚顺市随着人口老龄化和农村青壮年劳动力外出务工现象的发展，农村劳动力短缺现象在一定时间将趋于常态化，如何应对将关系到抚顺市香菇产业的发展。最有效的方式就是实现集约化、机械化、智能化生产，减少人工的投入。例如，新宾县菇满乡合作社发展早期就通过机械化解决了劳动力短缺的问题，合作社安装了微喷系统，该系统可以一次浇灌 10 个大棚，10 分钟浇灌结束。此外，企业在集约化生产的同时，应发挥大数据优势，进行智能化生产；通过智能化物联网技术进行智能化操作的同时，实时收集生产数据和信息，与科研人员联合，进行集成诊断和技术决策，不断开发新的生产技术，从而提高劳动生产效率。（孙熠）

第七节　抚顺单片黑木耳产业发展研究

抚顺单片黑木耳作为抚顺县的特色农产品，生产于大伙房水库上游区域，这里属于抚顺县生态农业区域，生态环境优越，水质标准高，森林覆盖率达到 68.8%，没有任何工业污染企业，不使用任何农药化肥，生产的单片黑木耳质量明显优于其他产地的单片黑木耳。2011 年，抚顺单片黑木耳被纳入国家地理标志产品保护名录。抚顺单片黑木耳以特有的"单片、小耳、无根"的特点和柔嫩的口感、丰富的营养成分而畅销全国，产业发展前景十分光明。

一、抚顺单片黑木耳产业的发展现状

1. 产业粗具规模。抚顺县属于典型的城郊县，具备明显的区位优势，这为发展抚顺单片黑木耳产业提供了基础条件。2017 年，抚顺县地区生产总值完成 33.1 亿元，抚顺单片黑木耳产值为 26217 万元，占 GDP 的 7.92％，抚顺单片黑木耳已经成为抚顺县的主导产业之一。从 2015 年开始，抚顺县的抚顺单片黑木耳数量以每年 500 万袋的增幅迅速壮大。截至 2017 年，抚顺单片黑木耳种植为 5270 万段，产量为 34600 吨，抚顺单片黑木耳种植规模和产量均位居全省第一。

2. 产业得到县财政重点扶持。抚顺县紧紧围绕种植结构调整，发展优质高效农业，重点发展抚顺单片黑木耳产业。2015 年以来，抚顺县连续 3 年制定下发了《城郊型特色农业扶持政策》，共投入财政扶持奖补资金 1 亿元，撬动 20 亿元的社会资金投入到农业产业发展之中，其中抚顺单片黑木耳补助力度最大，每棒菌包补助 0.3 元，仅此一项一年投入金额就在 3000 万元。随着政府补助资金的扩大，抚顺单片黑木耳生产规模也迅速壮大，农产品生产销售、精深加工、出口创汇接连取得新突破。抚顺县建设了以后安镇辽宁三友集团为生产加工中心的集聚区，抚顺单片黑木耳加工能力位居辽宁省第一。

3. 栽培技术以节能环保为主。抚顺单片黑木耳生产走的是辽宁三友集团和抚顺市农科院等部门提供技术支撑与生产合作社发挥典型带动作用之路。受到先进生产技术的启发，抚顺单片黑木耳栽培者均采用节能环保的袋料栽培方式，利用杂木屑、麸皮等价格低廉的原材料作为培养基质，较传统的段木栽培方法，既扩展了生产原料的可用范围，又在缩短生产周期的同时，提高了黑木耳产量。同时，应用小孔出耳技术，采用刺孔机进行机械化刺孔，从而大大提高了生产效率，且使单片出耳率达 50％～80％，避免了传统大孔（V 字形）出耳造成产量低的现象。

4. 市场开发以合作社收购为主，批发零散销售为辅。通过实地调研发现，栽培抚顺单片黑木耳的农户开发市场的途径仍以合作社订单回收为主。这种交易的特点就是交易量非常大，栽培户可根据市场行情一次性或分几批将单片黑木耳全部售出。这种方式可降低栽培户的整体销售成本，减少销售风险，交易双方的关系比较稳定，但交易价格相对最低。一些栽培户通过自行寻找市场的方式销售单片黑木耳，这种方式价格虽然较高，但交易关系不稳定，交易量较低，收入稳定性差。此外，一些栽培户采用将产品销售给经理人的方式，虽说这种交易压力较小，但价格偏低。这三种市场开发方式都存在市场监管不到位的问题，一些不法商贩为了寻求利益最大化就以次充好，干扰了单片黑木耳市场的健康有序发展，直接影响到栽培户和消费者的利益。

二、抚顺市发展单片黑木耳产业的优势

1. 自然资源环境优势。抚顺市林业用地面积 84.1 万公顷，有林地面积 214 万亩，蓄积 1788 万立方米；商品林 109 万亩，公益林 95 万亩，公益林比重为 46.5%，国有林场数量占全省的 1/6，面积占全市森林面积的 1/6，而森林蓄积量占到全省森林总蓄积量的 1/7。巨大的木材蓄积量为抚顺市的单片黑木耳菌包生产提供了原料。同时，抚顺市土质也非常好，优质水稻、高油大豆和玉米的秸秆为抚顺单片黑木耳产业长远发展提供了袋料。抚顺单片黑木耳属耐寒型食用菌，抚顺市地处辽东低山丘陵与辽河平原的过渡地带，昼夜温差大，很适宜单片黑木耳生长和蛋白质等营养成分的积累。

2. 食用菌产业基础优势。抚顺单片黑木耳产业经过十多年发展，对农村经济发展做出了巨大的贡献，已成为引领当地农民脱贫致富的一项重要产业。截至 2017 年，抚顺地区共有黑木耳生产企业和专业合作社 44 家，主要生产单片黑木耳、香菇等，已初步形成了菌种繁育、食用菌生产、储藏、加工、销售为一体的产业链条。

3. 政策优势。在国家鼓励农村发展合作经济，扶持发展规模化、专业化、现代化经营的大好形势下，抚顺市农业发展也进入了由传统农业向现代农业加速转变的关键时期，加快推进农业现代化的基础和条件已经具备。抚顺市正是通过扶持、培养种养专业大户、家庭农场等新型农业经营主体，以"新主体"激发农业新潜能，引领、推动着全市现代农业发展。2014 年至 2016 年，抚顺市科技局驻村扶贫工作队，结合精准扶贫若干规定，实现了通过单片黑木耳产业带动方式让全村脱贫的目标，重点扶持大强种植合作社发展工厂化单片黑木耳生产，为农户提供菌棒，或吸收村民及贫困户入厂工作，并定期派遣食用菌专业技术人员进行现场指导和生产技术培训，实现农民致富与地方特色产业共发展的双赢模式。

三、抚顺单片黑木耳产业发展存在的问题

1. 产业链条短，产品附加值低。虽然抚顺单片黑木耳产业发展很快，但产业链条短，产品附加值低，单片黑木耳产品的加工仅限于经过简单包装的干、鲜木耳，跳过深加工等高附加值环节直接进入市场。从近些年单片黑木耳发展市场前景来看，木耳市场从未饱和过，抚顺单片黑木耳精深加工方面的欠缺，严重制约了产业的发展。因此，抚顺单片黑木耳产业在提升产品档次、扩展产品类型等方面还有很大的发展空间，在生产、加工、销售和消费服务等环节更需向标准化、科学化方向发展。

2. 产品销售渠道狭窄。抚顺单片黑木耳产业相较于其他产业的生产周期长、投入大、见效慢，整个行业处于周期性的波动之中。单片黑木耳只有销售出去，单片黑木耳栽培户的价值才能实现。销售的好坏，直接影响生产者的经济收入和下一年的生产。从 2015 年至 2017 年的市场回收价格看，抚顺市的回收购价格远低于其他地区单片黑木耳的回收价格，销售市场与抚顺单片黑木耳生产者的利益联系相对松散，不能形成利益共享、风险共担的经济共同体。

3. 抵御自然风险能力弱。抚顺单片黑木耳生产菌种从各地引进，由于质量标准不统一，菌种质量参差不齐，严重影响了最终收获黑木耳的产量和质量，从而大大增加了单片黑木耳的生产风险。同时，黑木耳栽培受自然条件影响较大。例如，2015 年抚顺地区春季平均气温 11℃，比常年偏高 1.8℃，平均降水量为 219 毫米，比常年偏多 75％；夏季平均气温 24.6℃，比常年高 1℃，且季内出现多次大于等于 34.0℃的高温天气。食用菌生产对温湿度要求相对苛刻，持续高温是木耳生产过程中的大忌。因此，2015 年大部分栽培户产量受到了很大的影响。

4. 废弃菌棒难处理。由于技术条件和处理成本限制，抚顺单片黑木耳生产过程中的污染菌棒及木耳采摘后的废弃菌棒随意丢弃，不能得到合理有效的处理。这种管理不当产生的白色废弃污染物，是很多杂菌感染的源头，会影响抚顺单片黑木耳的生产，甚至直接影响和污染周围的生活环境。

5. 种植大棚比较落后，需更新换代。虽说抚顺单片黑木耳品种优良，但产量与外省市的单片黑木耳相比差距很大，这期间制约产量的重要因素就是大棚。经过调查，抚顺单片黑木耳培植大棚多数是成本在 1 万元至 2 万元的砖泥结构的简易大棚。这种大棚只能用三四年，与许多后兴起地区的钢结

构大棚相比，产量差了一倍多。虽然抚顺市给予钢结构大棚一定的补贴，但由于造价太高，让大多数栽培户望而却步。

6. 运用"互联网＋"的能力差。通过调研发现，抚顺市一些单片黑木耳培植户或农场是有意愿从事单片黑木耳在线营销的，但受网络媒介的限制很难实现。还有一些现代化的农场合作社虽然建立了自己的网站，但还只是简单地作为介绍企业、介绍产品和介绍资源的工具，没有认识到可以将企业的核心业务流程、客户流程等延伸到互联网上，使产品和服务更贴近用户需求，以体现网络的交易价值。特别是在线预订方面和个性化定制方面，问题表现等尤为突出。市场信息不对称、透明度低、网站产品价格混乱，抚顺单片黑木耳在国内知名网站上发布的相关信息或实现产品网上销售的费用较高，这在一定程度上影响了栽培户的热情。

四、加快抚顺单片黑木耳产业发展的建议

1. 加大投入，提高产业发展速度。相关部门要针对抚顺单片黑木耳产业发展薄弱环节，发动社会各界力量形成合力。首先增加对单片黑木耳产业发展项目的有效信贷投入，鼓励各银行等金融机构开展农户小额信用贷款，充分满足抚顺单片黑木耳生产者的多元化融资需求；同时，帮助发展较好的单片黑木耳生产者扩大生产基地建设规模，鼓励生产散户建立产业联盟，并积极引进新技术，建设黑木耳深加工生产线，打造属于抚顺单片黑木耳食品、药品品牌，提高其产品的附加值，使抚顺单片黑木耳产业由数量扩增型向质量提升型转变。

2. 加强管理，完善市场环境。政府职能部门须制定系统的管理法规与优惠政策体系，重视并促进抚顺单片黑木耳产业健康、有序发展；应加大抚顺单片黑木耳市场监管力度，严格规范市场，保护消费者和生产者合法权益，努力完善各环节的质量评价标准、质量保证和认证的规范化体系，以优质抚顺单片黑木耳产品占领市场；帮助生产者建立多种渠道的销售网络，强化电子商务，充分利用各种媒体加大宣传力度，将最新市场信息、价格信息及时反馈给生产者，使生产者根据市场变化情况，计划栽培，科学栽培。

3. 建立风险防范措施。在生产环节上，必须提高抚顺单片黑木耳产业从业人员的技术水平，提高全市生产者制菌育菌能力，制定符合抚顺市环境条件的单片黑木耳生产技术标准和操作规程，统一抚顺单片黑木耳生产的标准，从而进一步提高单片黑木耳产量和质量；在销售环节上，应加快完善抚

顺单片黑木耳批发市场仓储、物流功能，稳步提高单片黑木耳周年均衡供应能力，达到"淡季不淡、旺季更旺"的目标；并鼓励抚顺单片黑木耳生产者同收购商、加工企业建立稳定的合同销售制，通过书面合同确立买卖关系。此外，由政府牵头，与保险公司开展战略合作，深化保险服务与涉农生产的融合，满足抚顺单片黑木耳等农产品生产的保险需求，增强生产者应对风险能力。

4. 合理利用资源实现产业与环境协调发展。加强废弃菌棒管理，杜绝乱扔废弃菌棒的现象，积极推广现有的废菌料处理方法，并加快研究废菌料再利用和无害化处理等技术。应用最为广泛的菌棒处理方法主要有三种：一是菌棒还田，将培养料发酵后作为农作物或园艺作物肥料；二是将废弃菌棒制成能源制品，代替燃煤使用；三是将废弃菌棒再利用生产平菇、金针菇等其他菌类。合理利用黑木耳废弃菌棒，既增加了黑木耳产业的经济收益，又延长了产业链条，并最大限度地减轻了对生产区域生态环境和资源的影响，从而有力地推进抚顺市黑木耳产业健康持续发展。

5. 多种方式促进单片黑木耳产业发展。一是要培育市场、打造品牌。加快推进抚顺县后安镇黑木耳市场开发建设，改善硬件条件，进一步完善和提高贸易、洽谈、加工、储运、展示等功能，使之成为全国重点交易市场。二是要突出重点，做强龙头。通过龙头企业和农民专业合作社的辐射带动作用，迅速扩大规模，延伸产业发展链条，提高特色产品的质量。通过政府搭台、穿针引线，引导龙头企业以"订单"方式到主产区建立种植基地，解决原料供应问题；充分发挥农业部门的优势，搞好技术指导和信息咨询，为企业决策提供依据。

6. 利用好"互联网＋"。抚顺市农产品产销信息不对称，黑木耳等销售不佳问题一直困扰着养殖户。因此，政府部门要为企业、养殖户、消费者搭建互联网平台，促进抚顺单片黑木耳的销售提高。在"益农信息服务社"的基础上，打造主题的促销活动。具体方式就是发展线上与线下相结合的模式。一是互联网下乡与农产品上线相结合，依靠此项活动，将农业"互联网＋"深深植入农村种植养殖户和农业企业者的心中，让大家从不理解"互联网＋"到对此产生极大热情，从缺乏转型动力到力求与互联网相结合。二是线上活动与线下资源相结合。众所周知，任何大型网络机构的线下资源庞大而紧密。因此，抚顺市政府部门要与大型网络机构联系，为广大黑木耳农业企业和种养殖业主提供上线技术支撑和活动建议。线上线下双向结合，使抚顺单片黑木耳由资源整合到资源共享，相互引流、同步起量。（刘士全）

第八节　清原马鹿产业发展研究

经济动物资源作为人类社会赖以生存和发展的重要生物资源，它既是物种生态多样性的基础，更是畜牧业发展的支柱，其保护、利用、研究、开发对国家长远发展意义重大。2018年年初，抚顺市社会科学院调研组到抚顺市农科院及清原县部分鹿场针对清原马鹿种群现状、生产情况、存在问题、资源保护等情况进行系统调研，与市农科院的领导及马鹿养殖者就清原马鹿种源保护与开发工作进行了座谈。通过这次座谈初步找出了制约清原马鹿资源保护利用的原因，提出了可行性措施，为今后清原马鹿资源合理保护、利用提供有益参考。

一、清原马鹿产业的发展现状及分析

清原马鹿主要分布在清原、新宾两县的国有及民营鹿场。从1972年引进新疆天山马鹿后，经过多年系统驯化、繁养培育，2002年2月清原马鹿被国家畜禽品种审定委员会审定正式命名。2008年，清原马鹿茸被评为地理标识产品。清原马鹿作为人工驯养鹿种的五个国家级品种之一，具有早期丰产、高产期长、产仔成活率高，鹿茸具有茸枝头大、肥嫩，双门桩小、根细，上嘴头粗、长等特点。清原马鹿在国内外享有很高声誉，一度成为抚顺地区的优势品种。到2003年时，抚顺地区已有鹿场886个，存栏马鹿14951头，鹿业产值达1.2亿元，约占全地区畜牧业总产值的6%，养鹿业成为抚顺地区农业结构调整、农村经济发展、农民增加收入的主要产业。近年来，受国际国内市场冲击，清原马鹿鹿茸市场价格降到了历史最低点，许多养鹿户选择了杀鹿来减少自己的损失。据调查结果显示，到2009年8月，全市马鹿存栏3858头，2010年仅存栏1450头，至2017年为止全市马鹿已减少到260头（其中具备采精条件的公鹿和基础母鹿仅存栏152头）。清原马鹿这一培育多年的品种，已到了濒临灭绝的境地。抚顺市各级政府及相关部门高度重视清原马鹿的种源保护工作，抚顺市财政每年列支50万元保种经费，用于基础母鹿补贴、优良种公鹿采精冷冻保存补贴等。通过调研分析，导致清原马鹿种源陷入濒临灭绝的境地主要有以下几方面原因。

1. 鹿茸销售市场竞争日趋激烈。一是国外低价鹿茸冲击国内市场，导致清原马鹿及其产品价格急剧下降。近几年国外质次低价鹿茸大量涌入国内市场，特别是俄罗斯的驯鹿茸和新西兰赤鹿茸进入中国市场后，使得马鹿茸价格大幅降低。虽然进口鹿茸质量不及国产马鹿茸，但由于国外采取散放式，饲料成本低，而且饲养目的主要是宰杀食肉，鹿茸属副产品，价格低，因而在市场竞争中占绝对优势，从而抢占了大部分市场份额。而清原马鹿生产成本比国外放牧式饲养要高出几倍。受进口鹿茸的冲击，国内马鹿鲜茸价格为 2015 年 400 元/千克左右，2016 年为 520 元/千克左右。二是受全球金融危机影响，抚顺市马鹿茸的主要销售地韩国和东南亚市场需求萎缩，这也造成了马鹿茸出口大量减少。

2. 养鹿饲料价格和饲养人工费上涨，成本大幅增加。调研发现，多家鹿场的收入主要依靠的是繁育仔鹿和销售鹿茸。2005 年以前，每只成年公鹿年饲养费在 1000 元左右，每只基础母鹿年饲养费在 1200 元（包括仔鹿哺乳期费用），当时每千克鲜鹿茸为 1300 元至 1500 元，每只仔鹿 8000 元至 10000 元。2010 年至今，饲料价格和饲养人工费不断上涨，每只成年公鹿和基础母鹿年饲养成本已经达到 4000 元至 4500 元。受鹿茸市场持续低迷的影响，近几年仔鹿的价格也非常低，每只仔鹿只能卖到 500 元至 1000 元。这就造成了投入产出比减少。成年公鹿产茸高的可勉强维持成本，成年母鹿扣除仔鹿收入，仍有 4000 元左右的亏损，养殖户负债经营，积极性大大降低，从而对母鹿及产茸低的公鹿则大量淘汰，进而造成清原马鹿种群存栏量急剧下降。

3. 鹿产品精深加工滞后，开发药品、保健食品费用高、难度大。清原马鹿其产品主要以销售整枝鹿茸为主，利用鹿茸、鹿血中有效成分加工功能性食品、保健品、化妆品、药品、工艺品等高附加值产品的精深加工体系还没有建立起来，鹿业产品结构单一，仍处在鹿茸价格"一损俱损、一荣俱荣"的状态。多年来抚顺市鹿茸销售一直是等客上门，主要是由一些南方商贩来收购，收购商压等压价，鹿场为了维持生计不得不低价出售。从 2016 年调研的情况看，用鹿产品原料开发成中成药，1 个产品需要 300 万元至 500 万元，开发成保健食药品，一般需要 150 万元至 200 万元，另外，国家对保健食品的审批相当严格。从产品的申报、认证、各种试验、检验、检测，到最后审定，难度较大，这也导致鹿产品开发难度增大。

4. 资金缺乏，保种工作举步维艰。"清原马鹿"的种源保护是一项长期高投入的系统工程，从 2010 年起，政府每年列支 50 万元资金，主要用于采精公鹿、基础母鹿、公鹿取精及精液保存的补贴，对于科研育种、专家评审、建档注册、圈舍建设等缺乏资金，而且保种资金不能及时使用，往往是第二年才能拨付到位，这些都对保种工作带来了一定的难度。特别是2016年的保种资金一直没有落实，由于2016年省财政用于清原马鹿保种工作拨付抚顺市100万元，根据市畜牧局的申请及政府批示，将市本级的50万元保种资金用于肉牛实验经费，但省财政的100万元仍滞留在清原县财政局的账面上，以致2016年的保种资金至今没有拨付。

5. 管理体制不顺畅，养殖技术和管理水平低。按照野生动物保护法规定，鹿的人工驯养应由林业部门分管，畜牧部门负责鹿的检疫、防疫工作，辽宁省其他市鹿业管理工作职能都放在林业部门，只有抚顺市由畜牧部门管理。管理体制不顺，给上下协调、向上争取资金、政策的扶持等工作都带来诸多不便。另外，无论是国有林场鹿场还是个体鹿场，只重视经济效益，维持生计，无力顾及保种工作，普遍存在体尺体重不详、档案管理不规范、繁殖、育种资料不完善等问题。

6. 国家对人工选育的濒危物种尚无保护政策。对于野生动物，国家有《中华人民共和国野生动物保护法》予以保护，确定濒危物种的准则是野外种群小且数量不再增加。国家对人工驯养或选育的濒危物种至今尚未列入保护范围，省、市对人工选育的濒危物种也没有保护政策。

二、关于清原马鹿物种的保护与开发建议

虽然清原马鹿的发展遇到了前所未有的危机，但作为独特地方品种资源，保护和支持清原马鹿的品系不被灭绝势在必行。为使清原马鹿的种源能够得以延续和发展，在鹿业市场持续低迷的形势下，政府出资保护好全国唯一经国家审定的以国家地理标识正式命名的世界上第一个人工系统选育出的优良马鹿新品种，十分有必要。因此建议如下。

1. 制定中长期保种规划。抚顺市、县各级政府及相关部门，要高度重视清原马鹿的种源保护工作，制定中长期保种规划，选择育种积极性高，有一定养殖基础和实力，且种源优质高产的鹿场，作为专门的保种育种鹿场，确定保种最低基础母鹿数和优质公鹿数，优胜劣汰，优中选优，以期达到长期保种的理想效果。

2. 完善各项制度，科学实施种源保护。建立和完善种源保护的各项制度，制定相应保种措施；与保种鹿场签订保种合同，对良种马鹿控制一定的

数量；确定保种鹿场和种源数量后，要登记注册，建立育种档案、电子耳标等；行业管理部门对保种鹿场要有一定的制约，与鹿场签订保种合同，定期核定种源数量和质量，确保种源的数量不能随意减少；通过提纯、扶壮、选育，采集并保存好清原马鹿优种公鹿细管冷冻精液，以使优质品种不能退化；以市农科院为依托，推广人工取精授精、茸鹿性别控制、茸鹿胚胎移植、饲料科学配比等先进养殖技术，提高马鹿的整体品质；研究推广马鹿科学饲养技术，提高养殖水平，降低饲养成本，提高养殖效益。

3. 合理扶持，重点补贴。组建由政府主管部门、财政、科研单位、鹿业协会、鹿场主等参加的专家组，对良种马鹿实行动态管理，专家组每年对清原马鹿进行1～2次评定，按照品种质量制定补贴标准。补贴不要面面俱到，由普遍补变成重点补，只补优质的种鹿，不补弱小、劣势和没有前途的种鹿，把有限的资金用在刀刃上。适当提高基础母鹿饲养费补贴标准，补贴资金要落实到基础母鹿指定个体。有科研能力的部门、有优质种源的鹿场要重点扶持。另外，每年安排一定的资金，对优质精液的采集、储存予以补贴，保证品种不退化；对专家组和科研部门应安排一定数量的评审费和研发经费。对专家组开展良种马鹿的评审，对市鹿茸研究所开展马鹿产品研发，对市农科院、鹿业协会开展的马鹿良种选育、技术培训、先进技术推广、市场信息传递等服务应给予相应补贴和资金支持。

4. 加大扶持力度，保证政策的稳定性，并加强对专项资金的监管。制定相应的扶持政策，保证补贴政策的连续性，直到鹿业市场走出低谷。在政策的扶持下，让种源保护既有社会效益，又有经济效益，提高鹿场保种积极性和保护意识。金融部门应加大对鹿业的信贷支持力度，放宽限制，允许鹿场以鹿场固定资产及鹿只等抵押贷款，同时政府给予一定的贴息支持，帮助鹿场渡过难关。补贴资金的发放要本着公平、公正的原则，公开、透明，接受社会各界监督。市财政也要对资金的使用情况跟踪监督，并保证补贴资金及时足额到位。对于保种资金未落实问题，鉴于"清原马鹿"的种源保护为全市性工作，清原县只是其中的一部分，结合省级专项资金的争取来源渠道，建议按照市政府相关批示，将滞留在清原县财政局账面的100万元清原马鹿保种资金全额调回市财政，重新分配，用于全市清原马鹿保种支出。

5. 理顺管理体制，发挥行业协会作用。确定科学的管理体制是促进种源保护工作的重要保证，无论哪个部门管理，关键是要把种群保护好、管理好、发展好。鉴于清原马鹿面临的严峻形势，为了加大组织协调力度，建议由林业部门归口管理为主，畜牧部门检疫、防疫为辅，恪尽职守、各负其责。另外，在施行清原马鹿种源保护工作中，充分发挥行业协会的组织协调、服务监管的职能，加强业内交流，建立共享平台，协调各类关系，解决技术瓶颈，推进科普宣传，在制定扶持政策、分配补贴资金和技术服务等方面发挥行业协会的作用，为养鹿户在市场、信息、技术、物资等方面提供全方位的优质服务。

6. 加大种源保护宣传力度。一是大力宣传清原马鹿的独特优势及其产品特殊功效，提高广大客户及消费者的认知度；二是大力宣传补贴资金的用途，政府出资保护的是动物自然属性的缺失，不是扶持产业；三是大力宣传资金补贴的标准，达到家喻户晓。确保种源保护好，资金利用好，做到专款专用。（刘士全）

第九节　抚顺市肉驴产业发展研究

2018 年国家 1 号文件再次强调要深入推动农业供给侧结构性改革，着力解决农产品供求失衡、要素配置不合理、农民收入持续增长乏力等问题。抚顺市农民想要在种植业以外实现持续增收就要找准市场，按照 1 号文件精神发展规模化、高效化、市场化养殖业。从市场发展行情看，阿胶销售空前火爆，驴皮市场需求量非常大。根据山东东阿集团的市场监测数据显示："2017 年，中国阿胶市场需求驴皮量在 400 万张左右，而国内供应总量不足 180 万张。"面对这么大的驴产品市场，辽西阜新、朝阳等城市走在全省的前列，并形成了规模化养殖，而抚顺市的养驴业脚步却远远落在后面。据统计，2017 年，抚顺市肉驴存栏量为 1182 头，出栏量 453 头，驴肉产量 46.67 吨，无论是驴皮供给、驴肉产量还是市场占有率都是极低的。面对巨大的利润空间和广阔的市场需求，抚顺市应从实际情况出发，抓住关键机遇，着重发展肉驴产业，以弥补市场供给不足。

一、抚顺市发展肉驴产业的机遇

1. 国家、省级政策的支持。近几年来，国家和辽宁省均出台了肉驴产业优惠补贴政策，2015 年，中国农业部出台了《全国草食动物肉牛肉羊肉驴畜牧业发展规划（2016－2020 年）》，对发展肉驴进行了规划，明确提出了要引导和支持有条件的地方发展肉驴产业。2017 年，辽宁省也出台了扶持标准化生态养驴场建设的政策，对符合政策规定的养驴场，一次性给予一定金额的资金补助。

2. 猪、牛、鸡、鹿等肉类产业发展不景气。从 2017 年抚顺市的肉禽产品的发展情况看，肉禽产品市场应变能力差，相对过剩问题较严重。比如养鸡产业受禽流感等因素的影响，连续几年处于亏损状态，鸡蛋市场较高位时价格相差一倍多；肉猪产业属于微利状态，一些养殖场处于保本运营状态；养牛效益相对较好，但是市场上盲目跟风情况严重，使养殖户的效益严重下滑；而抚顺市地标性动物——清原马鹿因受国际市场冲击，每头马鹿的利润从十几年前的近万元，到如今养一头要亏损几千元，清原马鹿已经处于"保种"状态，每年抚顺市政府都要拿出 50 万元作为"保种"补助费。

3. 草料资源丰富。抚顺市地处长白山系，高山峻岭是驴子疫病的天然屏障。抚顺市拥有丰富的水资源、土地资源，草地、草坡和林间林下草地资源丰富，草质较好；同时，各县区还有一些低产田有利于种植牧草，实现草田轮作，这不仅有利于提高产出效益，还能提高土地的肥力。

4. 养驴经济收益较其他地区略高。在抚顺市、辽宁省乃至全国的肉类市场上驴肉销售行情都比较好，肉价基本处在 80 元/千克的高位状态。据抚顺市畜牧专家估算，按照抚顺市的饲养成本及市场行情来看，一头驴按照 1.5 年出栏，体重 250 千克，活体驴价格 20 元/市斤来计算，售价在 1 万元左右，刨除购买驴苗和人工饲料成本约 4000 元至 5000 元，每头驴净利润 5000 元至 6000 元；若按照宰杀卖皮计算，每头驴的净利润还有近千元的上浮空间。由于抚顺市的饲料和人工成本较阜新、朝阳等地要低得多，所以抚顺市养驴的利润要比这些地区的利润高。

5. 交通便利、通达率高。抚顺市距离沈阳市约 50 公里，距桃仙国际机场 45 公里。抚顺市拥有先进的铁路编组站，最高等级的高速公路网，连通大沈阳经济圈各地，公路、铁路、航空、轻轨形成了多重交通网络，道路运输能力强、相对运输成本较低。

6. 气候适宜。抚顺市属于北温带气候，冬季时间较长。有研究表明，驴属于耐寒动物，有炎热时期长膘慢、冬季增重快的特点。同时，驴的饲料以秸秆和玉米面为主，这些饲料在冬季容易存储，若能在冬季控制好圈舍温度，就有利于肉驴快速增重。

二、抚顺市发展肉驴产业面临的挑战

由于资金的缺乏、市场引导力度不够、劳动力人口相对匮乏等众多原因，导致抚顺市想要发展养驴业面临不少挑战。

1. 市场推广力度不够，政府引导力度不强，相关配套设施不健全。国家和省级层面上非常重视肉驴产业，但抚顺市政府的扶持和宣传力度还不够，相关扶持政策迟迟没有出台。同时，抚顺市驴肉屠宰加工技术水平滞后，缺乏科学的饲养管理技术及专业销售渠道，这使得多数农户不愿选择饲养驴。

2. 资金短缺，且营商环境不好，投资困难。抚顺市养驴业发展最大的困难就是缺少投资。但即使通过招商拉来投资了，又因项目审批复杂，部门层层加码的原因给"吓跑了"。根据市农委有关同志介绍，"经过政府招商，中国雨润集团有意向来抚投资规模养殖场，但是因为商议过程中要不断追加投资，经营成本过高而放弃抚顺市，而选择经营成本更低、投资手续更简便的阜新"。这种层层审批和层层加码的现象看似严谨、积极，但实际上是一种"坑商、限商"的做法，对产业发展影响很大。

3. 农村青壮年劳动力转移，留守老人劳动能力弱，饲养难度大。仅2017 年，抚顺市向外输出劳动力就达 3 万人（不包括大学生流失），其中大部分是农村青壮年劳动力。抚顺市转移出去的农村青壮年劳动力绝非真正意义上的"剩余"劳动力，而是农牧行业的主力军，不论是年龄结构还是农业技术程度都是农村劳动力中的中壮年。而留下从事农牧生产劳动的劳动力老龄化严重，无能力从事大强度的农牧生产工作，这必然会对养驴事业的发展造成影响。

4. 散户养殖多，尚未形成规模养殖及龙头企业。任何一个行业的发展，都要强调龙头的榜样力量，养驴业也是如此。然而抚顺市养驴业的发展并没有形成规模，更谈不上龙头企业，全市仅有红透山镇红透山村养驴合作社的养驴场接近规模化养殖，其他地区均为散户个体养殖。由于抚顺市多是单体养殖，肉驴散户抗风险能力较弱。

三、抚顺市发展肉驴产业的建议

在机遇和挑战并存的情况下，怎样做大做强抚顺市养驴业，是抚顺市政府，尤其是农业部门应该重点理清的问题。

1. 出台扶持政策，加强推广宣传，完善配套设施。农业无税是农民增收的重要手段，但是正因为无税可收，也影响了政府对农业发展的热情。为改变这种局面，抚顺市政府要积极作为，按照国家、省政府支持鼓励养驴的政策，尽快出台《抚顺市养驴业发展的实施意见》，规划抚顺市肉驴业的发展。政府通过政策扶持，帮助建立驴肉全产链发展模式的龙头企业，加工驴肉食品，注册驴肉品牌，延长产业链条，增加附加值，不断拓展市场空间，提高养殖户的市场抗风险能力。同时，抚顺市农业部门要安排相应的乡镇多举办关于发展养驴经济效益的知识讲座，聘请养驴专家为有需求的农户传授专业养殖知识，或者通过广播、电视、张贴标语、发放传单等形式，解决养殖户的疑问，提升养殖户的热情。

2. 大力发展委托养殖模式，帮助当地贫困农民增收致富。抚顺市周边城市的养驴规模化进程不断加快，而抚顺市的养驴产业主要集中在散户养殖上，面临的生存压力很大，特别是近年来养驴疫情较为严重，散户随时有驴财两空的可能。而加入养驴专业合作社，能有效提高散户的收益。采用委托养殖模式的养驴合作社，面对广阔驴皮驴肉市场、未来的发展需要，能够对驴苗、饲料、疫苗、屠宰加工和信贷进行更好的资源整合与统一管理，并建设和发挥好自身专业技术力量，从而防范风险、提升管理水平，进而不断努力降低生产成本，保障合作双方的收益，做到良性可持续发展。同时，针对抚顺市农村贫困人口较多的事实，各地的委托养殖合作社要吸收广大贫困农民，并"借用"他们贫困户的身份从当地银行的"富民贷款"项目贷款，帮他们解决入社费用的难题。对于这种模式的盈利收入，按照 2∶3∶5 的比例进行分配，其中 20％用于增加合作社集体费用支出，30％用于肉驴的回收投资，50％分给入社贫困户，使这些贫困户无须劳动就能获得收益。

3. 鼓励有条件的地区进行标准化、规模化养殖。按照中央和地方关于规模化养殖的精神要求，依据区位优势和资源特点，重点建设驴产品标准化养殖小区，向国家示范小区发展，使全市规模化养殖比重明显增加。同时，在驴产品主产区建立数个标准化规模养驴场，对符合选址要求且功能条件相对落后的地区按照相关规定进行技术改造提升，对不符合选址要求的养驴场应该逐步搬迁或拆除，切实提高养驴行业的标准化和规模化，减少对环境造成的污染或疫病隐患，逐步实现分散养殖向规模养殖的转变。

4. 加强驴产业的招商引资，给予优惠政策。抚顺市为促进肉驴业发展，要针对农业市场大客户的需求，进行重点、定点招商，尤其是抚顺市农业部门要以驴为突破口主动出击，联合发展"抚顺驴"品牌。在重点招商过程中，政府应该给予投资企业相当的优惠政策。例如，在抚顺市投资肉驴相关的企业，除享受国家和辽宁省有关优惠政策外，对属于增值税一般纳税人的驴肉产品加工企业，从农民专业合作社或者农户手中收购的农产品，可以按规定抵扣进项税额；对符合土地集中化、规模化利用的肉驴养殖企业，允许采用调剂、整理和置换等办法，并优先安排用地。此外，要进一步优化抚顺市的营商环境，做到亲商安商。抚顺市公共服务部门要真正做到"衙门"到"家门"的转变，领导干部要放下"身段"，切实为投资者提供更好的服务。

5. 引入经理人制度，解决养殖资金短缺问题。农业劳动力和农业资源的重新整合可以突破传统现实条件的束缚，带来一种新的契机。抚顺市农业发展上并没有引入职业经理人制度，同时，抚顺市农业劳动人口也不具有突出的人口优势、生产优势和技术优势，但具备较好的农业资源优势，所以需要引入外来的职业代理人进行农业资源整合。将现有弱势劳动力，如留守妇女等解放至粗加工或再加工领域，如驴肉加工、阿胶熬制等，而将养驴、收驴等初始性生产工作承包给职业代理人。这种引入模式，政府投入少，农户、承包商和村集体的效益都会得到有效保证。

6. 打造"互联网＋驴"，带动驴产业链的升级发展。将"互联网＋"思维贯穿在抚顺市生态化、规模化养驴的过程中，不断加强养驴与互联网产业的融合，发挥抚顺市驴业自身的优势，依托现代信息技术以及网站、微博、微信等网络媒体的发展，打造驴品全产业链的线上和线下多方合作平台，对抚顺市驴产品进行有效的利用和深度整合，真正实现线下生产线上销售。在发展理念上，以新思维、新技术为支撑，以养驴为切入点，以互联网为支撑点，开发驴产业的新业态，形成新老结合、层次丰富、消费多样的驴产品网络服务体系。（刘士全　赵连玉）

第十节　抚顺市柞蚕产业发展研究

柞蚕是一种珍贵的吐丝昆虫。柞蚕蛹是一种高蛋白质食物，长期食用有美容养颜的效果，柞蚕入药也有着悠久的历史传统，柞蚕丝被广泛用于纺织领域，柞蚕丝加工成的蚕丝制品被认为是绿色物品，柞蚕吃掉的部分柞树叶不影响柞树的生长且不破坏生态环境。柞蚕业是一项既传统又新兴的行业，其上下游产业关联度强，是一项容易被忽视，又对乡村振兴战略的实施有重大推动作用的产业。

一、抚顺市柞蚕业发展的现状及存在的问题

抚顺市的经纬度、温度和湿度均非常适合柞蚕养殖，20 多万公顷的柞树为柞蚕产业发展提供了自然资源。通过调查发现，柞蚕业在抚顺地区已经有几百年的历史，当今更是成为 1030 户蚕农的衣食来源。

1. 抚顺市柞蚕产业发展的现状。抚顺市的抚顺县、清原县和望花区山区已经成为辽宁省柞蚕放养的重要区域，两县一区集中放养区域在石文镇、救兵乡、峡河乡、拉古满族乡、海浪乡、土口子乡、夏家堡镇等乡镇，且有广泛的群众基础和较强的养蚕技术优势。2017 年，抚顺市柞蚕场面积超过 9000 公顷，柞蚕总产量为 1005731 千克，直接经济效益为 5000 多万元，综合经济效益 3 亿元以上。其中，抚顺县柞蚕产量占全市总产量的 81.66%，年产量 821231 千克，柞蚕丝、蚕茧加工及流通领域综合产值超过 2.3 亿元。

近几年，抚顺市柞蚕产业呈现稳步发展的态势，柞树资源也呈良好的增长势态。特别是"十二五"期间，抚顺市柞蚕产业发展取得了长足的进步，主要成效有：一是在主要的柞蚕放养区全面推广宜放养、结茧快、做茧实、蚕茧大小适中的柞蚕新品种，如抗大 9906、抗大 H8701、辽蚕 5821 等柞蚕新品种，从而有效地促进了抚顺市蚕农的增产、增收。二是全面普及主要病虫害防控技术。抚顺市各县区及相关乡镇的农业部门将柞蚕软化病、寄蝇病、蚕脓病等防控技术，以及油蚂蚁和红蚂蚁防控技术，通过专家讲座、蚕农技术培训等形式普及到全市所有养蚕户，从而实现了放养区病虫害率降低 50%，平均增产 10%～15%。三是柞蚕生态游基地初步建立。抚顺县峡河乡建成了东北唯一的、以柞蚕文化为载体的柞蚕旅游生态蚕场——东北柞蚕生态谷。该蚕场是俱树型养成、菌根菌肥培育、蚕场轮伐更新、蚕场沙化治理、观光旅游、柞蚕保健品开发等功能于一体的生态工程，占地面积超过 2 万余亩，有桑树 100 万余株，其开发的雄蚕蛾酒、北虫草等延伸产品在省内已有一定知名度。东北柞蚕生态谷通过柞蚕产品的产销游把抚顺市柞蚕业推向了全省，走向了全国。

2. 抚顺市柞蚕业发展面临的主要问题。

(1) 轮作倒茬困难多，容易造成资源浪费。蚕农每年冬季或夏季时都要对柞树进行轮作倒茬，一来满足放养区中柞蚕对鲜嫩柞树叶的需求，二来为

了防止柞树枝干长高阻碍蚕农放养和日常管理。虽说轮作倒茬对蚕农益处颇多，但是在轮作倒茬过程中，存在很多问题一直困扰着蚕农。一是轮作倒茬下来的大量柞树枝条难以搬运到山下，即使搬运到山下也往往当成柴火烧掉，造成资源浪费。因此，许多蚕农宁愿把轮伐下来的柞树枝条堆放在蚕场周边枯掉烂掉，也不愿将其搬运下山，这样做的结果不仅容易引发邻里纠纷，而且也不利于蚕场周边土地的综合利用。二是由于大多数蚕农倒茬技术水平有限，对倒茬之前柞树分布情况掌握不详细，柞树间距远近不一，加之不合理的倒茬，使柞树生存能力越来越差，严重缩短了柞树的寿命，不少柞树倒茬后没几年就枯死了，再加上补种不及时，导致蚕场土地逐渐沙化，在遇到雨水的情况下，容易发生水土流失，不利于农村生态环境的保护。

（2）农药和污染废气对柞蚕收成影响大。在柞蚕养殖过程中，因为农药和空气污染造成的减产、绝产事件屡有发生，而且这种趋势有加重的迹象。据调查，仅2016年抚顺县峡河乡就发生过多起因为农药和空气污染造成的柞蚕减产、减收的事件，其中排房村刘姓蚕农的蚕场由于受到周边农田农药喷洒过量的影响，导致蚕场放养的幼蚕大面积中毒，几近绝产，损失五六万元。此外，工业废气污染对蚕场收成影响大。抚顺市作为重工业城市，大型污染企业较多，而某些污染企业往往距离蚕场较近，其排放的污染废气对蚕的生长十分不利，峡河乡、海浪乡的很多蚕场都发生过因工业废气污染造成的柞蚕不结茧或结茧不实的现象，蚕农的损失轻重不一，比例一般从5％到40％不等。工业废气污染和农业农药的存在，严重影响了柞蚕业的发展，但是相关法律法规不健全，执法力度不严，没有对农药和废气污染形成有效的管控，从而导致农药过量使用和工业废气污染的情况屡禁不止，进而挫伤了蚕农的积极性。

（3）鸟害对柞蚕业的影响较大。柞蚕放养于野外，经常会遭受鸟害影响。蚕农普遍反映，在小蚕到成虫期间，特别是小蚕期间，极易遭受鸟类啄食。鸟害严重的时候，一天工夫就会损失总投放量的10％～20％。大部分蚕农试过各种成本较低的方法来驱鸟，如安装稻草人、使用废旧光盘、红蓝小旗、敲锣打鼓、燃放鞭炮等，但收效甚微，大部分方法都是使用之初有效，停一段时间就起不到作用。一季下来，因鸟害造成的损失大约占40％，这也导致蚕农的收成大幅度降低。不少养蚕户因为鸟害问题不好解决而放弃难以谋生的养蚕业，被迫转到其他行业谋生。

（4）严重缺乏现场指导的专业技术人才。抚顺市的柞蚕技术服务体系相对健全，但是实用型技术人才相对薄弱。抚顺市的柞蚕专家、技术骨干老龄化严重，年轻人员大都没接受过实战培训，知识面窄，书生气浓，实践业务不精通，在实际工作中对蚕农的帮助不大。据调查，抚顺市精通柞蚕业务的专业技术人员十分短缺，经常出现一个技术精英负责柞蚕园的生产面积超过300平方千米，这远远超过单个技术人员应负担的合理面积。在抚顺市一年两季的放蚕过程中，如果遇到旱涝灾、病灾、虫灾、鸟害等情况，专业技术人才的匮乏将使整个产业发展陷入窘境。同时，由于抚顺市柞蚕业技术人员收入普遍偏低，加之后期投入不足，一些新培养出来的专业技术人员，为了更好地生活而流转到其他高收入城市。

（5）小农意识强，合作意识差，广泛小规模经营，制约产业规模。据调查，2017 年，全市现有小规模的柞蚕养殖户 15 户，有资质的柞蚕专业合作社 2 家，专业生态蚕场 1 家。除此之外，近千户蚕农仍滞留在"一家一户几亩地"的传统柞蚕生产方式，在这种情况下，即使有好的柞蚕产品也很难形成好的品牌，更难形成规模化产业。导致这种情况产生的主要原因是蚕农的小农意识强，合作意识差。调研中，不少蚕农表示："放蚕是一项技术活儿，只有资金是行不通的，一旦跟其他人交流了，别人有了资金和经验，就会抢了自己的饭碗。"而这种思维体现的是人与人之间的不信任。即使有些蚕农愿意合作也是秉承"肥水不流外人田"的思想，专门找自家亲属来合作。从这些现象分析，蚕农们的行为多是小农思想在作祟。蚕农由于现实社会生产条件的制约，视野狭窄，思想保守，大多数人存在小富即安、满足现状、不思进取的思想。可以说，抚顺市的大部分蚕农还停留在封闭的农业经济社会中，缺乏现代市场经济的思维观念。

（6）收、售情况分"大小年"。比较 2010 年到 2017 年抚顺市柞蚕收购价格变化，抚顺市柞蚕收购价格波动较大，但较有规律。2010 年，受国际、国内金融危机影响，柞蚕收购价格跌幅较大，年初柞蚕丝国内市场价格最低降到每吨 12 万元，抚顺市蚕茧最低收购价降至每千克 10 元，大多数蚕农亏损严重，不少蚕农弃蚕务农。之后两年由于市场供小于求，加之国内市场行情好转，柞蚕收购价大幅回升，每千克价格迅速拉升到 35 元至 40 元。但是在 2013 年，收购价格再一次下跌，每千克回落到 20 元至 24 元，2017 年收购价格又升到每千克 40 元至 45 元。整体看来，平均三年一个较大的涨幅，一年突跌，一年大涨，一年平稳，但总体价格处于上升的状态。

二、抚顺市加快发展柞蚕业的建议

过去，抚顺市柞蚕业以卖柞蚕原料为生，虽说经济效益也还可以，但距离已经走上柞蚕产业化道路的丹东市、本溪市还有很大差距。从产业提升的角度来考虑，抚顺市要做的是努力将柞蚕业发展中存在的问题一一破解，并将专业合作社、柞蚕产品深加工、"电商＋蚕文化＋旅游"等融汇到柞蚕业之中，真正实现从卖原料到卖产品的转变，从而促进全市柞蚕业的快速发展。

1. 运用循环产业理念，合理轮作倒茬，拓宽蚕农增收渠道。抚顺市要针对轮作倒茬柞树资源浪费的问题，遵循循环产业链理念，推进生态资源循环化利用。在各养殖乡镇，广泛利用柞蚕场倒茬下来的柞树枝条经粉碎机粉碎后作为培养基，按照合理配置，栽培食用香菇或者其他菌类。据初步计算，每年全市倒茬下来的柞树资源，可种植 200 万段以上的香菇或其他菌类。同时，蚕农要针对轮作倒茬过程中存在的问题，重点做好以下三方面：一是理清柞树的空间布局。只有在蚕场柞树布局合理的基础上，倒茬才不会影响生态，否则由于密度过低，加之倒茬，柞蚕能啃食的柞树资源极少，这会严重影响柞树的生长和发芽。柞树的密度一定要符合技术要求，才能进行倒茬，反之，蚕场将不能可持续发展。二是合理倒茬，不能倒茬过重，伤害柞树主干，影响柞树的抓地力，进而造成水土流失。三是倒茬结束后，要根据实际情况，实施土地培肥措施，保证每一次轮作周期内土壤的有机质都能保持平衡，至少保证地力不会减退。

2. 科技与管理双管齐下，综合防治鸟害。蚕场鸟害长期困扰着蚕农，但鸟类作为自然界中不可或缺的一环，为减少农业虫害做出了重要贡献，因而柞蚕场防鸟措施不能以牺牲鸟类为代价。针对一家一户的小蚕场，建议在加强日常巡岗的基础上，使用风动驱鸟器，该驱鸟器利用风能驱动，不管是白天还是夜晚，只要有风就会带动风动驱鸟器的风车转动，白天能 360 度的反光，晚上会随风发出尖锐的声音，从而达到驱赶鸟类的目的，但是其寿命较短，蚕农每周都需要更换。建议规模较小的蚕场，可以加装铁质弱电防鸟刺，安装防鸟刺后，有利于驱鸟，但不利于蚕农的日常作业。针对合作的蚕场，建议使用声光驱鸟装置，该装置可以移动，并随机发出各种声音，这种方式较录音机驱鸟效果要好得多，但是价格相对偏高，若几家平摊属于可以承受范围。针对已经达到一定规模的蚕场，建议购买超声波驱鸟装置，该装置属于一次性投资，驱鸟作用明显，不仅不会对鸟类造成实质性的伤害，而且对柞蚕的生长不产生影响，但由于价格昂贵需要有专人管理。

3. 多措并举，全面治理农药污染，减轻农药对蚕产量的影响。抚顺市政府相关部门应该加强对农药使用技术指导和监控，让农业生产者安全、科学、合理的使用农药，控制农田农药的使用量和喷洒次数，加强农田农药飘浮剂量的检测力度，尽快淘汰已经被国际公约中列为禁用或限用的农药，在现实农业生产中做到完全淘汰化学合成农药，调整农药的产品结构，积极发展针对特定物种的高效型生物农药制剂。倡导生态农业建设，全面实现抚顺市农产品无公害生产的目标。政府应进一步修改和完善《农药管理条例》和《农药管理条例实施办法》，在条例和实施办法中要加强对农药生产企业的监控，对违规生产、经营、使用农药的企业或个人进行严厉的惩处，从而全面促进农业和柞蚕业向无公害方向发展。

4. 加大对违法排污企业的处罚力度，对已造成蚕场损失的要足额赔偿。针对工业废气污染的问题，首先，要进一步加强舆论宣传，形成工业废气污染治理人人监管的局面。同时，针对工业废气污染治理力度不强的局面，要形成以政府责任部门牵头，多部门配合的齐抓共管的局面，进一步加大违法排污企业的处罚力度，对于因为违法排污造成蚕农柞蚕减产、绝产现象，涉事企业要对蚕农予以足额赔偿。此外，对重点污染源企业要进行区域规划，严禁在规划区以外建厂。还有，抚顺市要重点改善能源结构，大力发展太阳能、水力发电、风力发电等新能源，在农村鼓励使用沼气系统，从而能减少能源污染对大气的破坏。通过这些方式的上下联动，抚顺市的空气质量将得以改善，从而全面提高柞蚕业的生产水平和产品质量。

5. 大力发展专业合作社，引领蚕农共同致富奔小康。抚顺市要针对柞蚕业小、散的特点和蚕农不愿相互合作实际情况，壮大现有的两家有资质的柞蚕专业合作社，扶持成立其他有资质的柞蚕专业合作社，支持蚕农们走"抱团取暖、共同发展，合作共赢"的新一轮乡村发展战略和致富道路，让专业合作社凭借资金、信息、技术和市场开发等优势，来壮大抚顺市柞蚕产业，从而让合作社成为社员们的致富"经纪人"。政府通过做强做大柞蚕专业合作社，不断扩大抚顺市柞蚕产业规模，提升柞蚕产品市场竞争力，实现蚕农们的增产和增收；通过鼓励蚕农加入专业合作社，从而促进蚕农不断克服小农思想，不断培养蚕农的民主意识，增强他们的合作意识，共同克服养蚕过程中存在的难题，平衡市场供给，实现社员增收致富。政府在鼓励现有的专业合作社发挥自身优势的同时，聘请本地区或者外地的蚕业专家，定期对社员进行柞蚕饲养方面的技术培训，解答社员在养蚕过程中遇到的实际困难，如遇到实际困难可以进行实地处置，让参加专业合作社的蚕农在组织内就吃上可口的"营养套餐"。此外，鼓励现有的柞蚕专业合作社要努力提高入社蚕农的养蚕技术和科学文化素质，争取造就一大批有文化、有技术、会管理的现代蚕农，通过他们的示范效应带动抚顺市蚕农全都加入到专业合作社之中，从而实现蚕农们共同增收致富。

6. 走精深加工的道路，以蛹虫草为重点，延长柞蚕产品产业链。抚顺市柞蚕产量不占优势，仅占全省总产量的 3％左右。因此，抚顺市柞蚕业要走精深加工的路子。现如今养生保健已经走入寻常百姓家，人们保健意识不断增强，具有保健功能的药食兼用冬虫夏草受到热捧，但其高昂的价格让平常百姓难以接受，这就为具有同样功效的蛹虫草提供了广阔的发展前景。蛹虫草是药用真菌，以柞蚕蛹为母体的中草药，被市场普遍认可。2017 年，抚顺县峡河乡东北柞蚕生态谷已经开始试点蛹虫草的生产和深加工。抚顺市要以东北柞蚕生态谷为基础，兴建柞蚕生物科技产业园，实现蛹虫草的深度开发利用，重点开发蛹虫草、蛹虫草纳米粉胶囊、蛹油软胶囊、蛹蛋白粉、免疫多肽、蛹虫草胶囊、丝素保肝醒酒胶囊等系列产品，形成全新的柞蚕产业链条，逐步将这些产品做成优质品牌，从而让东北柞蚕生态谷走上附加值高、利润率高的道路，最终将其建成本市行业的龙头企业。

7. 打造"电商＋蚕文化＋旅游"的新模式，带动柞蚕产业的快速发展。将"电商＋蚕文化＋旅游"思维贯穿在柞蚕产业的开发过程中，不断加强柞蚕与蚕文化、互联网产业的融合，发挥抚顺市柞蚕品质好、质量优的资源优势，依托现代信息技术以及官方网站、微信等新媒体的发展，广泛招商引资，政府部门要出台优惠政策支持各电商企业进驻重点养蚕村，让电商第一时间获得优质柞蚕产品，通过电商集中备货、集中发货，进而使抚顺市的优质柞蚕产品走向全国各地。同时，抚顺市政府部门要打通农村电商发展的最后一公里，让物流、快递和仓储等服务机构快速进驻各乡镇，进一步加强农产品资源的快速流转。政府通过完善农村物流仓储设施，强化与电商的合作，实现对抚顺市柞蚕产业资源的有效利用和深度整合。此外，抚顺市要研究柞蚕文化传统，挖掘抚顺市柞蚕文化资源，打造丝绸文化节，开发柞蚕文化旅游产品。政府应大力发展柞蚕基地观光休闲旅游，传承弘扬抚顺市特有的丝绸文化，拓展柞蚕业文化，向柞蚕产业的广度和深度进军，促进集品种基地、原料基地、产品基地、研发基地、教学示范基地和观摩旅游于一体的多功能性蚕业的开发，提高蚕业经济效益，改善全市各乡镇蚕区生态环境，促进柞蚕产业化发展。（刘士全）

第二篇　特色小镇托举乡村振兴

第一节　以木材深加工产业为主导　打造南杂木木材小镇

新宾县南杂木木材小镇建设依托南杂木镇木制品加工园区，园区是辽宁省林业产业化示范基地，是辽宁省十大林业产业园区之一。为了进一步加强南杂木镇产业发展，打造全国范围内具有影响力的特色木材产业小镇，课题组在对南杂木镇木材产业深入调研的基础上，结合国内外相关地区发展木材产业的相关经验，分析了南杂木木制品加工产业的优劣势，并综合运用区域经济学"柔性集聚体"理论，提出了一些对策和建议，以期为南杂木镇木材产业发展提供有益的支持。

一、南杂木木材小镇发展现状

1. 具有林业供给侧结构性改革的领军型企业。南杂木木制品加工园区拥有 85 家企业，其中规模以上企业有 5 家，占抚顺市规模以上木制品企业的四分之一。2017 年，南杂木木制品加工业年销售收入约为 10.5 亿元人民币，出口创汇 300 万美元。木制品产业呈现企业数量多、小规模企业占主体的特点，初步具备了形成柔性集聚体的必要因素。5 家规模以上企业包括抚顺市合兴万家木业有限公司、抚顺市森隆达木业有限公司、抚顺市罕督进出口有限公司、抚顺市美世人造板有限公司和抚顺市新宇木业有限公司。其中，抚顺市合兴万家木业有限公司年产值超过 2.1 亿元，是中国最大、产能最强的集成材加工工厂。2016 年，抚顺市合兴万家木业有限公司成了林业供给侧结构性改革的引领者，即国家林业重点龙头企业；抚顺市森隆达木业有限公司年产值达到 7800 多万元；抚顺市罕督进出口有限公司年产值达到

4900万元，其余2家规模以上企业年产值为2000多万元。

2. 具有规模化生产的特色产品。南杂木镇木制品加工园区生产的木质加工产品，主要是集成材，集成材也是抚顺市木制品生产的主要产品，占据抚顺市木制品生产的50%。同时，还包括刨花板、多层板、地板、实木门、家具等产品。抚顺市合兴万家木业有限公司主要生产集成材和实木门，年产量可以达到6万立方米。抚顺市森隆达木业有限公司主要生产集成材和板材，年产量可达21万立方米。抚顺市罕督进出口有限公司主要生产地板，年产量可达40万平方米。抚顺市美世人造板有限公司，年生产刨花板可达到1万立方米，抚顺市新宇木业有限公司年生产多层板可达55万张。

3. 具有劳动密集型产业吸纳就业的优势。木制品加工行业属于劳动密集型产业，其优势之一就是能够广泛吸纳就业人口。据统计，南杂木镇从事木制品相关行业的从业人员约为2100人，占抚顺市木制品加工行业从业人口的11.7%，占新宾县木制品加工行业从业人口的17.5%，占南杂木镇常住人口的15%。据不完全统计，该镇木业从业人员的人均年收入为36000元至84000元，从事农业生产人员人均年收入在8000元至13000元。从以上数据可以看出，南杂木镇木制品产业不仅提高了南杂木镇就业率，也实实在在地提高了南杂木镇从业人员的收入。

4. 具有增加乡镇财政收入的实质性贡献。抚顺市木制品产业主要分布在新宾县、清原县、抚顺县等地区，多区域存在着产值与税收不成比例的问题。而新宾县木制品产业年产值为9.4亿元，税收达到3000万元，约占抚顺市该产业税收的72.5%。实施分税制财政管理体制之后，乡镇建设需依靠自身的财政收入，对木业加工产业依赖性更强。2017年，南杂木镇完成了街路自来水供水改造工程，完成了国有工矿棚户区改造、南杂木污水处理厂升级，完成了集中供热等项目。近年来，兴建了南杂木镇幼儿园、镇卫生院，扩建了1800平方米的学校校舍，建立了聚兴广场，为居民文化娱乐活动提供了场所。社会福利设施数量不断增加，生活生产环境的改善，都离不开木制品加工产业对税收的贡献。

二、南杂木木材小镇发展的优势分析

南杂木镇的资源优势和交通优势正迎合了木制品产业从"投入导向模式"向"运输导向模式"的转换，是木制品加工园区集聚和发展的良好优势。南杂木镇木制品加工园区、南杂木镇基础设施建设，降低了木制品产业企业的运营成本。诸多优势的吸引，产生了市场接近效应和生活成本效应，形成了循环累积因果链，推动了产业的集聚，形成了规模优势，进一步推动了产业发展。

1. 资源优势。从林业资源来看，抚顺市森林覆盖率达到67%，森林蓄积量达到6953万立方米，居全省第一。除了抚顺市本地林业资源丰富之外，东北三省的林业资源也非常丰厚。从区域单位面积森林蓄积量来看，东北排名全国第二位。据第八次全国森林资源清查（2009—2013年）调查结果显示，辽宁省的森林面积为557.31万公顷，吉林省为763.87万公顷，黑龙江省为1962.13万公顷。丰富的林业资源是吸引木制品加工企业选择此地存留并发展的优势之一。从人力资源优势来看，南杂木镇木业从业人员约为2100多人。2017年年末，南杂木镇总人口约2万人，常住人口约1.4万人，南杂木镇仍可提供大量劳动力，并且由于园区内企业的工资相对较高，会吸引大量在城市打工人员回流，甚至外地人员来此从业。同时，抚顺市南杂木镇有20~30年木制产业发展的经验，培养了大量的木制品加工从业人员。

2. 交通优势。新宾县南杂木镇是连接辽宁省和吉林省的交通枢纽，境内拥有多条公路、铁路。南杂木距离沈阳70多公里，距离大连港480多公里，距离丹东港337公里，距离吉林省梅河口市59公里，距离通化市168公里。境内有3条高速公路，分别是沈吉高速、沈通高速、沈桓高速，拥有国道202线，省道铁长线，以及铁路沈吉线，交通极为便利。南杂木镇本地企业的原材料除了一部分来源于东三省之外，剩下的主要依靠进口。交通便利的优势为本地企业从海外进口原料提供了极大的便利。另外，交通便利的优势也方便了企业的商品销售。

3. 平台优势。南杂木镇木制品加工园区现拥有220多家企业，其前身是南杂木木业产业园区，是辽宁省林业产业化示范基地，也是辽宁省十大林业产业园区之一。截至2017年，全镇用于修建园区已经投入资金达到1.5亿元。园区现道路累计完成4.707千米，修建改造水渠累计完成17820米，修建改造给排水设施累计完成1.54千米。园区周边配套设施齐备，为园区员工生活环境提供了保障。园区的平台优势降低了木制品加工企业的运营成本，成了南杂木镇发展林木业特色小镇的优势之一。

4. 规模优势。在南杂木镇木制品加工园区中的85家木制品企业中，有5家规模以上企业，其中一家是抚顺市合兴万家木业有限公司，位列我国集成板材供应商的前三甲；其余4家也在集成板材、刨花板、多层板、地板等产品方面具有较强的生产能力。抚顺市木制品加工企业约700户。抚顺市已建成包括南杂木在内的 9 个相关的木制品工业园区。全市木制品工业总产值 2017 年达到了约 30 亿元，南杂木镇木制品加工主导产业销售收入达到 10.5 亿元。累计循环因果链推动的规模优势，成为南杂木镇木制品产业发展的内生性力量。

三、南杂木木材小镇发展的劣势分析

发展劣势主要包括两个方面：首先，从产业内部结构来看，南杂木镇木制品加工园区的木制品生产企业多数规模小，这不利于规模经济的产生；其次，从整个生产链的角度来看，原料来源及成本具有不稳定性，生产过程存在非绿色化，生产成品具有同质化和内部竞争等特点。

1. 产业内部结构存在的劣势。南杂木镇内的 5 家规模以上木制品企业创造的产值约是非规模以上企业的 1.9 倍。南杂木镇木制品加工园区中的大多数木制品生产企业都是非规模以上企业，规模小，无法形成品牌效应；绿色生产成本负担过重，没有足够的研发资金投入，无法进行深加工产品的研发和设备的购置，缺乏市场竞争力。近两年原材料的成本不断上升，小规模企业的生存压力不断增大，对国内外市场变化的应对能力在减弱。园区的生产柔性化程度低，这是南杂木特种工业园区发展中存在的劣势之一。

2. 生产过程的劣势。

（1）原料来源过分依赖外部进口。南杂木镇木制品加工企业原料的主要来源依靠的是外部进口，其比例约为 90%。随着我国木制品生产能力的不断提高，国际市场需求的不断扩大，我国对木制品原料的需求不断上升，而我国国内木材资源供给不足，进一步加剧了对外源性木制原材料的需求。但是，随着全球环保呼声的日益高涨，一些国家开始逐渐扩大限制出口名录的范围，这导致了部分木材资源的供给数量的减少。尤其是近两年，进口原木的价格呈整体攀升状态。原材料价格在木制品加工行业生产成本中占到 50% 至 67%，这对于木制品加工企业来说，成本压力很大。各小规模企业进口原料数量有限，不具有数量优势，进口成本会更高。

（2）绿色生产的问题。木制品加工生产过程中会产生一些污染物，其中 VOCS 会引起光化学污染和雾霾。木制品生产过程中的胶粘和涂装工艺需要使用大量挥发性溶剂，这会让 VOCS 直接排放入大气，同时部分有机物还会存留在产品中。部分 VOCS 具有毒性和致癌性，对人体健康有直接影响。近几年，我国不断加大对木制品产业生产造成的 VOCS 大气污染问题控制力度。南杂木镇境内有浑河、苏子河两大水系，分别占流域面积的 60% 和 40%，而抚顺市的水系牵涉到辽宁省中部七城市 2300 万人口饮水问题。所以，绿色生产问题就成了南杂木镇木制品加工企业生产的红线。进行绿色生产，需要更换绿色生产辅料，需要增加有毒挥发性物质的回收处理设施，这在一定程度上都会提高企业特别是南杂木镇大量小规模企业的生产成本。

（3）产品结构不合理，存在同质产品的竞争问题。抚顺市木制品加工企业存在产品附加值不高产品占主体、产品深加工程度不够的问题。集成材占全市木制品的 50%，半成品和代加工品多，占全市木制品的 40%，终极产品少。南杂木镇的 5 家规模以上的木制品加工企业，有 3 家是生产终极产品，而其他 2 家规模以上企业生产的是刨花板和合成板。虽然，在 5 家规模以上企业中有 3 家生产终极产品，但也存在附加值低的问题。一方面，其他大量的中小企业普遍存在着产品附加值低的问题。深加工和精细加工程度不够，代加工、来样加工、贴牌加工的方式广泛存在。另一方面，抚顺市建立起来 6 个木制品加工区或集聚区，这 6 个园区的产品存在交叉性，即存在同质产品的竞争问题，这是南杂木镇木制品产业发展不利的劣势之一。

四、南杂木木材小镇发展的对策与建议

南杂木镇木制品加工园区已经形成了大企业和众多小规模专业化企业的集聚区，具有该特点的集聚区正好符合柔性集聚体发展的基本特征。柔性是抵御不确定性的能力，柔性体现在企业内部生产和管理的柔性化、企业之间关系的柔性化，以及企业柔性化的劳动过程。具有柔性化特征的企业具有集聚的倾向。柔性集聚体以小型专业化生产企业居多为特征，区域内存在企业互联的网络，并且具有发达的劳动力市场。柔性集聚体会推动内部企业的相互联系、协作竞争，推动产业发展。木材特色小镇的发展依托的是园区发展，推动园区发展促进南杂木镇木制品加工产业集聚效应的发挥，减轻劣势，增强优势是南杂木镇能否成功建设木材小镇的关键性节点问题。南杂木镇政府、南杂木园区若能因势利导，增强多元化园区的服务功能，整合企业资源，建立大小企业之间的内部网络，建立高效率的劳动力市场，依托深加工，推动木制品产业柔性集聚体的建立，让小规模专业化企业数量多成为"互联网＋"新业态下产业发展下的一个优势，必将会把南杂木镇木材园区打造成特色小镇。因此，园区应开展柔性软件基础的建设，增强多元化服务功能，为园区内的企业建立柔性供应链建设的生态圈，真正将南杂木镇木制

品产业聚集区塑造成柔性集聚体，使之成为知识和创新的源发区。

1. 建立人才培训中心和人力资源市场。园区应建立人才培训中心，提高人才技能水平，为深加工提供人才基础，为产业发展提供发展动力。同时，园区应建立人力资源市场，整合本地产业内的人力资源，吸引外部的人力资源的流入，除了为产业发展提供劳动力之外，更重要的是人力资源的内部流动，将有助于隐含经验类指数的传递或扩散，这对于整个产业知识、技术创新、深加工目标的达成，有着极大的好处。人力资源市场也是构建柔性集聚体的必要组成部分。

2. 建立智力支持体系。首先，园区应具有作为实现内部企业和外部智力支持的桥梁的作用，搭建合作平台，努力实现科研院所、高校与内部企业的智力对接、技术合作。其次，依托产品进行深加工，提供智力支持，助力企业，特别是应帮助小型企业建立柔性化生产模式。同时，园区应建立木制品产业发展研究所，关注行业动态、技术动态，为本土木制品产业提供商业信息，为产业发展出谋划策。

3. 建立园区内部、园区间信息闭环机制。整合园区内、园区间的生产能力、销售信息、财务信息，匹配闲置生产能力和下游销售商分散订单需求，解决产能过剩和经销商产品种类单一的问题。财务信息的共享有助于规避欠账、坏账的问题。或可通过建立第三方支付平台的方式，解决企业间直接收付款的安全顾虑。

4. 拉长产业链。作为开放式平台，园区应为内部企业做好开端、终端服务。首先，园区应整合内部企业原料需求信息，采取集约式采购，或与大型原料贸易商合作，保障企业的原料供应源的稳定，降低原料采购成本。其次，园区应通过"互联网＋"的方式，整合内部企业资源，搭建自己的营销平台，或通过与大型电商合作的方式，为企业，特别是小型企业柔性供应链的生产提供需求。此外，园区应以需求为导向，推动企业产品深加工。同时，园区应树立区域性品牌，为园区现有及未来企业创造品牌优势。

5. 规范企业绿色化生产。园区应控制企业污染性生产，并整合产业内部企业绿色化生产设备投资的需求，与金融机构对接进行集体融资，使之成为企业和政府沟通的桥梁，为企业争取绿色化生产改造的优惠政策和资金支持。

随着"互联网＋"、智能生产、移动互联网的发展，规模化生产逐渐让位于个性定制，大批量贸易让位于小批量、多品种贸易，"刚性"生产模式让位于"柔性"生产模式。这就给非规模以上企业带来了发展的契机，也让南杂木镇木制品产业园中的中小企业看到了希望。园区应通过对内部企业资源信息的整合，以深加工为实际依托，帮助大小型企业实现生产与管理方式的柔性化，帮助建立和发展企业之间的柔性化关系，建立柔性供应链建设的生态圈，使之真正发挥集聚经济体的应有的经济效应。（孙熠）

第二节　以优质稻米产业为主导　打造草市稻米小镇

稻米消费具有非常大的刚性需求，稻米行业被替代几乎不存在。抚顺市作为中国东北优质稻米的主产地之一，每年生产优质稻米 12 万多吨。而清原县草市镇又是抚顺市优质稻米的主产地，全镇有 40% 以上人口从事与稻米相关的行业。因此，以优质稻米为主导产业，打造草市稻米小镇是切实可行的。

一、草市镇稻米产业发展情况

1. 稻米产业成为全镇主导产业。草市镇总面积为 154 平方千米，有 16 个行政村，4199 户，15555 口人，耕地总面积达 5.1 万亩，其中优质稻米种植 2 万多亩，分布在 15 个村，直接从事稻米产业农户 2100 户，从业人口 6500 人。2017 年，草市镇稻米产业直接收入 2200 万元，间接收入 7200 多万元。全镇稻米经济组织 10 个，其中专业合作社 6 个，社员 230 户，家庭农场 4 个，镇内稻米加工企业 2 家。

2. 稻米品质优异，受到市场认可。清原县草市镇有水质好、土地肥沃、昼夜温差大、日照充足等得天独厚的优势，生产出的稻米米粒饱满、味道香润、口感好，具有绿色、环保、无公害等特点。因此，草市镇的稻米销售优势十分明显，部分优质稻米甚至已成功打入日本、韩国等海外市场。

3. 稻米加工水平市内领先。清原县草市镇在发展稻米种植的基础上，不忘稻米加工产业的发展，努力做大做强稻米生产。截至 2017 年，草市镇初步形成了草市镇成禄精米加工厂、福财旺粮米加工厂两家县级农业龙头企业，两家企业的加工稻米能力达到 60 万吨，加工量占清原县稻米加工总量的 2/3 左右。

4. 育苗标准化水平不断提高。近年来，草市镇联合抚顺市农科院共同建设优质稻米苗生产基地。该基地为现代化、智能化的稻米培育基地，在这里基本可以实现稻米育苗播种的现代化，其不仅能满足全镇 2 万余亩稻米浸种、催芽的需求，还解决了全镇稻农种子消毒不彻底、催芽不整齐的难题，为草市镇提升稻米育苗标准化水平，起到了良好的示范作用。

二、草市镇稻米产业发展中存在的问题

虽然清原县草市镇的稻米产业实现了较快增长，但在调研中发现，草市镇稻米产业发展过程中存在一定的问题急需解决。

1. 稻米生产基础设施还比较薄弱，靠天吃饭的现状短期内难以根本性的扭转。据调查，草市镇稻米产区还没摆脱靠天吃饭的处境，其主要原因就是农业基础设施薄弱，普遍存在年久失修、抗风险能力弱的通病，集中表现在排灌设施少、动力低、机械老化、沟渠淤塞严重、路网不配套、机耕道不畅通等问题上，这些都不利于机械运输、作业。在这种情况下，稻米生产一旦遭受极端天气，很容易造成灾害性的影响。草市镇的水利设施基本上多修建于 20 世纪七八十年代，由于受当时建设条件限制，因而建设标准低，工程质量较差，再加上年久失修，实际灌溉排涝功能降低。例如 2012 年，由于草市镇部分河流断流，导致了稻米减产严重。

2. 草市镇的劳动力短缺，成为制约稻米产业发展的关键。通过调研发现，草市镇几乎所有劳动力都在从事与稻米有关的行业，即使是 60 岁以上的劳动力也在稻田里耕种。而对于稻米生产这样一个密集型产业，往往需要大量的劳动力。尤其是对大规模种植户来说，在农忙时节即使是花高价也很难雇到人，可以说劳动力短缺已成为草市镇稻米产业发展最棘手的问题之一。

3. 稻米最低收购价格政策需要进一步提升。国家从 2004 年开始就在粮食生产区实施了最低收购价格政策，而且从 2008 年开始，已经连续 8 年提高了粮食最低收购价格。应该说这项政策的实施对保护农民种植稻米的积极性、促进稻米生产发展，起到了积极的推动作用。虽说最低收购价格连年上涨，但是总体来看，回收价格仍然较低。2016 年，清原县农民的实际平均稻米收购价格为 3 元/千克，较市场卖出价低了很多。此外，清原县草市镇还存在周边国营粮库收购点少、距离远的问题。

4. 稻米品种较杂乱。清原县草市镇种植稻米的品种有稻花香 1 号、稻花香 2 号、吉粳超级稻 1 号、吉粳丰优 307 号、吉开 318 号、天井 5 号等多

个品种。从某一个品种看，品质并不比任何一个地方品种差，但多品种混合则降低了专用品质。如盘锦稻米的知名度远高于草市镇生产的稻米，因为盘锦稻米只种两个高产的改良品种，通过广泛宣传就让这两个品种得到了市场认可。因此，草市镇今后要想打开优质稻米的市场，就要提高稻米质量，需要选择专用品种生产，重点解决品种多且杂乱的问题。

5. 稻米单产水平有待提高。清原县草市镇的稻米平均单产低于集中种植稻米的区域，主要原因是大机械作业和标准化生产存在差距。草市镇也创造出了1500斤/亩以上的高产典型，也有农垦大面积单产超过盘锦等地的生产区。这说明只要加快农业现代化发展，提高大机械作业水平，减少灾害损失，就能实现均衡增产，可以说，草市镇的稻米单产水平还有很大提升空间。

三、草市镇发展稻米产业的意义

1. 发展稻米精深加工，有利于推动三产融合。产业兴旺是乡村振兴的基础，农民增收是乡村振兴的目标。草市镇稻米产业发展最突出的问题之一就是原字号销售多，精深加工少。因此，草市镇应以地产稻米为原料，大力发展精深加工业，拓宽加工领域，延长产业链，提升价值链中有较大发展潜力的部分。特别是乡村适宜发展中小精深加工企业，应打造产地加工产品知名品牌，这有利于实现农民生产增收、加工企业增效、政府财政增税和壮大集体经济的目标。由此，草市镇应发展"一村一品"和"一乡一业"，建设以特色稻米加工产品为特征的小镇，最终实现由外销稻米向外销稻米加工产品的转变，使草市镇走上"三产融合"和"四化同步"建设循环经济发展的道路。

2. 发展稻米产业，能提高地力。水稻根可以固定大气中的氮素，稻米生产化肥施肥量明显少于玉米、大豆等作物，是典型肥茬。稻米与玉米等其他作物轮作，有利于改善土壤物理结构，提高肥料的利用率，从而显著减少肥料的施用量。此外，这种方式还可以抑制病虫草害发生，大幅度减少化学农药用量，并可以避免长期使用同类农药发生残留危害，由此提高稻米生产水平。草市镇若能实现"水旱田轮作"，减肥减药效果将会更显著。这对于实现藏粮于地的目标有重大现实意义。

3. 改善生态环境，解决秸秆燃烧难题。烧秸秆已成为困扰清原县玉米生产，特别是山区玉米集中产区的难题。在现阶段秸秆机械粉碎还田和加工利用发展滞后情况下，农民完全不烧玉米秸秆也不现实。而稻米秸秆产量少，一般不到玉米的1/3，若能在玉米主产区扩大稻米种植面积，实现玉米和稻米轮作，可以显著缓解玉米秸秆焚烧带来的难题。另外，稻米秸秆和玉米秸秆内含物质存在显著差异，实现玉米与稻米轮作，有利于改变饲料结构，从而提升饲料营养价值，促进牛羊等草食养殖业发展。

4. 扩大生产规模，加快发展现代农业。稻米适宜大规模机械化生产，盘锦、五常等地出口稻米价格较低，主要原因与生产规模较大和劳动生产率较高有关。草市镇稻米行业主要是依靠劳动密集型，与发达地区相比差距还较大。随着土地流转速度加快，户均生产规模也正在不断扩大，从事农业生产的劳动力数量也会大幅度减少。为此，草市镇发展稻米生产有利于推动土地流转，加快整合土地资源，从而促进劳动力转移和实现大规模机械化生产，进而实现农业现代化发展目标。

四、打造草市稻米小镇的对策建议

1. 加快水利工程建设步伐，为发展稻米产业创造有利条件。鉴于草市镇稻米生产已经连续多年实现了增产，再继续增产难度很大，因而必须保障稻米种植面积和加大基础设施建设的投入，以提高耕地的抵抗自然灾害的能力。一是应加大对农田水利设施的投入。建议清原县财政每年安排一定比例资金用于农民改造拦河坝、水渠等小型农田水利设施修建，这项资金应由县财政部门安排为财政预算资金，镇政府负责具体修建事宜。二是加大对草市镇基础设施、田地改造等项目的建设投入的，为机械化耕种、规模化种植创造有利条件。三是加大对稻米进行深加工的投入力度，延伸产业链。草市镇政府部门要积极宣传和推广优良品种。清原县草市镇的稻米素有"贡米"之称，稻米品质好得益于水质好。因此，政府部门要借助各种媒体，全方位地宣传草市镇稻米，让消费者更好的了解，放心的消费。同时，草市镇应扶持与稻米深加工相关的企业，吸引劳动力，解决农忙时人员短缺的问题。

2. 加大科技扶持力度。草市镇应加大对稻米产区农业科技服务体系建设的投入，建立以政府为主导、财政为支撑的农业科技服务体系。一是应大力推广稻米新品种、先进种植技术，以提高稻米产量。二是应加强测土配方施肥工作，运用测土配方施肥技术提高肥料利用率和减少用量，提高作物产量，改善农产品品质，节省劳力，节支增收。同时，要大力发展有机农业和绿色稻米，减少农药、农膜等施用量。三是应完善农业科技应用服务体系建设，增强稻米生产科技含量。要加大对稻米种植的科技投入，着力培养一批种植稻米的能手。

3. 完善土地流转政策，推广规模化种植。2018 年中央经济工作会议提到，要完善农村土地经营权流转政策，做好土地承包经营权确权登记颁证工作，健全公开规范的土地流转市场。据调查，草市镇规模种植户非常少。很多农户反映，他们在规模化种植中遇到的主要问题就是土地流转操作起来很难。因此，清原县草市镇应以中央经济工作会议精神为契机，尽快规范土地流转程序，形成机制，确保规模种植户无后顾之忧。

4. 提高稻米的最低收购价格。稻米产业是清原县农业的重要组成部分，更是草市镇农民收入的重要来源之一，稻米也是大多数城乡居民的主要粮食品种。稳定稻米生产，保持合理的价格水平，对增加农民收入、满足市场供应、促进农业经济发展具有重要意义。因此，建议相关部门根据稻米生产成本情况和居民消费价格指数上涨幅度，制定稻米最低收购价政策。一是有关部门应在新粮上市时对市场粮价密切关注，及时启动收购预案。二是应根据实际情况多设立一些国库粮食收购点。清原县的县级最低收购价储库点太少，不利于农户按最低收购价卖粮。三是在按最低收购价收粮阶段，价格监督检查部门应加大检查力度，防止有的地方粮食收购标准执行不到位。

5. 实行"产＋销"一体化模式，解决存储销售难题。针对稻米品种多乱杂、产后存储难和销售难的问题，应以"产＋销"一体化模式加以解决。草市镇内加工企业应根据加工产品对专用稻米品质和数量的需求与当地稻米专业合作社签订订单，合作社再按订单选择特色专用品种组织生产，使之成为专用稻米品种生产基地，企业应确保及时收购和存储稻米。中国南方各类稻米加工企业较多，而且基本实现了现代化生产经营。清原县草市镇稻米合作社应主动与南方各类稻米食品加工企业对接，为南方加工企业稳定持续地供应专用稻米。（刘士全）

第三节　以根艺产业为主导　打造上夹河根艺小镇

新宾县是清王朝的发祥地，根艺作为一种民间传统艺术，一直被生活在这块土地的人们所喜爱。据说，清朝曾经拿出 3 件根艺作品参加万国博览会，其中有两件根艺作品获得银奖，而这两件作品就是出自新宾县上夹河爱新觉罗家族之手。虽无从考证，但上夹河人热爱根艺的可考历史已有几十年之久。目前，上夹河镇有全国最著名的根艺市场，生产的根艺产品远销国内外。在我国全面实施乡村振兴战略的背景下，新宾县上夹河镇要以乡村振兴战略"产业兴旺、生态宜居、乡风文明、治理有效、生活富裕"二十字方针为指导，以"根艺"文化为核心，以特色产业为抓手，做强做大有形之根和无形之根，尽快把上夹河镇打造成全国闻名的根艺小镇。

一、上夹河镇根艺产业的现状

1. 根艺产业初步形成规模。上夹河镇面积为 252 平方千米，耕地面积 3.66 万亩，林地面积 27.8 万亩，森林覆盖率 73.5%，下辖 11 个村 64 个居民组，总人口 1.6 万人。上夹河镇根艺产业始建于 1980 年，经历了近 40 年的市场考验，到 2017 年年底已经发展到了 100 多户，直接从业人员 300 多人，根艺作品年产值 5000 多万元，上百件根艺作品获得了国家级、省级大奖，产品畅销三十多个国家和地区。上夹河镇根艺市场是中国东北最大的根艺市场。

2. 根艺产业的顶层设计逐步完善。2016 年，上夹河镇被辽宁省政府列为北方根艺特色小镇，并获得了辽宁省政府在政策上的支持。2018 年，在全国重点打造的 1600 多个特色小镇中，上夹河根艺小镇位列其中，这为上夹河镇根艺产业发展注入了新活力。与此同时，上夹河镇成立根艺产业发展镇领导小组，出台了《关于加强建设上夹河镇根艺产业培育和扶持，推动上夹河镇根艺产业发展的意见》（下文简称《意见》），把建设上夹河镇根艺市场纳入全镇发展的重点工作。按照《意见》，镇政府每年拿出 10 万元用于根艺人才培养，进一步发挥优秀人才"传、帮、带"作用，先后培育了多名根艺师。

3. 根艺产业平台进一步拓宽。按照《意见》，上夹河镇以根木交易、雕刻加工、市场销售等产业为依托，强化"农信贷"，加大对根艺生产和经营企业的信贷支持力度，鼓励企业、个人、社会团体等社会力量参与投资根艺文化设施的建设和经营，使上夹河镇根艺市场占有率不断提高。同时，上夹河镇深入开发特色文化旅游商品，不断扩建上夹河根艺市场。该市场在上夹河村北，东南公路东侧，长约 500 米，占地面积为 20660 平方米，共有 20 余所建筑，面积达 4700 平方米，以谋划根艺艺术产品为主，市场周边设施已于 2015 年竣工并投入使用。截至 2017 年，市场内的长期经营户有 89 户，吸纳了辽宁、吉林、黑龙江等地一大批艺术品爱好者进场经营。产品销往全国各地，并远销日本、韩国、新加坡、新西兰等国家和地区，年销售额达5000余万元。根艺市场健康发展，随之而来的信息传递、人才交流、观念变化等给当地带来了无法估量的社会效益和经济效益。

4. 根艺交流创新不断加强。上夹河镇从2015年以来，连续举办"上夹河镇精品展销会、巡回展、展拍会、根艺节"等活动，创作了一批以上夹河镇根艺文化为代表的研究成果。在活动期间，上夹河镇政府不断加强与省内外高等院校的产学研合作，通过召开文化联谊的形式，使上夹河镇成为东北地区根艺创作的研究学习基地和文化的学研中心。同时，上夹河镇政府多次聘请专家和研究人员对全镇从事根艺事业的人员进行指导，鼓励他们加强对大师、名艺人等雕刻技艺的整理和总结，通过与大师的交流，形成了许多的精品。按照《意见》要求，上夹河镇政府建立了"政府引导、行业指导、单位自主、个人自愿"的人才引进、培养和使用机制，先后引进了7名具有一定影响力的根艺人才。

二、制约上夹河镇根艺产业发展的难题

上夹河镇根艺虽经过上百年的发展，已形成了产品种类齐全、市场广大的根艺产业，但在上夹河镇根艺产业发展过程中仍存在不少问题，主要表现在以下几个方面。

1. 根艺企业分散，行业标准呈现凌乱的现状。截至2017年，上夹河镇根艺加工企业超过100家，但90％以上处于"家庭作坊式"生产模式，加工方式以手工制作为主，产品综合科技含量较低。而这种小规模经营使得生产者无法消化数额较大的贸易订单，先进的根艺技术也无法得到推广。"家庭作坊式"的产品销售也缺乏统一行业运作标准，同类产品价格相差较大，不同级别产品缺乏统一的质量鉴定标准，也无法在质量和售后服务上取胜，因而往往以低廉的价格招揽顾客，从而形成恶性竞争。随着社会主义市场经济的深入发展，"家庭作坊式"生产将会严重影响上夹河镇根艺产业的市场竞争力，进而制约上夹河镇根艺产业的进一步发展。

2. 缺乏工艺熟练的技术工人。专业技术人员的缺乏，已成为根艺产业发展过程中的瓶颈，特别突出表现为熟练的专业技术人员缺乏。上夹河镇根艺熟练的根艺技术人员主要是从周边地区引进，缺乏本地高层次技术人才。同时，技术人员年龄结构趋向老龄化，缺乏中青年技术人才，上夹河镇已出

现明显的人才断层现象。初步统计，2017 年，全镇有专业技术人员 300 多人，45 岁以上的技术人员占绝大多数；在从业人员中有大专以上学历的技术人员非常少。技术人员年龄结构的老年化、高学历人才的缺乏，已影响根艺加工技术的创新，以及新技术、新设备的应用。

3. 根艺干燥处理技术落后。上夹河镇采用的根艺原材料的干燥处理方法有两种，每种方式都有相应的弊端。一种方法是人工干燥法。"家庭作坊式"受厂房条件限制，为了使根材干燥适度，常采用火烤法、水煮法。火烤法、水煮法缺乏相关技术的指标，根材厚度相对较大，干燥时间长，干燥过程中容易造成根材开裂、变色、炭化等问题。浅层的表裂可以用刨光的方法除去，但深层的表裂不但难看，而且会降低木材的强度，特别是会降低抗剪强度。表裂也影响木材的油漆质量，具有表裂的木材油漆后，会因气候条件的变化而发生裂纹张开和闭合，引起漆膜破裂。另一种是自然干燥法。这种方式就是将根材放置在露天、仓库、温室、地道、走廊、车棚等处，经过太阳晒、自然风干后，在大气中进行干燥。自然干燥法受天气及环境影响严重，且干燥时间较长，一般约在 60 天至 180 天，干燥过程中根材易出现裂纹和变形。

4. 运输成本过高。由于受地理位置、生态环境保护等诸多因素的局限，上夹河镇根艺产品供应自给率长期偏低，许多从业者都是从江浙一带引进加工产品。由于运输路途遥远，产品流通中的环节过多，通过层层加价之后，导致上夹河镇根艺产品价格普遍偏高，这也影响了产品的市场占有率。

三、打造上夹河根艺小镇的建议

根艺是民间艺术，是地域文化的重要组成部分。为进一步提高根艺艺术创作水平，发展壮大上夹河镇根艺文化产业，打造上夹河镇根艺小镇，现提出如下建议。

1. 发挥地方资源优势，做大做强根艺产业。根艺产业要进一步发展，关键在于合理开发利用地方优势，挖掘资源潜力。上夹河镇应结合自然资源和地理优势，因地制宜地发挥本地资源优势，设计好发展思路，立足特色，突出重点，加强创新，以开发"奇、巧、怪、绝"特色产品为重点，兼顾市场需求量大、技术成熟的产品。此外，还应重视产品的精深加工，首先要解决原材料的脱水、脱脂、防腐、防裂的技术难题，引导企业进行技术攻关，靠坚强的技术做产品质量的后盾，真正更好地提高产品附加值。

2. 鼓励创新，提高产品的保护意识。上夹河镇政府要在每年拿出10万元补助的基础上，再多拿出一部分资金，鼓励创作艺术精品，扶持和推动根艺艺术家多出精品，不断提升根艺艺术水准和文化品位，提高保护艺术精品的意识。艺术精品是根艺艺术发展历程的宝贵资源，因而应必须切实加以保护，要将获得国家级奖项的创作精品登记造册，引导根艺艺术家珍视自己的创作成果，让获奖精品留存在上夹河镇。

3. 建立有效的人才培养方案。一是大力培育初级专业技术人才，重点培养根艺师。镇政府应对被评上根艺师的艺术家，给予相应的奖励，鼓励根艺师与艺术苗子"结对带徒"。二是邀请国内著名根艺师到上夹河镇开办学术讲座，充分发挥大师的领军作用，有效提高镇内根艺人才艺术素养。三是加强与地方高校合作，建议抚顺市职业技术学院开设根艺课程，以此来解决清原地区根艺技术更新难、技术人员短缺、加工设备落后等问题。

4. 积极开展宣传交流活动。上夹河镇应加强对根艺这一区域品牌的宣传推介，汇编、出版相关资料，精心组织策划，加大媒体宣传力度，不断提高上夹河镇根艺的对外知名度和品牌认可度；应有效利用互联网平台，建设上夹河镇根艺网页，开设网上订购业务，使互联网成为根艺对外宣传和产品销售的重要渠道。

5. 以展养根，以展养艺，让上夹河镇根艺产品"走出去"。首先，上夹河镇应以根艺美术品作资本，同展馆方合作，由对方出场地、展馆等，按百分比提成，或者可以在一些旅游景点、大中城市开设上夹河镇根艺展览馆，这种经营模式能使上夹河镇的根艺产品获得市场信誉和口碑，使根艺产业发展壮大得到重要保证。其次，鼓励根艺生产商在城市内开设根艺品销售实体店。针对小作坊根艺销售难的问题，建议在省内外大城市的宾馆旁，文化人士、白领阶层、外国游客较多的地点开设根艺点，并与其他艺术品、工艺装饰品一同设立销售会，以此来提高商品销售的成功率。

6. 发展根艺文化游。上夹河镇应以根艺产业为中心，结合新宾县的规划及"神树贵石"旅游开发等景点，积极融入新宾县特色旅游之中，努力打造"中国首个根艺之旅"精品线路。上夹河镇应开发根艺旅游产品，把上夹河镇根艺产业与旅游业开发结合起来，与观光、商贸、旅游、休闲融为一体，融入抚顺市大旅游区，使之成为新的文化产业经济增长点。

总之，根艺作为上夹河镇富有特色的民间艺术品种，上夹河镇应通过整合资源，打造龙头企业，树立知名品牌，不断进行艺术创新，适销对路，切实提高根艺产品的科技含量，改变传统规模小、资源消耗大、利用率低的

"家庭作坊式"纯手工加工的生产方式及不规范的市场运作方式，逐步形成规模化、产业化、专业化、市场化，从而形成具有地方特色的独立的品牌，尽快将上夹河镇打造成中国的根艺小镇。（刘士全）

第四节　以满族文化产业为主导　打造永陵满族风情小镇

特色小镇是指依赖如地域特色、生态特色、文化特色等某一特色产业和特色因素，来打造的具有明确产业定位、文化内涵、旅游特征的特色城镇。新宾县永陵镇作为清王朝的启运之地，具有明显的民族地域文化特征，在中共抚顺市委、抚顺市政府的领导下，在全镇上下数十年的努力下，初步形成了以满族文化为主导的特色小镇。

一、特色小镇建设的背景

近年来，特色小镇的建设与发展得到了国家和地方政府的积极推动，呈现出了一片繁荣景象。特色小镇的概念出现在国家决策层面始于 2015 年 12 月的中央经济工作会议，即以供给侧结构性改革引领新常态的起步阶段。特色小镇是一种产城乡一体化的创新发展模式，是就地城镇化的成功架构。跳出特色小镇本身来看，它不仅是传统意义上的文化旅游风景区的建设，它要解决的主要矛盾是人民日益增长的美好生活需要和不平衡不充分发展之间的矛盾。当前，适逢我国很多地方正处于产业结构调整的关口，特色小镇为各地产业发展战略的再选择提供了新思路。

1. 特色小镇是培育新产业和新动能的引擎。特色小镇的打造，必须与产业规划统筹考虑，小镇的长久发展，必须有产业作为支撑。特色小镇建设能够较为便利地吸纳城市外溢的传统制造业、商贸、物流、仓储等产业，还便于获得城市外溢的观光旅游、运动健身、休闲娱乐等消费，从而形成具有鲜明属地特征的产业群，进而助力供给侧结构性改革背景下的产业结构调整和转型升级。

2. 特色小镇是统筹城乡发展的示范区和中间极。城乡结构的两极分化一直是中国工业化以来亟待解决的难题。特色小镇是介于城市与农村之间兼具城乡特点的一种过渡性居民聚集地，具有连接城乡、促进城乡区域经济社会协调发展的功能，也是改变城乡二元分割、构建城乡互动和协调发展的纽带、节点和中间极。特色小镇能够引导城市资源适度回流乡镇和农村，对于疏解城市压力、改善农村面貌、统筹城乡发展，都具有积极意义。

3. 特色小镇有助于改善居住环境，提高生活品质。特色小镇的建设，由于高标准规划，高起点打造，无论是环境设计、建筑外观、功能布局、能源利用，还是生活设施、现代服务，都从现代化、人性化的角度着手建设，都将大大改善居民生活环境，提高生活品位，真正让群众感受到特色小镇建设给他们带来的"实惠"。

二、建设永陵满族风情小镇的民俗资源依托

抚顺市新宾县是满族形成和发展的重要地域，也是清王朝的发祥地。满族人民在漫长的历史发展长河中，逐渐形成并保持着自己独特的风情习俗，保存着内涵丰富且独具特色的满族民俗文化。新宾的满族民俗文化不仅是满族文化的体现，在今天更具有了旅游开发的价值，成为吸引中外游客的重要民俗风情旅游资源。

1. 居住文化资源。由于东北地区天气寒冷，满族多居住在山区谷地，尤其注重防风御寒。"口袋房，万字炕，烟筒坐在地面上"，形象地说出了满族人的居住特点，"窗户纸糊在外"成为满族"三大怪"之一。满族的火炕不仅是满族人睡觉的场所，还是满族人日常饮食、活动的场所，以及冬季取暖的设施。满族人从孩提时代就在这火炕上听着老人们讲着一代代相传的故事，满族文化就在这火炕之上传承着，居住文化是满族民俗文化的重要载体和文化的体现。

2. 饮食文化资源。满族饮食习俗的形成与其世居白山黑水间、山高林密、河流交错、物产丰富和寒冷的自然环境有着密切的关系。满族人喜爱黏食，如大黄米干饭、大黄米小豆干饭、年糕、黏豆包、豆面卷子、苏子叶饽饽等。炒面和炒米也是满族的传统食品，还有萨其马和酸汤子。满族的副食中肉类以猪肉为主，满族杀猪最讲究的是吃血肠，白肉血肠是最具特色的菜肴之一，酸菜、蘑菇、野鸡、鹿、河鱼、哈什蟆等也是副食中常见的菜肴。火锅是满族饮食中菜、饭兼备的饮食特色，主要有"什锦火锅""菊花火锅"等。满族著名的宴席有"三套碗席""饽饽宴"等，最著名的还是"满汉全席"。

3. 服饰文化资源。满族服饰文化主要表现在服装、发式和装饰物上。

过去满族男子主要服饰有长袍、马褂、坎肩和帽子。旗袍是满族女性最典型的服装，虽然随着时代的变迁，旗袍式样也在不断变化，但它一直流传至今，已经成了能够充分展示东方女性曲线美的典型服装。发式和头饰是满族服饰的突出特点，过去满族男子留长发、结辫，而妇女的发型则富于变化，一般盘髻，盛行"两把头""大京样"等发式。满族妇女的鞋称为"旗鞋"，有平底鞋和高底鞋之分，极富特色。根据不同式样又可称为"花盆底"鞋或"马蹄底"鞋。现在，不仅中国人喜欢现代满族服饰，就连许多来华的外国人也都对满族服饰爱不释手。

4. 民俗文化资源。剪纸艺术是满族一个古老的民间艺术，剪纸构图简洁、朴实生动、技艺精巧。香荷包既是满族人服饰的装饰品，又是满族人生活中的艺术品。常见的满族游艺与体育民俗有骑射、滑冰、玩嘎拉哈、老鹞抓小鸡、滑冰车、轱辘冰、斗拐、跑马城、满洲棋、翻绳、踢毽子、打瓦、冰陀螺等。这些民俗是满族人民智慧的结晶，并广泛流传，成为东北地区甚至全国人民所喜爱的娱乐活动项目。从旅游开发的角度，满族的这些民俗都具有旅游的吸引性，可以作为旅游资源进行开发。

5. 节庆文化资源。满族的重要的传统节日是颁金节（每年农历十月十三日），主要为了纪念满族改名为"满洲"而设。节日期间一般都要举行"珍珠球"、跳马、跳骆驼和滑冰等传统体育活动。除此之外，满族人在元宵节有"走百病"习俗。二月二俗称"龙抬头日"，当日早晨，满族人家家把灶灰撒在院中，灰道弯曲如龙，故称"引龙"，然后在院中举行仪式，祈求风调雨顺，全家人还要吃"龙须面"和"龙鳞饼"，妇女们这天不能做针线活。满族人在过年时要祭祖，每年还要举行春秋祭。

三、永陵满族风情小镇的建设发展现状

永陵镇下辖 24 个行政村、3 个城镇社区、2 个国有林场、1 个国家级森林公园。镇域面积 525 平方千米，镇区面积 302 公顷，总人口 4.5 万人。其中，满族人口占 75％以上。这里历史悠久，文物古迹众多，境内有世界文化遗产——清永陵、国家 AAAA 级风景区——赫图阿拉城等各级文物保护单位 48 处，被誉为"中华满族第一镇"。

1. 小城镇建设初具规模。1994 年，永陵镇被列入中国百家小城镇建设试点镇；1998 年，被列为省级历史文化名镇；2004 年，被列入全国重点镇，被省环保局命名为省级环境优美乡镇，2005 年，被建设部、国家文物局列

入中国历史文化名镇；2014 年，被列入辽宁省首批宜居示范乡镇，被辽宁省服务业委员会评为服务业聚集区。永陵自被列为中国历史文化名镇以来，全镇初步形成了以辽五味、人参、鹿茸等中药材为主的特色农业，以生物工艺品、矿泉水、药材加工为主的特艺产业，以餐饮、旅游为主的第三产业。清永陵世界文化遗产景区、赫图阿拉城国家 AAAA 级景区、和睦国家级森林公园景区，为地方经济发展提供了有力支持。

2. 清文化遗迹保存修缮较好。新宾县永陵是前清故里，启运之地，文物古迹遍布城乡，民间保留着许多满族传统文化遗产，有各级文物保护单位 48 处。为了保持历史文化名镇的传统风貌，保护好文物古迹，2005 年专门编制了《永陵历史文化名镇保护规划》《清永陵文物保护规划》《赫图阿拉古城区文物保护规划》，从而保证了历史文化名镇保护利用的有法可依。永陵镇按照"保护为主、抢救第一、合理利用、加强管理"的文物管护方针，对赫图阿拉城内、清永陵保护范围内进行了大规模拆迁，对永陵历史文化名镇的布局、环境、历史风貌等进行了全面保护。另外，永陵镇采取合理措施发挥文物古迹的社会价值，以取得保护与利用的可持续发展。

3. 旅游市场开发基本成熟。抚顺市开展的"抚顺市满族风情节"，是以抚顺市丰富的满族历史文化遗产为依托的旅游文化节，在文化节举办期间，都要举行具有满族特色的文化表演，开发丰富多彩的展示满族的文化和风俗的活动。与此同时，抚顺市与沈阳市签署了同程旅游战略协议，共同开发满族文化遗迹，协同挖掘旅游市场。如今，以游"一宫三陵"、吃"满汉全席"、穿"满韵清风"、购"吉祥如意"、穿"时尚旗袍"、看"皇家礼仪"为基本内容的旅游文化节，吸引了大批的中外游客。2017 年永陵镇接待中外游客已达 100 万人次以上。

4. 特艺产业形成有力支撑。永陵镇特艺产业起步于 20 世纪 90 年代，经过近 30 年的强势发展，初步完成了产业规划、园区定位、特色项目、市场化运作的特艺产业发展格局，奠定了永陵镇特艺文化产业在全省领先的地位。截至 2017 年，永陵镇已经形成规模的企业共有 9 家，分布在镇区、夏园、嘉禾、后堡、西堡、金岗、老城、驿马等村，年销售收入 9000 余万元，带动农村剩余劳动力上万人。企业产品远销英国、德国、法国、美国等发达国家和地区，出口量占全省工艺品市场份额的 25%，已经初步形成了辽东地区最具特色、最具国际竞争力和拥有广阔市场前景的朝阳产业。

四、打造永陵满族风情小镇的思路

特色小镇实践建设从浙江走向全国，并引起了政府、媒体、学界的高度重视。作为东北老工业基地的抚顺市，正处于经济结构调整、换挡发展的关键时期，特色小镇建设是一种产业与城镇有机结合并互动的空间发展模式，无论对城市转型发展，还是县域经济振兴都是两得之举。我国的特色小镇可以划分为三类：一类是以传统的特色产业为基础，进行产业集聚的特色产业主导型小镇，如江西景德镇、横店镇；一类是依靠于文化传统或当地自然资源进行产业发展的环境主导型小镇，如九寨沟、乌镇；一类是依赖于区位优势特点进行发展的平台聚集型小镇，如创业小镇。永陵满族风情小镇大抵可归为第二类。

1. 统筹思维，系统设计。特色小镇的建设耗时、耗力、耗钱，其建设的成败直接影响新宾的发展步伐和当地群众的生活状态，关系重大，因而特色小镇的建设必须着眼于城镇化、一体化要求，统筹思维，系统设计。从小镇的功能定位、分布、产业发展方向到具体的数量、规模，从特色小镇建筑风格、功能设计、配套设施到文化挖掘，从筑巢引凤到招商引资，从规划建设到管理服务，从小镇与城乡统筹发展的关系到与人民群众的切身利益之间的关系，"特色"小镇的打造，都要系统思考、系统设计，避免同质化、盲目追求高端定位，力争打造资源利用充分、便于管理和调整产业策略的特色民俗风情小镇。

2. 进一步加强发展旅游的软硬环境建设。特色小镇不仅是简单的一种聚居形式和生活模式，还是一种宝贵的文化旅游资源，以及贸易、休闲、度假的场所。在特色小镇文旅发展建设中，政府部门要充分发挥主导作用，除了加强对外宣传推介外，还要制定促进各种旅游发展的优惠政策，并在税收上要给予适当的减免。另外，从道路、交通、环境、建筑风貌，到功能布局、各类设施，从休闲、娱乐，到餐饮、商贸，政府都要从打造生态旅游小镇的思路出发，保证发展旅游所必需的配套设施。

3. 坚持把改善民生作为特色小镇建设的落脚点和归宿点。特色小镇的建设，不是标新立异，不是政绩工程，其根本目的是服务区域经济发展和改善当地人民生活水平。这就要求政府一是要深化投融资体制改革，建立资金保障机制。建议在政府参与的基础上，谋求战略性合作，鼓励国内各类企业、个人和外商，以多种方式参与特色小镇的基础设施建设、房地产建设、配套工程建设，形成特色小镇建设合力和资金的有效保障机制。二是创新小镇后期业态招商机制，政府须着力创新特色小镇的商业、服务业、文化事业，以及符合小镇特色发展的其他产业的招商机制和运作机制，确保筑巢后"特色"的快速形成和小镇的繁荣。

4. 壮大特艺文化产业，支撑特色小镇发展。永陵特艺文化产业园区是市级文化产业园区，是省级现代服务业集聚区的重要组成部分。特艺产业既具有良好的基础，又具备优越的发展条件，发展前景远大。因此，小镇要充分利用当前"乡村振兴"的有利契机，积极争取各方的支持，发挥政府、企业、农户等多方面的力量，抓紧构建特艺产业集群空间。小镇应大力招商引资，扩大生产规模，增加特艺品种和数量，拓宽销售渠道，大幅度提高产值和利润。与此同时，小镇更要注重"匠人精神"的传承和发扬，积极培养手工艺人才，并聘请工艺美术等高技术人才，研发新产品、新技术。（付杨）

第五节　以冰雪产业为主导　打造湾甸子冰雪小镇

2017 年，国家体育总局文件强调运动休闲特色小镇是在全面建成小康社会进程中，助力运动休闲、文化、健康、旅游、养老、教育培训等多种功能于一体的空间区域、全民健身发展平台和体育产业基地。抚顺市在冰雪经济、旅游产业、特色小镇、乡村振兴等发展的共同要求下，打造湾甸子冰雪小镇项目应运而生。这对促进乡村脱贫攻坚工作，以运动休闲为主题打造的具有独特体育文化内涵、良好体育产业基础具有特殊意义。与此同时，在国内多省市同时上马多项冰雪类特色项目的背景下，面对有限的市场需求，抚顺市应结合实际情况，充分发挥冰雪经济在脱贫攻坚工作中的潜在优势作用，有针对性地发展湾甸子冰雪小镇。

一、抚顺市湾甸子冰雪小镇的现状及发展规划

从区位优势和自然禀赋来看，抚顺市湾甸子发展冬季产业以浑河探源之旅和 G229 国道自驾游为主线，重点打造了浑河源头的"春踏青、秋观叶"；在"U 型产业带"中的医药健康旅游示范区和大那路玫瑰基地的夏季采摘；以聚隆滑雪场冬滑雪为牵动的实现冬有滑雪，夏避暑，秋赏红叶，春踏青的

全方位、全域、全季旅游新格局。

从发展重心和领军企业来看，抚顺市湾甸子以聚隆滑雪场为依托，规划建设以冰雪体育旅游产业、冰雪体育制造产业、冰雪体育服务产业为主导的特色建制小镇。该冰雪小镇属于国内顶级、国际一流大型雪上运动项目中心及国家级雪上运动培训基地。该冰雪小镇集中打造集冰雪运动、旅游度假、健康养生、冰雪体育产品制造、浑河源头文化于一体的综合产业发展区，引领县域经济实现了跨越式发展，实现了"一轴、两核、六区"。"一轴"即产业发展轴，"两核"即聚隆雪上运动核心、镇区综合产业核心，"六区"即综合服务区、多元文化区、户外运动区、古树康养区、休闲农业区、浑河源头生态区。

二、抚顺市湾甸子打造冰雪小镇面临的机遇

1. 北京冬奥会、辽宁申办冬运会等冰雪盛事有利于催生冰雪产业发展。抚顺市地处东北，虽然在冬季项目上取得了显著成绩，但冬季项目过去不是发展重点。借助北京冬奥会与辽宁体育发展时机，近年来抚顺市逐步调整发展战略，补齐冬季冰雪项目的短板。在未来几年内，抚顺市将以2022年北京冬奥会为契机，借助辽宁省体育大省、体育强省和抚顺市的区位优势，省市联合申办以抚顺市为主会场的2024年全国冬运会，以此缓解辽宁省体育赛事和冰雪场地设施供给不足的问题，从而带动抚顺市乃至辽宁省冰雪运动产业发展，形成新的经济增长点。抚顺市体育局已经着手，拟申办、承办更多国际国内高水平冰雪赛事，联合打造赛场氛围浓厚、竞技水平高超、服务保障优质的顶级精品赛事。辽宁省政府支持抚顺市将清原县打造成具有国际影响力的冰雪品牌赛事聚集区。辽宁省体育局将在冰雪赛事安排上优先支持抚顺市。

辽宁省积极响应习近平总书记"带动三亿人参与冰雪运动"的号召，积极推进冬季运动项目进校园工作，省内有条件的地市将冬季运动项目纳入学校体育课教学内容，鼓励学生积极参加校外冬季健身运动，熟练掌握一项至两项冬季运动技能。辽宁省正逐步扩大"百万青少年上冰雪"活动，并组织开展全国青少年雪日暨国际儿童冰雪节、青少年冰雪冬令营、青少年公益冰雪系列等活动，普及冰雪运动项目。据统计，辽宁省内20余个冰雪场平均日接待冰雪爱好者达到6万余人次。辽宁省每年参与冰雪运动人数接近100万人次。这些与冬奥会、冬运会相适应的运动推广，会产生极大的乘数效

应，冬季体育产业蓬勃发展将使抚顺市、辽宁省乃至国内冬季运动市场大规模增长。

2. 冰雪消费习惯逐步形成，市场广阔。据 Club Med 地中海俱乐部联合相关机构在发布的《中国冰雪消费者市场深度调查报告》中称，中国旅行者对于冰雪旅游的需求正在迅猛增长。调查报告显示，62％的受访者有过滑雪经历，其中 60％的受访者表示一定会在三年内再度滑雪；37％的中国滑雪者曾前往异地滑雪；18％的受访者曾前往海外滑雪。据国家旅游局测算，2022 年冬奥会将带动我国直接参加冰雪运动者达 5000 万人次，将带动参加冰雪运动和冰雪旅游人数超过 3 亿人次，冰雪旅游产业规模将突破 1 万亿元，其中仅滑雪每年就将超过 270 亿元，冬季运动装备将超过 350 亿元。

冰雪消费人群消费能力较强。超过一半（55％）的受访者在近期滑雪经历中在冰雪度假村入住至少 1 晚。其中，携带儿童的家庭滑雪者（68％）更有可能在度假村入住 1 晚及以上。冰雪旅行者的人均消费也显示出了巨大潜力。据有关部门统计显示，2017 年，每次冰雪旅行人均消费 2000 元至 5000 元的旅客约占 23％，10％的受访者达到 5000 元至 10000 元，6％的受访者人均超过 10000 元。全民参与冰雪项目、冰雪休闲代表一个国家的生活质量和水平的提高，冰雪旅游是很大的产业，具有很大的投资机会。

三、抚顺市湾甸子打造冰雪小镇面临的挑战

1. 缺乏根据抚顺市特点有针对性地进行顶层设计及专业规划。冰雪小镇属于对顶层设计要求较高的项目。抚顺市湾甸子小镇的自然环境、产业条件与国内其他地区实际情况各不相同，要根据实际情况确立发展目标、确立发展路径、确立合作对象、确立合作模式。东北冰雪产业发展普遍缺少顶层设计的意识，常规的招商、融资、建设套路起点较低。

抚顺市的区位特点在于，抚顺市距离辽宁省内沈阳市、本溪市等冰雪强市较近。在全国来看，京冀、东北等北方地区是传统冰雪旅游目的地，中国南方冰雪旅游热度亦有赶超北方的"逆袭"之势。尤以云南、四川、贵州、湖北等省份为代表，越来越多的南方城镇已参与到冰雪旅游之中。这些都成为影响抚顺市湾甸子冰雪小镇发展及布局的因素。湾甸子冰雪小镇的规划既要避免拿到哪里都能用、针对性很差的套路式的规划；又要避免对体育产业缺乏了解、以常规运动项目为主、以低端产业组合为主、不构成核心竞争力的不专业的规划。

2. 核心产业资源缺乏。按照国家体育总局要求，体育小镇核心是打造体育特色产业链，要形成 30 项以上的运动项目。截至 2017 年，抚顺市冰雪小镇除了固定的冰雪场外，缺少核心产业资源，只能做门槛比较低的运动配套形态。自行车道、健身步道、登山绿道几乎成为冰雪小镇的标配。无法构成小镇特色，就无法吸引消费。冰雪类的特色小镇要引进的不是单项的运动项目、单一业务类型的体育企业，而是需要有综合投资能力、有资源整合能力的产业升级服务方和统筹运营方，通过他们来整合相互支撑的业态，建立健康的体育产业生态链。

四、抚顺市湾甸子打造冰雪小镇的建议

打造湾甸子冰雪小镇不仅要结合小镇的自身特点给予政策补贴和发展指导，还要完善冰雪产业之外的服务，大力促进冰雪延伸产业，从而实现冰雪小镇的快速发展。

1. 依托优质的地理资源，切实发展冰雪产业。抚顺市清原县湾甸子镇冰雪期年平均达 157 天，积雪厚度近 0.5 米，就规划建设的滑雪场距离市区 45 公里，距离清原县城和抚顺市中心人口稠密的地区距离相同，具有明显的区位优势。因此，湾甸子冰雪小镇如导入大量本地游客就能提高游客数量的稳定性和财源的稳定性。

2. 产业要逐步发展，不断拓宽、延长产业链。首先，湾甸子冰雪小镇应发展旅游产业，打造体育特色，配套基础设施，应建造冰雪主题乐园、冰雪主题酒店和特色度假酒店等配套，打造精品人造景观，如在赛道旁建造山顶雾凇、森之舞台等精品景点，将旅游产业作为先头产业，为后续产业的导入做基础。

3. 引入冰雪主题赛事，不断强化冰雪特色。湾甸子镇要提升冰雪小镇的吸引力和影响力，就应该多举办冰雪马拉松等冰雪特色赛事，通过这些抓人眼球的赛事，提高知名度，吸引大量游客前来观赏，从而促进小镇和当地的经济发展。

4. 大力发展教育培训，为小镇带来新的发展动力。湾甸子镇应紧扣冰雪主题发展相关教育培训业务，培训资源雄厚，运营方可以通过与抚顺市地方院校合作，探索成立滑雪专业，该专业涵盖滑雪教练培训、滑雪教学、儿童滑雪训练等内容。

5. 借助互联网来提供便捷服务。湾甸子镇应该通过建立清原县湾甸子

冰雪小镇 APP 集合小镇各方面信息，游客通过手机 APP 可以了解小镇的冰雪项目规划、发展；在滑雪场建成后，利用 APP 就可以完成订票、订餐、订酒店、车位查询等服务；另外，通过与滑雪族、滑吸、滑雪助手等 APP 合作为滑雪游客提供订票、培训预订等服务，让游客尽量降低游玩成本，便捷出行。

6. 加强配套服务建设。冰雪小镇的发展特点决定其建设的回报周期很长，体育产业本体的盈利能力弱。在以乡村振兴、脱贫攻坚为背景的政策导向下，为了打造完善的小镇基础设施、建立完整的产业生态体系、培育体育消费，就需要政府为小镇整体建设给予政策补贴。湾甸子冰雪小镇在人力资源运用上，需要大量的旅游业、体育业专业人才，抚顺市要做好人才保障工作及对当地居民就业和专业辅导工作。冰雪小镇建设需要有资源整合能力的大型综合投资企业作为产业发展服务方，因而湾甸子镇应建立统筹发展、多向互惠的合作模式，这样不仅小镇基础设施建设将有保障，而且还能孵化体育企业成长，培育多元化产业与消费生态。

7. 借助外地先进模式，促进冰雪体育消费。体育消费包括直接体育消费和间接体育消费。体育本体产业包括运动、赛事和表演。而体育延伸产业就非常广，包括体育文化、体育传媒、场馆运营及改造、体育用品、装备制造、体育培训等。体育本体盈利不见得高，但拉动效应却很巨大。体育旅游小镇以吸引外来游客为主，湾甸子具备独特地貌与风光特色，客群以附近区域消费者为主，既包括不过夜的观光旅游消费者，也包含过夜消费者。具体案例如张家口崇礼县，原是农业人口为主的贫困县，如今借助 2022 年冬奥会，已打造成了冰雪小镇。许多运营公司在这里建造起了滑雪场、滑雪道等。其中，由马来西亚云顶集团和卓越集团投资兴建，将在冬奥会期间举办赛事的密苑云顶滑雪场，总投资达 180 亿元。据媒体报道，2015－2016 年雪季，云顶乐园共接待滑雪爱好者 20 万人次，年营业额达 1 亿元，通过冰雪项目带动，促进了崇礼旅游产业大幅增长。2015 年，崇礼县接待游客共计 277 万人次，实现旅游综合收入 19.6 亿元，全年新增个体工商户和民营企业 1180 家，带动新增全日制就业 4100 多人。2015 年，崇礼第三产业入库收入占全部财政比重达到 58.87%，较 2014 年增长了 17.97%。酒店宾馆、接待床位分别达到 240 家和 17773 张，同比 2014 年分别增长了 83% 和 51.2%。由此可见，体育运动对旅游、交通、娱乐、餐饮、住宿、房地产等相关行业的消费促动作用巨大。

总之，清原县湾甸子镇要在吸收和借鉴成功的滑雪项目经验基础上，从

差异化特色与强势品牌入手寻求市场突破，并利用冰雪小镇的带动作用，实现区域内扶贫攻坚及乡村振兴的重要任务。（刘静宜）

第六节　以文化旅游产业为主导　打造大苏河文化旅游小镇

独特的文化是旅游小镇树立独特旅游形象、获得持续发展的重要因素。旅游小镇的开发建设必须注入特色的文化，以满足旅游者对文化的精神追求。清原县大苏河乡是《义勇军进行曲》母本诞生地，该乡以丰沛的水资源和红色基因为平台，将旅游观光与红色印记融为一体，让大苏河乡村旅游逐步成为清原旅游的新名片。

一、大苏河乡文化旅游的发展现状

清原县大苏河乡具有丰富的漂流资源和旅游资源。其中，国家 AAAA 级景区红河大峡谷漂流全境在大苏河乡，北方农耕文化、满族传统文化和抗联遗址红色文化等人文资源为大苏河乡的旅游产业发展提供了文化源泉。为此，大苏河乡围绕开展"全季全域旅游"这一主题，做好产业支持精准脱贫和壮大集体经济这两篇文章，着力打造了以"北方巴马、辽宁雪乡、满族民宿"为定位的旅游特色乡镇。到 2017 年年底，清原县大苏河村修复双泉寺、小苏河村的国歌母体诞生地，沙河子村的民俗村改造，狩猎小镇的规划，加上红河谷漂流等一系列的文化旅游资源均已有相关旅游发展规划。其中，大苏河乡发展了 14 家农家乐旅游山庄，并荣获了"省级特色旅游乡镇"称号。大苏河乡在 2017 年被省城建厅确定为特色小镇培育名单，申报的漂流小镇和狩猎小镇项目已经得到了批复。漂流小镇的核心区在三十道河和南天门村，占地面积为 21 平方千米，现已基本成形。狩猎小镇在杨家店村御花园组和钓鱼台村。小苏河抗联遗址红色文化及国歌素材地、诞生地历史已经过多方考证，已论证《义勇军进行曲》母本的《血盟救国军军歌》就发源于小苏河。在小苏河村北山龙王庙，以孙铭武、孙铭宸、张显铭为首的 400 多名热血青年，歃血为盟，宣誓举义，成立了以"辽东血盟救国军"为名的义勇军抗日队伍，小苏河具有独特且富有深远意义的红色文化基础。

二、大苏河文化旅游小镇的发展前景

1. 大苏河乡文旅小镇发展有政策作指引。在 2016 年，住房城乡建设部、国家发展改革委、财政部联合发布了《关于开展特色小镇培育工作的通知》（以下简称《通知》）。《通知》中明确了对我国特色小镇的建设目标：到 2020 年，培育 1000 个左右各具特色、富有活力的休闲旅游、商贸物流、现代制造、教育科技、传统文化、美丽宜居等特色小镇，引领带动全国小城镇建设，不断提高建设水平和发展质量。

2. 大苏河乡文旅小镇发展生态产业符合抚顺市产业布局。大苏河漂流小镇的建设与发展，要秉承基于生态本底，根据抚顺市发展规划，结合小镇经济发展状况和定位来建立符合小镇发展的指标体系，并分阶段实现。生态产业的核心驱动力是发展生态经济，旅游产业的核心驱动力是发展文化、旅游等服务经济，其关键在于依托生态环境，按照行业、产业标准，对大苏河进行产业筛选，并延长相关产业链，形成旅游产业体系。大苏河乡文旅小镇以大苏河、以泛旅游产业为核心产业，以文化、生态等产业服务业为重点产业，以城市综合服务业为支撑产业，以农业为辅助产业，最终形成精神文明、生态文明先行实践区的产业集群。

3. 旅游消费的转型升级让文旅小镇变为可能。文化兼蓄并包、博大精深，是连接精神情怀的根基。国家、地方、大众都对文化复兴的关注达到了前所未有的高度。文旅小镇的文化建设体现了现代人的精神世界、情感关怀。从辽宁省各市的旅游发展情况看，省内的旅游市场已走过了组团观光的时代，进入了大众旅游的时代，其主要特征是旅游消费的大众化、散户化、常态化。旅游者除了一年较少的远途旅游安排，更多的是频次较高的周边休闲游度假游。当旅游者有了更多的时间停下来体验的时候，旅游者对旅游环境、旅游产品、旅游服务的关注度就提升了，近些年各种旨在增加游客体验的旅游新业态层出不穷，因而打造旅游大消费业态组合能够形成综合吸引力。而大苏河乡文旅资源丰富，通过国歌诞生地、红河谷漂流、大苏河戏剧节、田园风光、精美的宾馆、民宿、美食等多元体验功能构成大苏河旅游市场，从而为打造独具魅力的文旅小镇奠定了坚实的基础。

三、大苏河乡打造文化旅游小镇面临的问题

1. 气候和自然条件，限制了大苏河各村文化旅游的发展。受气候所限，大苏河乡红河大峡谷漂流每年的经营期只有 100 天左右，发展旅游延伸产业成为大苏河乡旅游产业发展的关键。因此，大苏河乡要打开景区经营者的思维，让周边农民进入核心区域创业脱贫，打开行业界限，形成景区、山庄、农民、宾馆、餐饮、交通、商业等组成的红河经济圈，增加农产品的附加值，依靠游客产生的消费资源对乡村经济重构。

2. 大苏河乡各村缺乏有效的整体规划和旅游资源合作。大苏河乡各村在旅游发展规划中往往存在各自为政、缺乏协作和整体格局不足的问题。从发展经验来看，全国发展较好的文旅小镇是靠近旅游资源集聚群和城市群，受益于城市群提供的资源优势与客流依托。因此，发展文旅小镇切忌头脑发热，凭空想象。大苏河乡要依托大城市、中心城市的辐射和拉动，依托主题文旅特色和旅游资源，尽可能地发挥自身的特色，包括自然环境、生产生活方式、文化等特色，做好自己的功能定位，对文旅特色小镇的发展规模、规划方案等进行精准的判断及深入的研究，做好长远发展规划。

3. 大苏河乡当地旅游基础设施落后，相关配套缺乏。大苏河乡许多地区没有通信讯号，无法接打电话，更没有网络信号；公共交通不便捷，乡政府所在地每天只有两班客车前往抚顺市内，没有针对各村或者旅游景点的公共交通及旅游专线；旅游设施简陋，当地的住宿条件较差，没有符合标准的宾馆等设施，普通民居甚至缺少干净卫生的厕所等。

四、打造大苏河文化旅游小镇的建议

1. 对大苏河乡旅游文化资源开展有针对性的摸底、评测和规划工作。对大苏河乡有开发潜力但缺少相应控制性详细规划的景区和村进行摸底，对旅游发展潜力进行标准化评估，启动规划工作，为后续项目推进创造条件和便利。同时，应尽快进行项目整体的概念设计、初步设计工作。大苏河乡空间布局要与周边环境相协调。文旅小镇的整体风格应具有典型特征，路网合理，建设高度和密度适宜。建筑应能够彰显当地的传统文化与地域特色，土地利用应集约化。在文化定位上，要彰显北方农耕文化、满族传统文化和抗联遗址红色文化等特色，应提供让每一个前来的客人都能有区别于其他地区

的文化体验和感受。完善小镇空间布局,建设完善的旅游配套设施,建设文化主题、建筑主题、民俗主题等不同风格的民宿,将眼光着眼于世界性资源,目标定位于中国乃至全世界精品民宿项目,让这座大苏河乡在新与旧的碰撞中,再次焕发沉淀千年的活力与朝气,下阶段要着眼于将其打造成北方区域甚至全国富有影响力的文化旅游目的地。

2. 构建文旅小镇发展链条,提升旅游经济回报率。文旅小镇集纳吃住行游购娱在内的多种多样的旅游元素,构建旅游发展链条。此外,大苏河乡通过发展民宿、表演、农家体验等延长旅游时间,增加过夜客流,使旅游经济很容易向餐饮、购物等环节延伸。大苏河乡应配套相关的休闲健康产业、民艺文创产业、体育户外产业、儿童游乐产业等产业业态,丰富小镇的服务内容,完善小镇的基础设施,提升小镇的体验度。

3. 产业跨界融合发展,以文旅资源整合为契机带动乡村振兴。与国内知名特色小镇相比,大苏河乡最大差距是特色不足、特色不深,因而需加大项目创意,从满足消费需求出发,设计农业跨界项目,形成小镇规划主线。大苏河乡要结合本地优势,进行第一、第二、第三产业融合,从"生态"上做文章,在跨界融合中寻找项目灵感。跨界融合可从以下方向上进行设计:产品创意类,如用林下山野菜、药材等制作养生餐、生态餐、药膳等;服务体验类,如许多现代农庄开展的农事体验,采摘、采药、学药等特色体验;空间互动类,如以艺术创作、生态论坛、保健养生为主题的乡村交流茶座等。

4. 打造"生态旅游群"。大苏河乡应该依托的是原始的森林、峡谷、高密度的负氧离子、自然水域河流、浑然天成的自然佛像群,形成景区独有的自然生态文化、自然佛文化,由此衍生出春天的绿叶、夏天的绿荫、秋天的红叶、冬天的冰雪等季节性自然生态产品;以游客参与为特点的产品形成"快乐发源地"的体验,包括主打第四代漂流产品,在此基础上延伸的露营帐篷、全地形越野车、赛车场、溜索、绿色餐饮、野外烧烤、地产农副产品,配套的住宿、会议服务、多功能娱乐,最终形成五大差异化产品来满足不同游客需求,吸引消费资源。红河大峡谷漂流这种对生态资源的开发利用,丰富了产品内涵、延长了经营季、扩大了客源市场,其产业作用也从一季可以扩展到四季,为清原实现"大众创业万众创新""打赢扶贫攻坚战"战略创造雄厚的基础条件,让"绿水青山源源不断带来金山银山"变为现实。(刘静宜)

第七节 以香瓜、香菇产业为主导
打造苇子峪"两香"小镇

苇子峪镇地处新宾县南部，区域面积 405 平方千米，耕地 3.4 万亩，森林覆盖率 85%；辖区内有 9 个行政村，25 个村民小组，全镇 4217 户，总人口 15229 人。全镇超过 1500 人在从事"两香"（香瓜、香菇）产业。在抚顺市大力推行特色农业的今天，苇子峪镇发展香瓜、香菇产业不仅能提高居民收入水平，也能促进全镇农业经济的可持续发展。

一、苇子峪镇"两香"产业发展概况

1. "两香"产业成为全镇居民增收的主导产业。近年来，新宾县苇子峪镇不断加快土地流转工作，完善产业布局，通过"公司＋合作社＋农户"的模式，推动了"两香"等特色产业发展。截至 2017 年，苇子峪镇香瓜种植面积 1320 亩、香菇 1500 亩，实现年产值 2850 万元，带动了全镇近 1/10 的人口就业，实现了年人均增收 2000 元以上。

2. "两香"品牌初见成效。苇子峪镇自然资源丰富，全镇依托自然生态资源优势，以培育特色农业新型经营主体、壮大特色农业基地、发展品牌农业为重点，成立专业合作社、家庭农场、农业公司等经营单位 60 余家，其中有香瓜、香菇特色园区 13 处，单片面积 300 亩特色园区有 3 处。2016年、2017 年，苇子峪镇已经举办两届苇子峪镇香瓜文化节，有效地推进了香瓜产业的快速发展，大堡香瓜、杉松香菇已经成为抚顺市知名的特色农产品。

3. "两香"产业规划逐步完善。为发挥苇子峪镇"两香"产业应有的价值，镇政府先后举办了"两香"产业推进会及各种形式的农业招商洽谈会等，已与多家农业合作社签订了合作协议，为"两香"产业发展搭建好了平台。同时，苇子峪镇围绕"两香小镇"的发展目标，立足实际、因地制宜、围绕特色、发挥优势，逐步规范了产业发展规划。苇子峪镇制订产业规划，吸引社会资本投入，不仅提升了"两香"产业的发展水平，还带动了苇子峪镇土地流转的价格，土地流转的价格从 2012 年的 200～300 元/亩，提升到了 2017 年的 700～800 元/亩，5 年间土地流转价格翻了三倍多。与此同时，苇子峪镇政府还成立了"一村一品"发展规划领导小组，狠抓香瓜、香菇产业发展，重点抓好地理标识认证工作，苇子峪香菇、香瓜等被列入了"新宾县放心农产品标识"。此外，苇子峪镇政府还多次聘请抚顺市农科院专家和农业技术员为全镇"两香"产业从业人员进行培训。通过培训，"两香"产品的质量有了保证，农民收入也得到了相应的提高。

二、苇子峪镇"两香"产业的发展优势

1. 土地、水资源无污染。苇子峪镇位于新宾满族自治县南部，地势由东北向西南候斜，全年无霜期达 128 天，平均降雨量为 780 毫米。太子河贯穿全镇，地表水资源丰富。全镇环境优美，生态资源丰富，地区土壤、水质、大气都能满足优质香瓜、香菇的生产需求。此外，苇子峪镇周边的地区，各项农事生产也很少使用化肥，只要进行合理的组织和规划，这些区域就都可以成为"两香"产业的生产基地。

2. 劳动力资源充足。苇子峪镇相比全市其他乡镇而言，劳动力流失情况几乎没有，年轻的富余劳动力较多，这就为"两香"产业提供了人口红利的优势。苇子峪镇充分利用劳动力资源，一方面可以降低"两香"产业的生产成本，使"两香"产业具备较强的市场竞争力，另一方面又可以解决农闲时候务工难的问题。

3. 绿色产品获多家政策支持。2016 年，中国农业部推出了绿色食品工程，要求建立一整套绿色食品标准体系，香菇、香瓜等 160 多个产品位列其中。可以说，发展绿色食品是特色农产品的趋势。新宾县积极响应国家号召，制定了绿色香菇、香瓜等产品的认证标准。认证标准的制定不仅提高了人们的食品安全意识，也为"两香"产业发展提供了保障。目前，苇子峪镇生产的多个品种的香瓜、香菇产品已获得绿色产品认证。

4. 产品被市场认可。苇子峪镇大堡村"灯笼翠"香瓜已有几十年的历史，素有"大堡香瓜香飘万里"的美名，"灯笼脆"香瓜市场售价市斤 10～12 元，且产品供不应求。2017 年，大堡村争取到了辽宁省财政厅试点村的 200 万元扶持资金，在原有 20 座标准大棚的基础上，又新建了 10 座标准化香瓜大棚，使香瓜产量得到进一步提升。在香菇销售方面，苇子峪镇香菇每市斤香菇市场销售价仍稳定在 5～7 元之间，是平菇、杏鲍菇价格的 1.5～2 倍。随着培植规模的逐年扩大，每年到镇子里来采购香菇的卡车也是络绎

不绝。

三、打造"两香"小镇面临的主要问题

1. 存在同质化竞争问题。抚顺市的特色小镇多以第一产业为主，在此基础上进行的产业特色化打造，这很容易造成特色小镇之间的同质化竞争问题，比如抚顺县碾盘乡也在打造"香瓜小镇"。同质产业势必会加剧区域内特色小镇之间的市场竞争，阻碍特色小镇的健康成长，从而制约产业的可持续发展。

2. "两香"产业实力不够强大。苇子峪镇"两香"产业是非常好的产业，但产品是"养在闺中无人识"，处于远离城市中心的偏远农村地区。同时，苇子峪镇"两香"产业以农户家庭生产经营为主，合作经济组织化程度低，产量不大，市场竞争力弱，产品供应不稳定。从利润的角度来看，合作组织化程度低在一定程度上减少了农民的收入，挫伤了瓜农生产积极性，进而影响到"两香"产业的健康发展。

3. 产业基地基础设施差。公路不完善，如前堡村通往外界的只有一条沙石路，路面狭窄崎岖不平，瓜农卖瓜运输困难，损耗大。据调查，每年该村生产的香瓜 1/15 因挤压烂掉造成经济损失，全镇每年因道路通行困难造成瓜农直接经济损失高达 10 万元以上。此外，苇子峪镇长期存在电力供应严重不足的问题，许多村民用的电力设施来自临近乡镇，由于受行政区划的影响，农民生产用电受到严重约束。

4. 产业政策扶持资金少。新宾县财政每年只有少量的种苗补贴，再无其他产业的惠农资金。农民扩大生产规模，引进新品种、新技术，由于资金问题举步维艰，信用贷款更是难上加难，大多数农民靠高利息贷款开展项目，有些家庭一年的收入还不够偿还高利贷，这严重制约了"两香"产业的健康发展。

5. 生产技术服务水平低。由于产业技术服务体系不健全，社会化服务程度低，"两香"产业技术指导服务人员严重缺乏。20 世纪 90 年代建立的农业技术服务体系，已呈现线断、人散的尴尬局面，不少技术员已离开岗位。因为接受不到新技术的培训，在"两香"产品栽培过程中，整地、种子消毒、播种、施肥、灌水、病虫害防控等环节还存在较多问题。

6. "两香"产业与旅游业融合不足。苇子峪镇在发展"两香"产业时，没有将镇内的自然环境、历史人文、旅游资源融入产业发展之中。唯一的旅

游方式就是借助水果采摘实现旅游消费，但这种方式并未进行深入开展，镇内没有特色旅游项目和产品，对游客的吸引力不足，采摘完的游客没有二次消费的场所，这在激烈的旅游市场竞争中处于不利地位。

四、打造"两香"小镇的建议

1. 完善基础设施。完善的基础设施是打造苇子峪"两香"小镇的第一要务和必要前提。一是要完善交通网络。苇子峪镇在打造特色小镇的过程中应推行"大交通"规划理念，避免出现"特色孤岛"的现象。苇子峪镇应与相邻乡镇之间的点连成线，继而形成区域内的交通网络，促进与其他城市之间的交往，这不仅能够完善苇子峪镇的交通网络，还能够增强苇子峪镇作为旅游目的地的可进入性，从而提升当地的自然及社会环境质量，促进当地旅游业的可持续发展。二是要改善餐饮住宿。苇子峪镇现有的旅游接待设施大多为小餐馆、小旅馆，提供餐饮住宿产品的质量、卫生等都很难达到标准，这大大降低了顾客的满意度。因此，苇子峪镇亟须改善餐饮住宿条件，增加民族民俗风情等方面特色，提高当地居民的参与度，从而实现"两香"产业与旅游产业的高度融合。

2. 提升市场占有率。推进"两香"产业发展。苇子峪镇生产香瓜已有数百年的历史，至今很多香瓜品种一直沿用传统的种植方式；而香菇产业也是全县发展起步最早的区域。苇子峪镇创建"两香"产业特色小镇，要在保护传承传统"两香"产业基础上有所创新和发展。提高"两香"的销售额。建议成立"两香"产品研发中心，研究并开发一批适应不同消费需求的新产品，推进"两香"产品多样化发展。同时，打造"两香"产业园区，将周边有实力的企业引入产业园区内。"两香"产业要积极运用"互联网＋"等手段，加强市场营销模式创新，做强和培育更多的外贸市场，提升"两香"产业在同行业中的品牌地位。

3. 增加文化创意。苇子峪"两香"小镇的打造可借鉴先驱者们的成功经验，在特色小镇的打造中融入科技、文化、创意元素，使文化创意成为区别于其他特色小镇的标志性符号，成为特色小镇未来发展的灵魂。在大众创业、万众创新的大背景下，特色小镇之间的竞争实际上就是文化创意的竞争，也是最高层次的竞争。苇子峪镇要将文化创意转化为现实的生产力，通过富有文化内涵和新颖的创意，提高游客的感知度、兴趣度、参与度和好感度。（刘士全）

第八节　以烟草产业为主导　打造敖家堡烟草小镇

敖家堡乡地处清原县西南部，距县城 33 千米，东邻大苏河乡，南与新宾县永陵镇接壤，北和南口前镇相邻，区位优势并不明显，是一个中小规模的山区乡镇，区域总面积 171.7 平方千米，其中森林面积 12 万亩，在册耕地面积 18950 亩，人口 1.5 万人。截至 2017 年，全乡约有 1/3 的耕地用于种植烟草，烟草产业的快速发展有效保障了当地农民的收入。

一、敖家堡乡烟草产业的发展现状

敖家堡乡烟叶种植始于 20 世纪 90 年代初期，从当时村民抗拒种植烟草，到如今烟草遍地种植，烟草经济已成为当地经济发展的重要组成部分。敖家堡乡党委、政府高度重视和大力支持烟草产业发展，并制定了一系列产业发展政策来促进烟草产业发展。

近年来，敖家堡乡结合农村产业结构调整，乡政府出台了多项优惠政策，激励广大干部群众参与发展特色农业，已形成了以烟草为主导的特色农业。2017 年，全乡烟草种植面积 5500 亩，占全乡耕地面积的近 1/3，年产烟叶 1000 吨，创造产值 1800 万元，纯利润 1600 万元（主要集中在马家沟村、大莱河村、台沟村、小莱河村、于家堡村和敖家堡村。其余各村也均有种植），烟草产值占全镇总收入的 12.8%，从业户数占总户数的 35%。马家沟村、大莱河村、台沟村是以前的烟草专业村，种植面积占全乡烟草总面积的 60%，从业户数占专业村总户的 70%，经济收入占专业村人均收入的 50%，亩均净收入 2000～3000 元。烟草产业已在当地成为支柱产业，烟草产业对全乡的农业增效、农村发展、农民增收起到了无可替代的作用，同时也是当地贫困人口脱贫致富的重要项目。

从乡村振兴大背景来看，相比于辽宁省其他地区，清原县敖家堡乡烟草产业起步较晚，但到 2017 年为止，全乡烟草种植面积已经超过玉米、水稻等传统粮食作物的种植面积。而且，抚顺市烟草管理局在敖家堡乡设立了一个烟草管理站，传播烟草种植技术，并负责按照与烟农协定的合同定期收购烟草。

二、敖家堡乡打造烟草小镇的优势

1. 自然资源优势。敖家堡乡的土壤性状呈酸性，理化性质好，敖家堡乡是种植烤烟的适宜区。敖家堡乡气候温和，光照充足，热量丰富，雨水充沛，无霜期长，具备优质烟草生产的自然条件。

2. 政策优势。在全面实施乡村振兴战略的大背景下，敖家堡乡良好的地方政策能够有效促进农业产业化发展，实现产业水平的全面提升。近年来，敖家堡乡出台了一系列优惠政策，加强了烟草种植的农户扶持力度，扩大了烟草种植规模，增加了产业发展资金投入，为敖家堡乡烟草生产营造了良好的政策环境。

3. 土地规模优势。从 21 世纪初到 2017 年，敖家堡乡农村劳动力出现长期外流现象。劳动力外流给敖家堡乡烟草种植带来了一定影响，但这对烟草规模化种植带来了很多益处，农村劳动力转移腾出了大片耕地，为烟草种植的土地流转、机械化耕种提供了可能。

4. 基础设施的优势。敖家堡乡烟草产业逐渐形成规模，全乡烟草生产设施也得到了很好的完善，如蓄水、供水设施，烘烤设备设施，仓储设施，机械器材设施等。这些设施有效地改善了烟草生产设施落后的状况，并在防灾减灾中发挥了巨大的作用，为烟草生产实现规模化种植创造了硬件条件。

5. 科学技术优势。作为敖家堡乡的重点发展产业，烟草公司在科技培训上也做了很大的调整。乡烟草站发动各村党员干部进行村培植员培训，以行政村为点，以烟草站、村培植员为线，以烟草产业为面，点线面相结合，全面提高了农村烟草产业的科学技术水平。

6. 收益优势。烟站在收购烟叶时，大体分为 8 个等级，每个品色的烟草价格差异较大。敖家堡乡种植的烟草质量属上乘，每年的烟草价格都有 10％～20％的涨幅。仅此一项，每年就能为烟农增收近千元的利润。

7. 烟草补贴。抚顺市烟草管理部门为了调动烟农生产的积极性，每年拿出 30 万元，主动在农资环节和烤烟设备等领域进行生产性补贴。其补贴包括几大类：购买生产设备的现金补贴，依据烟草种植的各个环节对各类农资进行价格补贴，对烟农完成合同（提升烟草品质）进行相关奖励。

三、敖家堡乡打造烟草小镇面临的问题

1. 县级领导对烟草种植不够重视。优质烟叶生产、优化烟叶种植结构，光靠烟草公司和乡镇烟草管理站的力量是不够的。因为县级领导对烟草产业不够重视，将大量精力放在招商引资、发展中药材等优势产业上来，对烟草产业的重视程度明显低于其他产业。同时，由于上级部门对于发展优质烟叶、优化烟叶结构的意义和认识力度不够，因而导致贯彻上级优质烟叶的方针政策脱了链条。

2. 烟叶种植比较效益下降，挫伤了农户的积极性。我国经济正在持续快速发展，但也不可否认，我国 CPI 波动比较大，物价也在持续上涨。尽管烟草的收购价格也持续增长，但远没有赶上化肥、地膜等价格上涨幅度。受这些因素的影响，与以前相比，农户种植烟叶成本上升，烘烤烟叶的成本也增加了，再加上劳动强度大，导致了农户的生产烟草的效益下降。

3. 落后的科技文化制约性较强。敖家堡乡种植烟草的农民普遍年龄偏大、文化程度较低，传统种植观念根深蒂固，他们对烟草种植过程中科学施肥、科学防病、科学治虫、科学采摘、标准分级扎把等系列新技术难以掌握，对科学种植烟草需要一个相当漫长的过程。同时，烟草管理站职能较多，但人员很少，在全乡种植烟草规模逐年增大的情况下，他们在烟叶育苗、假植、定植、防病、治虫、采摘、分级扎把等各个技术环节上常常出现首尾不能相顾的现象，这就使得技术员疲于奔命。加之烟草种植技术员长年工作在农村，付出与收入不成比例，导致他们的主动性和积极性逐年下降。

4. 烟叶种植分散。由于农户分散种植烟叶，处于小农生活状态。烟叶的育苗、移栽、管理、采收、晒制等各道制作工序，也都分散在一家一户，烟草产业的集约化、规模化和专业化程度低，这既增加了劳动强度和人财物力的投入，又使得烟农技术水平和管理水平参差不齐。因此，烟叶质量好坏不一，整体经济效益不高。

四、敖家堡乡打造烟草小镇的建议

1. 支持烟草种植产业化、规模化发展。敖家堡乡山多地少，在绿色发展保护生态的前提下，传统小农经济已经不适应社会的发展。因此，在保证土地所有权的情况下，敖家堡乡应将土地进行流转，通过规模化经营的方式

提高烟草产业效益。虽然土地流转存在法制不健全等问题，但不可否认的是其在优化资源配置、调整产业结构方面具有的优势作用，在完善法律体系、保证农民利益的前提下建议将土地进行流转，这可以将资金、技术引向农村，使农业更好地与市场适应。此外，敖家堡乡还应围绕规模化种植、集约化经营的专业化分工、信息化管理的要求，开展实用技术培训，培养合格的新型职业的烟农。

2. 保证烟草种植的科学、可持续发展。敖家堡乡一方面要注重保护生态环境，选择适宜地区种植烟草，维持轮耕制度，推行秸秆还田、土地深耕等措施，保持土壤肥力，同时进行科学布局，划区生产；另一方面，还注重提高烟农的收入，让更多的劳动力能够留在乡村发展产业。

3. 加强对产业链条的监督。敖家堡乡的烟草种植业是一条包括了农民、合作社、政府的产业链条，这个链条的存在避免了市场供求信息、价格信息、质量信息等的不对称性，保证了农民的利益。所以，农民应提高监督意识和能力，并且产业链条的各主体之间也要形成相互制约的关系，以维持产业链条的正规化发展，从而发挥其积极作用，避免消极后果。

4. 抓好基础设施建设，夯实烟叶发展硬件。政府部门应该增加以"烟水""烟路""烟房"为主的基础设施长期投入。敖家堡乡政府要实行以奖代补和以奖代投。烟草行业要切实加大晾房、烟水池、商品堰塘等基础设施投入。熬家堡乡要进一步集聚水利、农业、交通等部门力量，尽快制定烟叶发展基础设施建设和投入规划，大力实施以"塘、库、堰"改造为主的"烟水工程"，加快实施以美式晾房、钢管晾房为主的"烟房"建设，积极争取上级烟草部门对烟草种植项目的投资建设项目，从而满足生产需要，夯实烟叶生产发展硬件设施建设。

5. 抓好烟草技术队伍建设，提供技术支撑。乡政府管理部门要通过引进专业烟技人才，改善烟技队伍结构；要通过提高现有烟技人员待遇，改善工作条件来稳固烟技队伍；要定期对烟技人员进行技术培训，来更新种烟生产技术；要增加村居两委干部和较具有代表性的烟农的技术培训，促使其尽快掌握种烟生产实用技术；要通过新技术推广，降低劳动力投入；要大力推广"漂浮式育苗"等经过生产实践能降低劳动力投入的先进实用技术；要大力推广良种、土地改良等为主的新技术，广泛推广"间套种植""绿色还田"等生产技术，提升烟草品质和产量；要通过新技术的引进和推广使用来改变轮换种植问题，从而全面升级烟叶生产技术。

总之，敖家堡乡发展烟草产业，打造烟草小镇是烟农与管理者相互适应的过程。但是在这个过程中，要真正做到使各方受益，产业的规模化、技术化、可持续发展是必经之路。因为只有这样，才能让烟草产业为农村、农民做出更大的贡献。（刘士全）

第九节　以电子商务产业为主导　打造
清原电子商务小镇

电子商务作为一种新型商业形态，是乡镇优质资源、特色产品、优势产业迈向大市场的便捷途径，对促进产业融合发展，推动产业结构调整升级具有十分重要的作用。在《国务院办公厅关于进一步加快电子商务发展的若干意见》出台后，清原县高度重视电子商务发展，通过引进知名电商、品牌企业，引入先进的经营模式、管理经验和营销策略，带动电商企业发展，有效提升了电子商务整体发展水平。2017 年 7 月，清原县电商小镇正式投入运营，这标志着清原县电子商务进农村工作又掀开了新的篇章。

一、清原电子商务的发展概况

近年来，清原县将电子商务作为培育经济新动力的重要内容和推进城市转型、结构调整和发展新兴产业的重要内容，已取得了长足进展。

1. 建成全国电子商务示范县。2015 年 7 月，清原县被商务部确定为第二批全国电子商务进农村综合示范县，是辽宁省八个示范县之一，并得到了辽宁省政府用于电子商务进农村相关工作的开展的下拨专项资金 1850 万元。通过资金投入的落到实处，清原县电子商务进农村工作取得了显著成效。到 2017 年，全县各类电商经营网点超过 320 家，农村电商从业人达 1500 人，累计培训电商人员达 24000 余人次，电子商务交易额约 2.6 亿元，其中网络零售额约 2.4 亿元。同时，清原县利用"互联网＋"的方式带动和促进了全域旅游发展，提升了农产品生产经营水平，推动了电子商务进农村示范县创建工作深入开展。

2. 建成电子商务公共服务中心。清原县电子商务公共服务中心建筑面积 1500 平方米，集展示体验、电商营运、培训孵化、双创基地等多项功能于一体的清原县电子商务公共服务中心于 2017 年正式营运。一期工程建设了 100 个村级电商服务网点，为清原县内 24 家企业在沃易售平台开设了网点，上线了产品 132 种，其中比较知名的电商有野生猕猴桃、清原镇开心果园、拉法文旅农业等互联网创新创业项目。

3. 清原电商小镇基本建成。2016 年，总面积 5800 平方米的抚顺市首家县域电商产业园区暨清原电商小镇正式上线运营。电商小镇引进了阿里农村淘宝、新益农、邮掌柜、沃易售、福农商等电商科技企业入驻。其中，阿里巴巴集团农村淘宝项目一期 30 个村级服务站已投入使用；沈阳新益农投资建设的"清原县特色馆"和 199 个村级益农服务社，销售额达 3960 余万元；邮掌柜设置服务站 175 处，网店 30 个，安排邮助手 112 名，已实现商品销售总额 3659 万元。

4. 构建"村村通"物流平台。为破解农村物流"最后一公里"难题，在协调多家物流公司延伸配送服务的同时，清原县新建了阿里巴巴菜鸟物流，"村屯通"公共物流仓储中心将全县需要派送至镇村的快件统一进行派送，县政府按照公里数进行物流补贴。截至 2017 年，共有 12 家快递企业在清原县设立营运机构，"四通一达"等终端配送已达 14 个乡镇所在地。其中，京东清原县服务中心设置综合商店合作、超市合作、京东小店、家电类合作、电信合作等网店 25 个。京东乡村推广员 149 人，基本实现了当日购物当日送达的目标。

5. 编制纲领性文件。为贯彻落实《国务院办公厅关于进一步加快电子商务发展的若干意见》《辽宁省人民政府关于大力发展电子商务加快培育经济新动力的实施意见》等文件精神，清原县结合县城实际，出台了《清原县发展电子商务的实施意见》，该实施意见作为清原县电子商务工作的纲领性文件，对清原县电子商务发展方向、发展模式具有重要的指导意义。

二、清原发展电子商务的重要举措

1. 以特色农业为基础发展电商产业。清原县作为抚顺市的农业大县，中药材等特色农产品在种植数量和产量上已初具规模，发展电子商务有很大的潜力和优势。2017 年，清原县依托乡村的资源优势，加快农业产业结构调整步伐，大力发展了优势特色产业，构建了区域"一米五业"种养新格局，有效推进了农业供给侧结构性改革。清原县优质米种植面积保持在 19.65 万亩，新增食用菌 1800 万段，中药材、山野菜和精品花卉生产面积分别稳定在 94.05 万亩、23.05 万亩和 3608 亩，培育形成了以清原镇为主的中药材专业交易市场。面对这样优秀的资源，清原县通过发展电子商务，运用电子商务这个平台挖掘产品的特色卖点，进行专业化的品牌化包装，引导特色企业走规模化道路，让经营者和农户更快地掌握市场行情和信息，真正让清原县特色农产品实现网销全国的局面，使经营者和农户获得更大的经济效益，促进农民增收，带动产业升级发展。

2. 通过电子商务平台发展特色旅游业。清原县充分挖掘具有民族地方特色的旅游资源，通过"互联网＋旅游"电子商务模式推销本土旅游产品，把清原县各种资源推销到全省全国，让更多的人到清原县旅游度假，从而带动本地旅游业、服务业的发展。一是打造"互联网＋现代农业"新风景。清原县坚持以涉农企业、专业合作社、家庭农场、种养大户为基础，全面推进产业基地电商化建设，着力在生产、加工、营销等方面植入电子商务要素；充分利用国家电子商务发展资金支持政策，引导企业和其他社会资金投入，加快推进农产品"三品一标"进程，为农产品上行提供品质保障和网货资源。全县"三品"有效使用标识认证主体已达 41 家，品种 50 个，面积53.9 万亩。清原县发展智慧农业，推进现代信息技术应用于农业生产、经营、管理和服务。二是创造"电商＋智慧旅游"新平台。清原县加快"清原县旅游馆"电商平台建设，大力推介红河峡谷漂流、筐子沟风景区、拉法亲子主题庄园、冈山花海、浑河源湿地公园、金山石佛、农家乐等旅游品牌；打造全方位智慧旅游体验平台，提供全县吃、住、行、游、购、娱等信息为一体的"一机在手、玩转清原"的智慧旅游服务；实施"智慧旅游"乡村建设工程，深入挖掘清原县民俗农耕文化、满族文化、抗联红色文化，建设农家乐、乡村采摘、农事体验、户外运动等美丽乡村电子商务体验中心。据统计，2017 年"双节"长假期间，清原县筐子沟、玉龙溪、沙河子、南天门、金山石佛、岗山花海、浑河源头等各大旅游景区，以及红河漂流景区新开发的秋季红河谷自驾游线路，累计接待游客 21 万人次，较同期增加了 37％，旅游收入实现 5200 万元，较同期增加了 28％。

3. 创新发展扶贫模式，丰富"智富"的新内涵。清原县开启"电子商务＋精准扶贫"新模式。清原县积极整合阿里村淘、邮政、新益农、沃易售、福农宝等电商平台资源，通过开展电商业务培训、完善服务功能、政策扶持等措施，将网点经营者培养成农村电商扶贫带头人。其中，"福农荟"平台爱心会员注册量已突破 500 人，已成立爱心志愿者扶贫微信群 3 个，并对清原镇、北三家乡、夏家堡、南山城镇四个乡镇 150 个贫困户进行了入户调查，帮助销售贫困户家庭自产大白菜、土豆、南瓜、花生、蜂蜜、桔梗等农产品近 30 吨。益农网电商平台孵化龙头企业清原永兴米业已同水稻种植专业合作社签订了销售清原大米合同，已销售清原大米 110 吨，实现销售额达 376 万元。合作社社员 30 户，其中 5 户为贫困户。

三、清原县打造电商小镇面临的主要问题

1. 发展层次还较低。清原县缺乏龙头企业带动，本地电商企业规模较小，没有品牌优势，竞争力弱，发展思路还不够明晰，在挂靠淘宝、京东等大平台还是发展本地特色平台，外包电子商务服务还是建立本地电商人才队伍，发展本地特色产品外销还是建立物流集散中心等方面尚未形成共识形成合力。

2. 资源整合程度较低。清原县电商销售商品品种单一，销量不足，附加值低，品牌不强，经济效益不明显，农产品质量生产标准体系及可追溯平台尚未建立，好的产品没有适合宣传的亮点。

3. 电子商务人才缺乏。由于受传统生产方式的影响，一些人思想观念依然保守落后，对电子商务知识缺乏了解，加之懂得网络销售操作技能的人员以青年人为主，还没有形成全民网络创业的大环境。特别是人才的培养体系不健全，缺乏足够的吸引力，在产品设计、营销策划和售后服务等方面能力经验缺乏，这些都影响了电商发展。

4. 存储体系不健全。清原县快递行业起步较晚，规模小，发展基础薄弱，快递支撑电商发展能力不足、积极性不高。冷链物流体系不健全，农特产品从生产加工、储存运输，到消费者的各个环节还存在严重的冷链缺口，这严重限制了果蔬鱼肉等生鲜农产品电子商务发展需要。清原县电子商务物流配送主要依赖于邮政、京东、顺丰、圆通、韵达、中通和申通等几家大的快递经营企业，除邮政外，本地区其他快递企业经营规模普遍偏小，投递区域范围狭窄。除邮政快递外，其他快递投送主要集中在一些人口相对集中的乡镇政府所在地，全县农村地区电子商品的投送难于实现快递上门服务。物流体系的不完善大大阻碍了"互联网＋农产品"电子商务的发展。

5. 基础设施薄弱。电子商务平台是一个涉及多部门、多领域的系统性工程，需要投入一定的人力、物力和财力来维持正常运转。这主要表现在：网络带宽狭窄，接入速率较低，网络运行质量差，电信费用高，特别是全县农村地区接入互联网速率不稳定，移动互联网信号差。

6. 电商小镇入驻电商企业少，流失企业多。清原县电商小镇在建设过

程中还面临资金不足、政府扶持力度不够等问题，但最大的困难还是入驻团队不足和团队入驻之后又流失。目前，清原县电商小镇入驻企业不足 60%。电商产业园的主要经济收入由于来自入驻团队租金，没有团队入驻或者团队入住率过低会严重影响产业园营业收入。而即便入驻的团队，如果没达到理想效果，在入住后不久也会选择搬到其他创业园区。对于这种流失，园区为吸引入驻企业通常会提供减免租金、提供服务等优惠条件。入驻企业在优惠条件的扶持下健康成长，在可以回报产业园时却又选择了离开，这使得产业园陷入了补贴——流失——更大力度的补贴——继续流失的尴尬循环。

四、加强清原电子商务小镇建设的建议

1. 依托电商产业园区，打造电商小镇。清原县要按照县域五大特色产业带建设规划，提倡"一村一品"，发展农村特色产业，以涉农企业、专业合作社、家庭农场、种养大户为基础，在生产、加工、营销等方面全面接入电子商务实现要素，推进产业基地电商化建设，以及在特色农产品监测检验、溯源体系建设、分拣包装、冷链技术、品牌营销等方面，充分利用国家电子商务发展资金支持政策，引导企业和其他社会资金投入，加快推进农产品"三品一标"进程，为农产品上行提供品质保障和网货资源。

2. 强化全国电商示范县建设效果。清原县要根据中央和省市关于发展电子商务的文件精神，逐步完善全县支持发展电子商务的政策体系，借助电子商务进农村综合示范县创建机遇，支持全县各行业和自主创业人士利用"互联网＋"新优势，拓展营销渠道，减少流通环节，提高生产效率，以此使清原县成为名副其实的电子商务示范县、先进县。同时，清原县应整合相关部门发展电子商务的扶持资金，形成合力，统筹使用，为全县电子商务发展提供更多的政策与资金支持。

3. 完善电商扶贫模式，促进贫困户增收致富。清原县要充分利用辽宁省金融创新示范县、辽宁省电子商务进农村综合示范县的有利契机，通过整合金融业务和电子商务资源，在乡村营业网点布设、资源投放、软件互通共享、创业扶持等方面，将金融工作同电商工作有机结合，同步发展，互为促进。同时，清原县还要以电商工作助力精准扶贫，在互联网时代创新扶贫方式，帮助扶贫对象开网店、卖山货，帮助其搭上电商快车来开掘富源，引导扶贫对象走上农村电商快速发展经济的道路，最终实现脱贫致富。

4. 强化电商小镇的基础设施建设。一是强化电商基础服务建设，要不

断修改完善电商发展规划，使其符合经济发展规律、市场法则和自身发展趋势，处理好电商与实体经济的关系，实现融合互促发展，科学布局电商园区，做到区域间错位互补发展，防止同质化恶性竞争；要加强信息化建设，以县城信息化广泛应用和农村信息化深度覆盖为重点，抓好"智慧城市""宽带中国"试点争取工作，着力解决"最后一公里"问题；要完善物流快递配送体系，引进培育物流快递企业，完善农村电子商务综合服务平台和电商物流配送体系，引导全市快递企业入驻物流园区，联合打造区域性商贸物流中心和地区性小商品集散基地。二是强化特色产品打造。清原县要坚持电子商务与特色产业融合发展，促进产业结构调整升级；要实施电子商务进企业工程，通过提高企业触网率，培育两化融合企业，建设智慧园区，逐步提高企业和园区的信息化水平；应大力发展"互联网＋现代农业"，建设具有抚顺市特色的绿色有机农业电子商务产业生态圈；此外，还打造智慧旅游产业，用电子商务整合旅游全链条，方便游客，方便业主，把旅游业打造成抚顺市新的经济增长点，带动相关产业同步发展。三是加强电商人才培育。清原县应依托本地职业技术学校资源，大力开展适用型电商人才培养，可通过外包专业电商培训服务，引进淘宝、京东培训班等知名平台培训体系的方式，面向城乡青年、大学生村干部群体开展网店运营实战培训；应建立电商培育孵化基地，整合"大众创业、万众创新"发展资源，构建电商孵化服务支撑体系，通过理论教授、实战演练、政策扶持等方式，为清原电商小镇发展孵化培育更多的创新型、创业型、适用型人才。四是加强市场监管。清原县应建立符合电商市场特点的协作监管机制，第三方交易平台和网店经营所在地市场监管部门要分工合作，协同管理；要运用现代科技手段，提高监管效率，通过工商网络交易监管平台，运用大数据分析、在线举报、二维码溯源等手段，加大网络交易违法行为查处力度。（刘士全）

第十节　以"IT＋BT"产业为主导
打造"IT＋BT"科创小镇

　　强化基础研究，实现前瞻性基础研究、引领性原创成果重大突破，是党的十九大做出的重大决策部署，是建设创新型国家的重要手段。抚顺市委、市政府深入贯彻党的十九大精神，抓住《国务院关于全面加强基础科学研究的若干意见》和《辽宁省人民政府关于全面加强基础科学研究的实施意见》带来的历史性机遇，并结合抚顺市实际，提出了"IT＋BT"产业创新发展决策。该决策提出，要重点打造"IT＋BT"科创小镇研发基地的目标，从而全面推进"IT＋BT"产业向纵深发展。

那么"IT＋BT"产业是什么？"IT＋BT"产业是站位全球化、全国化、区域化，以5G技术为引领，以"IT＋BT"为支撑，以中医药产业为切入点和落脚点，全力打造的智慧健康产业。IT，即信息科技和产业。IT业划分为IT生产业和IT使用业。IT生产业包括计算机硬件业、通信设备业、软件、计算机及通信服务业。BT，即生物技术，指的是人们以现代生命科学为基础，结合其他基础科学的科学原理，采用先进的科学技术手段，按照预先的设计改造生物体或加工生物原料，为人类生产出所需产品或达到某种目的。5G技术，即第五代移动电话行动通信标准，也称第五代移动通信技术。G指的是Generation，也就是"代"的意思。5G网络不仅传输速率更高，而且在传输中呈现出低时延、高可靠、低功耗的特点。低功耗能更好地支持未来的万物互联。抚顺市作为一个以能源原材料加工为主的老工业基地和煤炭资源枯竭相叠加的特殊城市，经济结构单一、传统产业比重过大，缺乏可持续发展能力，这些都已成为制约抚顺市转型振兴的瓶颈。因此，抚顺市转型只有通过增强基础创新能力，不断提高科技创新能力，培育新兴支持产业，才能走出振兴发展的新路径。而"IT＋BT"产业是一个全新的领域。今后，随着"IT＋BT"产业政策的落实，科创小镇将形成"IT＋BT"产业规模经济，将建设"IT＋BT"企业孵化基地、产业研发基地、学术研究基地和科技成果转化基地，实现一大批"IT＋BT"科技成果的转化。科创小镇的快速发展将带动相关产业发展，最终实现带动城市的发展。那么，抚顺市建设"IT＋BT"科创小镇应该怎么做呢？我们认为主要应从以下几个方面入手。

一、加强体制机制的保障

保障机制是"IT＋BT"科创小镇建设中最重要的一环，是"IT＋BT"产业发展的总开关。进入新时代，科创小镇建设必将迎来新的发展机遇。抚顺市应抓住机遇，建立完善的"IT＋BT"产业发展规划，健全分工明确的工作机制、评价机制、激励机制和容错机制等，以此提高科创小镇建设水平。

1. 完善"IT＋BT"产业发展规划。发展规划是一个产业发展的总体构想。发展规划是否合理、是否与长远发展相统一，将直接关系到产业的未来发展，将影响到经济社会的发展。抚顺市虽然制定了《抚顺市"IT＋BT"产业发展规划纲要（征求意见稿）》，其中包括发展背景、产业发展目标、IT产业发展基本方向、BT产业发展基本方向及"IT＋BT"产业发展基本方向等内容，但在"IT＋BT"产业布局、招商政策等方面还不够完善，具体体现在如下几个方面。一是针对产业布局方面，抚顺市应该结合"IT＋BT"产业发展目标、抚顺市的自然资源优势、IT和BT产业基础及城市周边的经济发展环境，依托"产学研联盟"所具有的高等院校优势、人才优势和资源优势，合理布局产业空间，优化产业结构，逐步形成"IT＋BT"产业链和产业集群的发展格局，实现产业发展、资本对接、品牌运作和市场联动的综合效益。二是针对招商政策方面，抚顺市要充分做好产业招商调研工作，邀请专家对《抚顺市"IT＋BT"产业发展规划（征求意见稿）》进行论证和指导，提出切实可行的招商建议，让《抚顺市"IT＋BT"产业发展规划（征求意见稿）》更加贴合企业发展方向和合作意愿，更好地为抚顺市"IT＋BT"产业发展服务。

2. 创新工作机制，提高基础研究质量。基础研究质量是"IT＋BT"产业体系的源头，是"IT＋BT"技术问题的总机关。因此，抚顺市要建立相对完善的工作体制，以此来促进"IT＋BT"原始创新能力。抚顺市应根据"IT＋BT"建设工作领导小组及其下设的4个专项工作推进组的工作职责，做好协作和分工，做到"IT＋BT"各项工作都能顺利开展。各专项工作推进组应该由相关副市长负责，牵头部门至少要有2名负责人同时参与"IT＋BT"各项工作会议和主要工作，避免形成工作真空状态，保证工作的连续性。同时，"IT＋BT"各个专项工作推进组成员要参加市委、市政府召开的"IT＋BT"工作会议，做到工作一步到位，以此提高工作效率。此外，抚顺市应该建立"IT＋BT"研创工作管理团队，人员由4个专项工作推进组抽调组成，"IT＋BT"研创工作团队专门负责"IT＋BT"研创专项事务，并且入驻创新大厦进行工作。

3. 建立健全评价机制、激励机制和容错机制，打破约束创新障碍。"IT＋BT"科创小镇建设是抚顺市城市转型过程中难得的创新产业。作为创新产业，需要鼓励、支持，以此促进更大的创新，让"IT＋BT"产业实现快速发展。党的十九大报告对创新产业做出了"坚持严管和厚爱结合、激励和约束并重，完善评价机制，建立激励机制和容错纠错机制"的战略指导，抚顺市"IT＋BT"产业发展要贯彻落实十九大精神，在评价机制、激励机制及容错机制等方面下足工夫。这就需要，一是要建立评价机制。评价机制对重大原始创新尤为重要，抚顺市应在"IT＋BT"领域建设成果评价平台，由过去的定性评价尽可能转变成定量评价，由过去的模糊评价转变成科学评价，实现创新成果评价的科学化、数量化、规范化，达到评价裁量的公平合理，从而提高创新成果评价的效力，进而促进"IT＋BT"创新快速发展。二是强化激励机制。抚顺市要注重在计算机硬件业、通信设备业、软件、通信服务业，以及改造生物体或加工生物原料等领域的连续研究，对有创新研究的群体申请的连续性科研项目要给予稳定的支持，从而使抚顺市在这些领域的研究上能够有一个较大积累，为"IT＋BT"产业发展打下坚实的基础。同时，抚顺市政府对"IT＋BT"产业实验室、实验中心、实验项目等给予政策倾斜，让研究专家"足不出户"，就能做好研究。三是制定和完善容错机制。针对"IT＋BT"这样新兴的产业，抚顺市政府应该制定和完善支持创新探索、宽容创新失误、保护创新成果的管理制度，允许项目创新过程中的试错、容错和纠错，保护高校、科研院所、科技企业和科技人员在"IT＋BT"等领域的创新的合法权益，允许科研人员在科研创新过程中存在"探索性"失误，保护科研院所和科研团队推进科研项目创新的积极性，进而全面形成促进创新发展的社会氛围。

二、打造高水平研究平台基地

研究平台是"IT＋BT"产业建设、人才培养和开展基础创新研究的重要载体，这也为"IT＋BT"科创小镇发展奠定了坚实的基础。抚顺市应根据"IT＋BT"产业发展需要，在加强扶持、引导的同时，强化优势资源整合，重点打造"四大基地"，确保政策有的放矢，产业创新能够落到实处，最大限度地发挥"四大基地"的创新作用。

1. 打造创新大厦产业研发基地。创新大厦选址在"IT＋BT"科创小镇，清华启迪、软通动力、龙晟集团大数据与神州数码合资公司、中国移动5G信息化联创实验室等均入驻创新大厦。创新大厦位于抚顺市经济开发区，是辽宁省省级双创示范基地，那里有1个国家顶级研究所、8个国际实验室、29家国家级高新技术企业，有省级实验中心、实验室23个；创新大厦周边有辽宁石油化工大学、沈阳工学院、抚顺职业技术学院等高等院校，这为"IT＋BT"研创提供了科研载体。抚顺市应充分发挥创新大厦周边国家重点实验、研究中心等各类科技创新平台的作用，开展战略性、前沿性、基础性、综合性科技创新活动，推动一大批科学研究成果的转化。同时，抚顺市应按照"IT＋BT"产业发展需求，对产业迫切需要解决的大难题，要组织相关领域有重大贡献的团队协同攻关，着力破解核心技术问题，抢占科学领域的战略制高点，让以创新大厦为核心的产业基地逐步成为全省一流的创新人才和资源汇集、相关学科和技术领域密切交叉、创新链和产业链互相贯通的战略平台和研发基地。

2. 建设"IT＋BT"科创小镇成果转化基地。结合"IT＋BT"产业发展规划，抚顺市应依托 IT 技术，以中医药为核心，全面推动医学诊疗和健康服务模式变革，建立中国（抚顺市）国医智慧健康小镇成果转化基地。一是要研创中药新药。坚持中药原创思维，结合新一代计算机与人工智能技术以及结构生物学研究成果，建设现代科技与中医药研究中心，开展药物分子辅助研究，开发基于新结构、新靶点的创新药物，加强中药的名方、优势中药复方与活性成分的研发。二是要开展中医药大健康产品研究。以中医专科联盟为中心，发挥中药"治未病"的优势，开展保健品、功能性食品、功能创新化妆品等大健康产品研发，促进中药大健康产业链的形成。三是要开发新型中医智能设备。围绕中医诊疗、康复与治疗仪器研发关键技术，加快产品技术创新，构建产品创新体系，研制和推广符合中医特色数字化诊疗仪器。四是要开展中医服务云平台和中医大数据研究。以信息技术为支撑，构建中医诊疗健康信息云平台；围绕健康风险检测、疾病预警、疾病诊疗与康复等环节，加强人工智能前沿技术的研究和创新，推动智能辅助诊断、智能临床决策新模式，缓解医疗供给难题。

三、加大"IT＋BT"科创小镇科研资金的投入

企业的盈利能力与资本市场易受到宏观经济等外界因素影响，无论单纯地依靠留存收益、银行贷款，还是通过如证券、企业债等资本市场募集资金，一旦企业面临财务风险及困境，科研经费比例势必要降低，这就导致了企业募集资金规模的不稳定、投入基础研究及科研创新资金的不确定。"IT＋BT"产业科技创新角度新、周期长、风险大，在无形资产抵押融资的体制尚不完善的情况下，通常难以获得资金流向研发领域。现有研究表明，政府资金、企业资金及金融机构贷款对科研创新都具有重要的影响。其中，政府类投资数额的增加对于科技创新的促进作用明显优于企业资金及金融机

构贷款。只有建立以政府为指引的多层次金融支持体系，加强科研引导的深化程度，降低长期科研投入的波动，才能促进"IT＋BT"科创小镇的持续发展。政府的财税政策、产业基金等资金投入会引导其他资金进入科研领域，发挥杠杆效应，从而加速"IT＋BT"科创小镇的发展，扩大"IT＋BT"科创小镇的规模。

1. 完善财税政策，鼓励企业加大基础研究投入。我国现行的科技税收优惠政策主要支持企业创新的生产投入和成果转化应用，税收政策偏重于对已经形成科技实力的高新技术企业和已经享有科研成果的技术性收入给予优惠，而对科研创新最需要投入的基础研发过程则缺乏有力的支持。"IT＋BT"企业在创业初期基本上都没有利润，享受不到企业所得税的减免优惠，日后科技创新成果的产业化在实现了经济效益、有了利润时，又容易错过税收优惠期。面对这种情况，政府首先应改变单一的财政补助方式，完善政府采购自主创新产品制度，可通过贴息、有偿使用、以奖代补、风险投资等多种方式，引导企业积极增加"IT＋BT"科技投入，以此全面提高企业自主技术开发能力，建立多元化、多渠道的科技投入"IT＋BT"体系。各有关部门应紧密对接中央、辽宁省和抚顺市的政策资源，尽快确定政府采购"IT＋BT"自主创新产品的范围，使政府采购在促进"IT＋BT"科研及技术创新上发挥更大作用。财政局应优化财政科技经费投入结构，并向龙头企业、初创企业、高新企业重点倾斜。政府应重点支持抚顺市本地或异地技术中心、博士工作站、研究实验室等机构，增强企业科研能力。其次，税收优惠政策应加强中间环节的侧重。长期以来，有关税收优惠政策的重点都集中在高新技术产业的生产、销售两个环节，而对科研及创新的过程并不给予优惠。在这样的政策激励作用下，企业就很容易将重点放在引进技术和生产高新技术产品上，而对建立科技创新体系和研究开发新产品投入不足。今后针对"IT＋BT"产业的税收优惠政策，应积极推动落实"IT＋BT"企业研发费用加计扣除、税收优惠、技术转让所得减免所得税、允许企业加速研究开发仪器设备折旧、科技开发用品免征进口税收、对环保节能等项目的税收优惠政策，鼓励科技金融产品创新，促进科技成果资本化、产业化。

2. 设立"IT＋BT"产业发展基金。建议抚顺市应以政府为主导，以龙晟集团作为基金管理人，联合抚顺市级和各参与的市、区级投融资公司共同发起设立抚顺市"IT＋BT"产业专项基金，主要支持列入国家、部委、省级重大专项和抚顺市"IT＋BT"重大专项工程，包括 IT、中医药等领域的重大关键技术研发，重大产业创新发展工程，重大创新成果产业化，重大应用示范工程，创新能力建设等工程。同时，专项资金可用于"IT＋BT"相关领域的设备改造升级、创新平台、重点实验室、工程研究中心、医学检验、临床医学中心等关键环节，也可用于抚顺市"IT＋BT"企业在异地建立研发中心、分支机构或异地技术合作。此外，"IT＋BT"产业发展基金还可以作为科创产业创业投资资金使用，为抚顺市科创小镇及创新大厦入驻企业提供投融资服务。

3. 借助外埠资金，加强"IT＋BT"产业投入。一是创新引进外埠资金模式。抚顺市应该主动加强与京津冀、长三角、珠三角及其他发达地区的经济交流和技术合作，大力推行小分队招商、委托招商、驻地招商、亲情招商等新型招商方式，提高招商引资效率。根据"IT＋BT"产业链的薄弱环节，注重"补链招商"，延伸产业链，引进关联配套产业，制定目标招商区域，设立招商机构或招商总代理，对引进成功项目按投资额度的一定比例进行奖励；综合运用定向招商、股权招商、以商招商和以企招商等招商方式，实现招商引资的重大突破。二是深化与中医药产业基础研究、相关领域研究、同质性研究地区的合作。抚顺市应该学习外地的先进经验，争取利用外地在中医药产业上的科研、创新等方面的先进资源，与相关企业建立合作关系，利用补贴、收益分成等各种手段鼓励发达地区到抚顺市进行短期交流与中长期合作。三是深化 IT 科技产业建立交流与合作，围绕 5G、人工智能、大数据等领域，与国内外机构、专业团体、相关企业建立长效合作机制及科研学者互访机制，联合开展研究，提升抚顺市 IT 基础科学研究水平；主动融入京津冀发展协同战略，加强与江苏、上海、北京的对口科技合作。四是加强省内区域协作。围绕辽宁省整合优化创新平台的战略机遇，着眼于与"IT＋BT"相关联区域的协同发展，业态补充，引进省内外埠资金，推动资本要素向抚聚集；深化与省内沈阳市、大连市等城市"IT＋BT"领域的合作，积极优化发展环境，建立全方位、多层次的战略合作体制，形成较为完整的产业配套体系，促进"IT＋BT"产业优化发展。

四、强化"IT＋BT"科创小镇的人才供给

"IT＋BT"科创小镇的发展需要人才的强力支撑，因而必须立足于地区需求，强化人才顶层规划。小镇应紧扣抚顺市"IT＋BT"产业发展战略部署，充分把握"IT＋BT"产业发展的不确定性及风险性，遵循战略性、先导性及带动性原则，加强"IT＋BT"科创小镇人才发展顶层设计，制定具

有区域特色和优势的"IT＋BT"产业人才发展规划，统筹抚顺市"IT＋BT"产业人才的引进与培养，保障"IT＋BT"产业的发展。

1. 打造"IT＋BT"产业领军人才。"领军"一词启源于军事术语，原指带领军队集团作战的将帅。现在的"领军"一词多比喻在某个行业或集体中起领头作用。"领军人才"意指在某个行业或集体中起领头作用的人才。领军人才是我国人才队伍中最杰出的群体，是具有典范作用和领军功能的核心人才，主要包括两院院士、政府特殊津贴高级专家、有突出贡献的中青年专家、学术和技术带头人，以及国家级重大项目的负责人等，行业龙头企业的技术和管理带头人也属于领军人才的范畴。"IT＋BT"产业领军人才是在"IT＋BT"产业领域内具有国际水平或取得国内先进的研究成果，对经济社会发展做出突出贡献，具有较强的管理能力和团队组织领导能力的创新创业人才。要想打造"IT＋BT"产业领军人才队伍，就必须加大对"IT＋BT"人才引进的政策扶持力度，制定富有吸引力的人才引进政策，同时做好这些人才引进后的配套工作和保障措施的基础。一方面，应实施抚顺市"IT＋BT"产业英才引进计划。围绕"IT＋BT"产业重点发展领域，以实现"5G＋AI＋大数据＋BT"完整产业链为总体目标的重大项目为载体，引进一批能够突破关键技术、发展高新产业、带动新兴学科发展的领军人才和团队，实现战略性新兴产业人才高密度聚集。另一方面，要探索抚顺市"IT＋BT"产业人才梯队选拔机制，分梯次做好"IT＋BT"产业领军人才引进工作，采取团队引进、核心人才引进、项目引进等方式，形成人才梯队集聚。

2. 建设"IT＋BT"产业高水平创新团队。科创小镇要以更优惠的政策、更开放的态度、更优越的条件和更宽松的环境，引进并支持一批"千人计划"专家和拥有自主知识产权或核心技术、能够引领"IT＋BT"产业发展的海内外高层次创业人才和优秀创新团队。同时，建立与"IT＋BT"产业人才发展规律、工作性质、岗位需求相匹配的能力和绩效评价机制，形成人才参与创新创造的多元分配激励机制与多元人才奖励体系。科创小镇应实施抚顺市"IT＋BT"产业人才团队支持计划，重点支持从事重大原始创新项目研究、推动具有重大市场前景的"IT＋BT"产业项目转化人才团队。对于享受政府财政支持的"IT＋BT"产业项目，科创小镇应安排一定比例的资金用于培养创新研发人才及团队。此外，要开展抚顺市"IT＋BT"产业人才素质提升工程，创造条件鼓励行业高层次人才参与学术交流活动，并围绕本产业领域的前沿知识及其相关综合知识、科技前沿的新技术和工程实践开展培训，保持"IT＋BT"产业人才对技术发展的跟踪和知识更新，为领军人才成长建立沟通交流、素质提升的平台和机制。

3. 培养壮大"IT＋BT"产业青年人才队伍。科创小镇应多层次打造"IT＋BT"人才，在打造高层人才队伍的同时，更要注重培养一批青年人才。第一，从人才的就业准入入手，到人才的针对性建设，再到人才技能等级的合理提升，完善"IT＋BT"产业青年人才队伍建设的规划机制，为"IT＋BT"产业青年人才队伍的建设提供制度性的保障，也为"IT＋BT"产业青年人才的个人成长提供重要的方向指引。第二，政府应该切实加强对推动"IT＋BT"产业青年人才队伍建设的领导，将"IT＋BT"产业青年人才队伍建设工作置于与高技能人才队伍建设工作相同的高度，并将其列入政府工作议事日程；应加强对"IT＋BT"产业青年人才的政策倾斜，并将其纳入经济社会发展规划和人才队伍建设规划的行列；应以政府文件的形式确定《抚顺市"IT＋BT"产业青年人才队伍中长期发展规划》，为抚顺市"IT＋BT"产业青年人才队伍建设策略的完善提供宏观指导、政策协调。第三，优化"IT＋BT"产业青年人才队伍建设的培训战略，革新人才的培养教育体系，提高培训质量，为全面提升"IT＋BT"产业青年人才素质奠定基础，为"IT＋BT"产业青年人才队伍建设提供保障。第四，健全"IT＋BT"产业青年人才的激励措施，更好地释放现有"IT＋BT"产业青年人才的能量，促进"IT＋BT"产业青年人才队伍建设的良性发展。在激励内容上，科创小镇可从物质激励和精神激励两个方面入手，充分发挥经济利益和社会荣誉双重激励作用，加快健全技能人才发展的激励措施，并适当引入竞争机制，调动"IT＋BT"产业青年人才成长的主动性。

4. 加强"IT＋BT"产业实验技术人才建设。一方面，科创小镇要落实政策，采取措施加强"IT＋BT"产业实验技术队伍建设，以全面有效地提升"IT＋BT"产业实验技术人员队伍的专业素养和整体能力。科创小镇可通过举办培训班、讲座等形式，加强实验技能培训，以此提高"IT＋BT"产业实验技术人员的技能水平。各类实验技术人员应了解自己需要掌握的实验技能并积极参加培训。实验室应创设各种条件，尽可能让实验人员参加教育部、厅级以及相关高校、特色实验室主办的实验室建设、管理方面的研讨班和讨论会，以此加强实验技术人员对实验室管理的理念熏陶，拓宽其视野，继而为"IT＋BT"产业实验室建设和发展做出贡献，从而组建成一支具有创新思维、创新精神和创新能力的创新型"IT＋BT"产业实验技术人才队伍。另一方面，还要加强梯队、团队建设，必要时可以强化对团队整体的聘期考核，适当弱化对个体的聘期考核。实验室整体技术管理人员应保持适当的比例，应老、中、青结合，形成合理的年龄结构，既要有一定数量的高级技术人员，又要有中、初级技术人员和技术工人，形成合理的学历结构。同时，在实验技术人员职称评定、职务晋升方面，实验人员与其他人员在享有同等权利的前提下，还应有所区别对待。（刘士全　刘静宜　刘诗谣）

第三篇　特色企业带动乡村振兴

第一节　依托大伙房水库　做好水源地的生态文章

大伙房水库是辽宁省最重要的水库之一，作为中部城市群的供水生命线，大伙房水库对辽宁省经济社会发展具有不可比拟的战略价值。国务院出台的《关于近期支持东北振兴若干重大政策举措的意见》国发〔2014〕28号中指出：要推进重点生态功能区建设，支持辽宁省大伙房水源保护区开展生态环境保护。大伙房水源保护区已被正式列入国家生态文明先行试点区和江河湖泊生态环境保护试点发展规划。这些都表明：大伙房水源保护区的核心问题是保护，在保护的同时必须实现地区的综合发展。

一、大伙房水库周边生态资源特征

大伙房水库保护区包括一级保护区、二级保护区和准保护区3部分，大伙房水库周边是指二级保护区和准保护区。截至2017年年底，大伙房周边区域内有17个行政村，居民近4万人。对保护区内的生态特点进行分析，可以总结出如下特点：

1. 原始的生态环境。大伙房水库地处长白植物区系，兼有华北植物区系和物种渗入，植物资源具有多样性和代表性，共有野生植物92科393种。被列为国家重点保护的珍稀濒危植物有人参、黄菠萝、紫椴、胡桃楸、水曲柳，被列为辽宁省重点保护的濒危植物有东北刺人参、东华绣线菊、刺楸、红松、刺五加。独特的生态系统使得区域内有丰富的药材、山野菜和菌类资源。其中，天女木兰，又名小花木兰、天女花、山牡丹，为太古第四纪冰川时期幸存的珍稀名贵木本花卉。因其花瓣洁白，雄蕊紫色，香气迷人。其花朵与长梗随风招展,形似天女散花而得名。其花、叶、茎可提炼高级香料,具有极高的观赏性和经济价值,是国家稀有植物和濒危植物之一,属国家三级保护植物。大伙房水库周边拥有稀有的生物物种群落,这些都具有战略意义上的潜在价值。大伙房水库周边有陆生野生动物 53 科 198 种(不包括昆虫)。区域内分布的哈什蚂已被国家列为地理标志产品。由于特殊的地理和历史环境,大伙房水库周边保护区内有些地域长期处于较封闭的状态,开发程度低,受现代工业化的影响和污染较少,仍完整保持着原生态特色。

2. 水库型的湿地生态。湿地作为人类生存环境的重要组成部分之一,拥有丰富的水资源、土地资源、生物多样性资源和矿产资源,具有巨大的资源潜力和环境调节功能。大伙房水库拥有丰富的河滩地,有永久性河流湿地、洪泛平原湿地和库塘湿地 3 种类型,丰美的水草连接着湖光山色,这里的自然美景浑然天成。湿地具有极高的生态价值,对保持生物多样性具有非常重要的作用,是生物多样性丰富的重要地区,是濒危鸟类、迁徙候鸟和其他野生动物的栖息繁殖地。在这儿,依赖湿地生存、繁衍的野生动植物种类极为丰富。有国家重点保护野生植物 5 种,国家一级、二级保护或省级重点保护的兽类、鸟类、爬行类、两栖类物种共有 71 种。大伙房水库湿地是陆生野生动物及水禽在抚顺地区最重要的繁殖地。它们不仅数量多,而且种类丰富。其中,大白鹭、苍鹭繁殖地已成为大伙房水库的自然景观。大伙房水库湿地是辽宁省东部山地丘陵区湿地生态系统的典型代表,在世界同纬度地区都具有独特性和典型性。

3. 奇异的地质地貌与水利工程景观。大伙房水库周边山地大多海拔在 1000 米以下,坡度相对平缓,平原主要是浑河谷地以西的冲积平原,与辽河平原相连,其余为山间盆地与山间谷地。地质主要是灰色混合质黑云变粒岩、含石榴黑云角闪变粒岩和斜长角闪岩夹浅粒岩,但由于受混合岩化和花岗岩化的作用,现多呈残体分布。大伙房水库是我国第一个五年计划最早修建的大型水库工程之一。大伙房水库集防洪、供水、灌溉、发电、养鱼等功能于一体。大坝为碾压式黏土心墙复式断面土坝,为三坝结构,配有主溢洪道、主坝和溢洪道输水道等。工程景观宏伟,特别是 2006 年水库加固工程结束后,通过对坝体、三座溢洪道和工程环境的彻底改造,水库与独特的水利自然景观相互烘托,工程景观更加壮丽。2002 年 9 月,为了解决辽宁省中部七城市水资源短缺问题,还兴建了大伙房水库输水工程。2009 年 9 月,该工程正式竣工通水。该工程采用隧道输水,隧道直径 8 米,连续全长 85.3 千米,是世界上最长的连续隧洞。不论是坚实的大坝、雄壮的溢洪道,还是令人叹为观止的输水隧道、精巧设计的水力发电站等,都是水利工程科普的现实标本。

4. 举世闻名的清前遗址。历史文化是一个地区的血脉和根基，是人民的集体记忆。历史文化遗产、遗迹因其独特性、唯一性和不可再生性，具有持久的观赏价值、审美价值和文化价值。大伙房水库周边是清王朝起兵的主战场，其中比较著名的有萨尔浒城和界藩城。萨尔浒是山的象形名字，即形容山上森林十分繁茂。明万历十一年（1583年），建州浑河部女真人就在山上筑起山寨，名为萨尔浒城。1619年（后金天命四年）2月，后金兵将在努尔哈赤的指挥下，打败明军。萨尔浒大战的胜利对巩固和发展后金政权，建立清朝起到了重要作用。界藩为满语，汉译就是"河流汇处"的意思，因该城正好建在苏子河与浑河相交汇的铁背山上，故称界藩城。萨尔浒大战之后，努尔哈赤将政治中心从赫图阿拉城移至界藩城。

赫图阿拉城是后金第一都城，清太宗皇太极尊赫图阿拉城为"天眷兴京"，昔日满族八旗铁骑就是从这里走向全国的。赫图阿拉城是清王朝的发祥地，是满族崛起的地方。新宾县清永陵始建于1598年，是努尔哈赤远祖、曾祖、祖父、父亲、伯父、叔父的陵园。清天聪八年（1634年）将其称为兴京陵，顺治十六年（1659年）将其尊为永陵。永陵是著名的清初关外三陵之首（另外二陵是坐落在沈阳的福陵和昭陵），也是我国现存规模较大、体系完整的古代帝王陵寝建筑群。它具有我国古代建筑的优秀传统和满族艺术风格，是我国宝贵的文化遗产，也是世界物质文化遗产。

5. 层次清晰的浑河文明资源。据考古发现：远古时期，抚顺市的先民们就在现今大伙房地区繁衍生息，至今仍留有大量的历史遗迹。公元前75年，在此处筑玄菟郡，史称"玄菟故府"。1935年，在现今劳动公园山上发现了一座规模很大的汉魏时期城址，考古专家怀疑此城便是玄菟郡。清原满族自治县湾甸子镇滚马岭是沈、抚两市的母亲河——浑河的发源地。相传，唐朝大将薛仁贵路过这里，因贪恋眼前的景致不慎滚马，"滚马岭"便由此得名。大伙房水库西岸的小青岛遗址（抚顺县上马镇境内）出土了大量上限为春秋中期，下限为战国中期的石器和陶器。古代人建造的石棚、石棺木、积石墓已成为古老石构传统文化的遗迹。抚顺祖先以煤精雕刻开创了人类利用煤炭资源的先河；铁工具的使用使浑河文明迈出了跳跃式的前进步伐；高尔山古塔见证着高句丽王朝的兴衰；山林文化与中原文化的撞击与融合，建成了中国历史上最后一个封建王朝——清朝。

大伙房水库东北岸有民国时期著名爱国将领张学良为其父亲张作霖修建的陵墓——元帅林。有杨靖宇曾经战斗过的三块石抗联遗址，更有抗日战争留下的汤图、营盘、长垄地、百花岛等十多个战争遗迹。解放战争时期，中共沈抚县委在这里建立游击革命根据地之一，此根据地被誉为坚持敌后游击战争最为坚强的一块根据地。抚顺地区不仅是浑河流域近代工业文明的重要组成部分，还是浑河流域近代工业文明的发生地。抚顺市煤田开采于1901年，电力工业开始于1908年，石油加工业开始于1928年。这些工业遗址都为世人留下了宝贵的财富。中华人民共和国成立加快了抚顺市建设和发展的步伐，浑河文明以全新的姿态走向了全国。

6. 原生态的民俗风情和少数民族。大伙房水库周边有些村镇仍保留着鲜明的原生态人类文明。这些村镇是少数民族聚居区，拥有着特色的民俗风情。新宾满族自治县、清原满族自治县属于满族文化的范畴，工业、农业与捕捞业并存，其以满文化风俗为主，同时融会吸收了当地和邻近地区其他民族的文化，呈现出了丰富多彩的多元文化。这里是满族先人的居住地。满族是一个以狩猎捕捞为业的民族，在漫长的岁月中，形成了独具特色、颇具韵味的民俗风情。旗袍、马褂、旗鞋是最具特色的满族服饰；满族喜吃甜食，满汉全席、满族八碟八碗、火锅、打糕、沙琪玛都是流传至今的特色美食；满族秧歌形成于康熙年间，距今已有400多年历史，是东北地区优秀的民间舞蹈文化，是满族民间艺术中最具代表性的艺术形式。

7. 得天独厚的四季旅游资源与宗教文化资源。大伙房水库周边四季分明。春季山花烂漫，那一团团的杏花、梨花、映山红交相辉映，美不胜收；夏天林木葱翠的森林覆盖率超过86%，使这里成为避暑的圣地；秋季，红叶连天，黄叶灿烂，层层叠叠，五彩缤纷，美景让人流连忘返；冬季，百里冰封，银装素裹，具有浓厚的塞外风情。大伙房水库周边山区庙宇林立，宗教文化源远流长。清太祖努尔哈赤为加速后金政权封建化进程，在赫图阿拉城建成不久后便下令修建"七大庙"，显佑宫就是其中比较著名的寺庙之一。它是中国中原道教文化北进的产物，是最早进入满族地区的道教进行法师活动的庙宇，亦是满族人民最早接受汉族文化中的道教文化的实物力证。地藏寺位于新宾满族自治县永陵镇赫图阿拉城，是明末至清辽东佛教活动的重要场所。神秘稀有的萨满教更是民族文化的瑰宝。

二、大伙房水库生态资源的效益分析

水库生态资源的有效保护和合理开发可以充分发挥水库资源的多种功能和效益，如何以生态效益为前提、以经济效益为条件、以社会效益为目的，做到水源保护、经济发展和居民安居乐业协同发展是现阶段我们需要重点考虑的问题。

1. 生态效益。大伙房水库由于多年来不科学的生产经营活动，加之周边村屯百姓对生态资源的无序开发，致使自然和人文生态资源都遭到了不同程度的破坏。有效保护与合理开发大伙房水库及周边生态资源能够提升环境质量，增加生态资源内在价值，并为缔造辽东地区重要的生物基因库提供条件。这就需要政府一是有效保护与合理开发大伙房水库及周边生态资源能够提升空气质量，能打造天然氧吧。抚顺市从建市以来就是以发展重工业为主的资源型城市，对 PM2.5 污染来源的分析显示，工业污染排放高居首位。大气污染容易造成支气管炎、肺炎、哮喘、冠心病等多种疾病，对人体健康带来致命的危害。保护大伙房水库及周边生态资源，减少工业污染排放，提高森林覆盖率，倡导低碳环保的生活方式将有利于提升空气质量，能够净化生存空间，从而打造城市天然氧吧，最终为抚顺市生态城市建设打牢基础。政府二是要有效保护与合理开发大伙房水库及周边生态资源能够深入挖掘资源特点，提升生态资源的内在价值。由于大伙房水库地理位置远离城市，交通不便，区域较为封闭，很多独具特色的生态资源并未得到很好的传承与发扬。而我们在对大伙房水库生态资源开发的过程中，正需要对生态资源进行深入挖掘、整理、修复，并通过生态旅游等一些具体项目的建设来提升生态资源的内在价值，从而为生态资源的传承与发扬奠定基础。政府三是应保护大伙房水库及周边生态资源，并将其打造成东北地区重要的生物基因库。大伙房水库地区动植物资源丰富，种类繁多，其中分布大量国家珍稀濒危物种。有效保护大伙房水库周边的生态资源可以为各类动植物提供优质的生长条件和栖息场所，能够稳定和扩大区域物种的多样性，从而在维持生态平衡的基础上，使大伙房水库及周边地区成为辽东地区一处有价值的生物基因库，进而为生物科学研究、科普知识的推广提供条件。

2. 经济效益。大伙房水库及周边的生态资源具有丰富性、独特性、唯一性等重要特征，这里的居民守着一个聚宝盆却过着贫穷的生活。合理开发大伙房水库及周边生态资源既能够创造直接的经济效益，从而提高居民收入水平，还能带来经济结构优化升级，进而助推抚顺市城市转型等间接经济效益。第一，对大伙房水库及周边的居民而言，有效保护与合理开发水库及周边生态资源是提高居民收入水平的重要渠道。大伙房水库及周边居民从事农牧业生产大都以满足自家生活需要为主，规模不大，收入不高，加之北方地区农闲时间较长，这为水库及周边居民从事其他行业提供了可能。旅游业、特色农业及相关服务业对从业人员需求量大、准入门槛低，因势利导地发展这些行业将为居民自主创业和就业提供更多的门路，从而能够建立稳定、多渠道的经济收入来源，进而提高居民收入水平，提升居民生活质量。第二，有效保护与合理开发大伙房水库及周边生态资源能够优化调整经济结构，进而带动整个城市经济转型升级。大伙房水库及周边地区经济以传统的农牧业为主，制造业和服务业虽然有所涉及但并未形成产业化规模经营，产业结构单一，经济发展缓慢。因此，在保护生态资源的基础上，开展多种经营，发展特色生态经济，将会提升传统产业档次，优化产业结构，促进生态资源优势向产品竞争优势的转化，从而为国民经济的发展提供新的增站点。第三，有效保护与合理开发大伙房水库及周边生态资源符合抚顺市城市转型的总体要求。2014年，抚顺市正式提出由资源型城市向消费主导型城市转型的总体目标。随着生活水平的提高，人们消费需求正逐渐由基本的物质需求向精神文化需求升级。合理开发大伙房水库及周边的生态旅游、休闲农业、养老服务等新的消费热点，将进一步优化抚顺市整体的消费环境，以满足居民日益增长的物质文化需求，从而打破发展瓶颈，进而助推城市转型，最终实现经济的跨越式发展。

3. 社会效益。有效保护与合理开发大伙房水库及周边生态资源除了能为当地的生态环境、经济发展带来重大效益外，还能够带动整个社会的发展与进步，具有很好的社会效益。第一，有效保护与合理开发大伙房水库及周边生态资源、增强人们的生态保护意识，是落实科学发展观的重要举措。科学发展观的内涵非常丰富，其中一个重要内容就是可持续发展，因而要处理好经济增长与生态资源保护的关系。一直以来，在人们的传统观念里，物质生产与经济发展是社会发展的两个重要方面，而生态资源保护问题却一直没有得到足够的重视。对生态资源的有效保护与合理开发可以拉近人们与生态资源的距离，能够加深人们对生态与水、野生动物，以及对自身关系的了解和认知，从而逐步形成保护生态资源就是保护生存与发展空间的基本共识，进而能使人们从自身做起，努力营造保护生态资源的良好氛围，为整个社会的可持续发展创造条件。第二，有效保护与合理开发大伙房水库及周边生态资源能够促进城乡文化交流，有利于该地区居民观念意识的提升。长期以来，大伙房水库及周边居民生活封闭，观念落后，居民过着靠山吃山、靠水吃水的日子，他们为了维持生计，不得不以破坏生态资源为代价。合理开发大伙房水库及周边生态资源，当游人、商家、投资者涌进这一区域后，不仅可以为当地开发带来资金支持，还可以带来先进的科技和文明的生活方式，以及全新的观念和思想，从而使居民的市场意识和竞争能力也能得到锻炼和提升。第三，有效保护和合理开发大伙房水库及周边生态资源，能够提升城市形象，能够增强城市的凝聚力和居民的自豪感。抚顺市是东北重要的老工业基地，然而随着城市资源的枯竭，经济发展遭遇了瓶颈，城市吸引力下降，城市形象也大不如前。大伙房水库及周边的生态资源品位极高又独具特色，它就像一张标志性的名片，能使人们因资源而记住大伙房，能使人们因大伙房了解抚顺市，从而帮助抚顺市甩掉经济发展缓慢、工业污染严重的旧帽子，重新冠以绿色、生态的新名片，进而增强城市的凝聚力和吸引力，提升生活在这座城市的居民的自豪感，并且为改善投资环境，吸引外地资金，增加了无形资产。

三、大伙房水库周边生态资源保护与开发面临的问题

抚顺市委、市政府高度重视大伙房水库周边生态资源的保护与开发，并且取得了一定的成绩。但是，大伙房水库周边生态资源保护与开发仍面临着一些突出问题。

1. 保护措施形式化，效率有待提高。纵观大伙房水库周边生态资源保护形势可以看出，保护工作过于形式化，破坏生态资源的现象仍时有发生。一是水库保护区隔离网被破坏的现象屡禁不止。大伙房水库管理部门投资7539万元，在饮用水水源一级保护区周边修建了360千米的隔离网，该隔离网的建成对一级保护区内生态环境建设起到了一定的保护作用，但是由于巡查工作推进不到位，隔离网时常被一些不法人员剪开耕种。据了解，这些在隔离栏内开荒种地的多是租住在水库周边的外来务工人员，他们没有地，又想种菜，只好到处开荒。水库管理人员多次对破坏的护栏进行维修和加固，但没过多久这些人又会在其他地方剪开隔离栏开荒种菜，这种行为大大地降低了护堤的保护作用。二是水库周边面源污染严重。虽然《辽宁省大伙房饮用水水源保护条例》明确规定了"严禁在二级保护区的耕地、林地使用化肥和农药"，但是大伙房水库周边的农民为了高产增收，私下里使用化肥和农药的情况仍很突出，这导致流失的化肥和农药对水库水体造成了污染，同时农药和化肥的使用也破坏了水库周边生物的多样性发展。三是群众环保意识淡薄，导致水库周边生态环境治理效率低下。近年来，大伙房水库周边新建了一大批垃圾回收设施，但是农民环保意识淡薄，很多垃圾回收设施成为摆设，水库周边农村"白色垃圾"乱丢、畜禽粪便随意排放，间接的污染了大伙房水库水质。四是水土流失日益加重。随着水库周边生态农业的发

展，农业耕地逐渐增加，这样就破坏了水库周边的湿地生态系统，导致部分湿地已经失去了净化的功能。随着水流的冲刷，大量泥沙向水库移动和沉积，随着时间的推移，水库内的淤泥、淤沙越来越多，从而严重影响了大伙房水库水利灌溉效率和使用年限。

2. 农业生产模式落后，未形成集聚效应。大伙房水库周边的生态农业资源开发处于"单打独斗"模式，个体发展水平与水库周边总体资源优势不相匹配，生态农业的作用没有发挥出来。大伙房水库周边的生态农业资源在开发过程中，受本位思想作祟和配套基础设施的限制，使本来很有规模的生态资源被分割成数块，且彼此间各做各的生态农业资源开发，毫无协调合作可言。农业企业间联合性差，导致产业链条短，相关联产业要素培育不充分，没有形成规模以上的企业。这也影响了生态农业对大伙房水库周边经济发展所需产业载体建设的贡献率。从发展趋势看，大伙房水库周边生态农业资源开发距离形成产业集聚区还有很远的路要走。

3. 人文资源整合性差，欠缺品牌。一是人文资源开发程度低。大伙房水库周边历史遗址众多，但这些遗址点分散，开发力度不够，即使有些遗迹得到了开发，但体量非常小，且以实物展示和介绍为主，文化资源融入欠缺，引不起游客对文化兴趣和历史情节的追溯，缺乏灵魂与消费吸引力。二是满族特色民俗资源开发尚未形成体系。大伙房水库周边的满族特色民俗资源丰富，但是这些民俗资源的开发尚处于比较肤浅的阶段，对广大民俗专业者或对满族民俗风情有很大热情的旅游者没有形成足够的吸引力，了解、参与满族民俗活动也只是停留在表面的层次，对其内涵和外延的挖掘有待提升。三是宗教资源开发力度不够。当前，宗教文化资源已经成为抚顺市国民经济发展的一个新的增长点，但是受传统理念影响和经营策划水平的限制，大伙房水库周边宗教文化资源开发仍处于培育和探索的初级阶段，宗教文化品牌还没有形成，产业链条发展还很不完善。

4. 传统旅游产业升级滞后，网络信息平台利用率低。网络消费在旅游产业自身的内在需求下快速崛起，当前，全国已经形成网络直销和网络分销并行的态势，典型代表有以垂直搜索为主的去哪网、携程网等。随着电子商务的迅速发展和智能手机的普及，中国在线旅游用户数量增长巨大，且保持快速增长的趋势。2014 年，中国在线旅游交易市场规模维持在 30%，旅游市场交易规模超过 2000 亿元。根据对国内知名在线旅游网站的统计，没有一家网站能在"周边游"栏目里较为直接地看到抚顺市大伙房周边旅游的资讯，只有通过直接输入大伙房水库等关键词才能查找到相关旅游的资讯。在淘宝网这样专业的电子商务交易平台上，仅有两条关于"大伙房生态产品"的信息。在政府主办的抚顺市旅游网站上也仅能搜索到一条与"大伙房"相关的信息。这些都说明，大伙房水库周边旅游景区，以及特色木耳、山蘑菇、生态米、生态鱼等绿色有机产品的网络营销意识差，没有紧密与时代发展和市场开发紧密结合，不能满足消费者网络旅游消费的需求。

5. 配套基础设施严重滞后。大伙房水库周边生态资源开发过程由于投资渠道单一、融资能力较弱导致对配套基础设施的投资跟不上当地经济发展要求，这阻碍了经济发展。一是消费配套设施不完善。大伙房水库周边缺乏大型商业网点、软硬件过硬的星级酒店，缺少大型会展接待场所，难以满足旅游消费和大型节庆活动的需求。二是公交设施不完善，道路通达率低。道路通达率是影响经济社会发展的最重要指标。大伙房水库周边景区资源多，完全具备开通公交线路的条件，但是受到道路建设水平偏低的影响，还没有一条公交线路延伸到这里，消费者想到水库周边游玩，只能选择自驾、长途汽车、出租车。三是景区景点的停车场、路标、公厕等配套基础设施少，致使游览者的舒适度和满意度降低，从而影响大伙房水库周边景区景点的吸引力。四是征地搬迁难度大，制约基础设施项目建设。大伙房水库生态资源保护与开发的重点工作之一就是保护区内800多户村民的异地搬迁工作。由于省、市财政补助有限，水库周边乡镇又多数属于"吃饭财政"类型，投入搬迁费用严重不足，这就阻碍了搬迁速度，影响了水库周边基础设施和环保设施的建设速度。

6. 生态资源开发缺少总体发展规划。区域规划是一个地区对经济社会发展的总体构思。规划是否合理，是否与长远发展相统一，将直接关系到这个地区的未来发展，进而影响到整个城市或区域的经济社会发展。然而，大伙房水库生态资源开发没有一部单体发展规划可以依照，特别是关于大伙房水库周边村屯改造、农户改造及产业发展规划都没有编制，这对大伙房水库周边资源的开发和保护来说影响甚大。由于缺少可以长期参照的规划，大伙房水库周边的发展往往是边建设、边规划，但规划赶不上变化，变化随意更改规划，这些都严重影响了大伙房水库周边经济建设的系统性、科学性，大大降低了水库区域经济发展的后劲和可持续性。

四、原因分析

从表面上看，大伙房水库周边生态资源开发过程中存在的一系列问题是因为配套基础设施建设差、产业链条短和资源附加值没有得到有效激发造成的，但透过现象看本质，更深层次是由于政府管理职能的缺失、经济发展缓慢和人口结构不合理等因素造成的。

1. 生态保护与水库周边居民经济利益矛盾突出是造成保护效率低下的主要原因。大伙房水库周边的生态保护关系到省内两千多万城镇居民的生命健康，关系到全社会的稳定和谐，因而必须通过有效措施予以重点保护。大伙房水库地处抚顺市城郊，周边世代居住大量的农民，保护水源必然要依法禁止污染产业的发展，但这就影响到了这些农民的经济利益。省、市领导从科学发展观和保障饮水安全等角度出发，十分重视大伙房水库的生态保护工作，但水库周边的乡村和居民缺乏这种理念，比较多的反映是由于库区生态保护影响了当地的经济发展，因而要求生态补偿的呼声很高。除村庄环境得到整治外，居民享受不到生态保护所带来的直接好处，因而对于在水库一级保护区修建隔离网、二级保护区限制耕地开发等有抵触情绪。比较典型的例子就是隔离网建设问题。大伙房水库一级保护区内，拥有良好的风景资源，在过去，这里可以垂钓、游船，更可以在坝上参观游玩等，这些每年都会给大伙房水库管理部门和周边村民带来一定的经济收益。随着《辽宁省大伙房饮用水水源保护条例》的全面实施，为了保障供水安全，在一级保护区周边设立了一圈隔离网，禁止在保护区内开展一切的休闲旅游活动。但是，在禁止的过程中，出现了一系列问题，如库区周边村民希望继续开展库区休闲旅游活动，进而实现经济增收，而靠大伙房水库供水的城镇居民则要求严格执行保护条例，确保水源水质安全。可见，水库生态保护和库区周边居民经济利益保护的矛盾十分突出。周边居民破坏隔离网等保护设施的事件也时有发生。将来若处理不好上述矛盾，会严重影响库区周边的社会稳定。

2. 经济发展缓慢。大伙房水库周边经济发展水平较抚顺市其他区域经济发展水平存在较大差距。从人均收入来看，2017 年，抚顺市城市居民人均可支配收入为 30200 元，大伙房水库所在的抚顺县农村居民人均可支配收入为 1.2 万元，相差 2.5 倍，城乡二元结构矛盾较为突出。从产业结构上看，水库周边经济结构以农业为主，因受水源保护影响，产业发展受到制约。由于大伙房水库周边的大多数人口为农业人口，人地关系趋于紧张，土地面临的压力不断增加。

3. 观念滞后，对市场发展前景认识不到位。一是市场营运理念的欠缺。大伙房水库周边坐拥丰富的生态和人文资源，有关部门却缺少对其一般发展规律的系统认识，缺少对人文资源、生态资源如何市场化、产业化的了解和研究等，从而阻碍了社会资本引入和生产要素的加强。这也是造成大伙房水库周边乡镇的交通运输、环境保护、教育文化、医疗卫生、养老服务设施滞后的主因。二是企业包装观念差。大伙房水库周边资源开发缺少品牌企业，景区、景点包装美化观念滞后，难以带动相关的产业价值的提升，从而形成恶性循环，制约了当地经济的发展。三是市场宣传推广意识差。面对激烈的市场竞争，"好酒也怕巷子深"。尽管水库周边生态资源丰富，但是其在市场上的宣传推广十分薄弱，仍然有很多人对大伙房周边有什么资源不熟悉。四是缺乏市场开发人才。大伙房水库周边生态资源开发过程普遍缺少懂得市场开发，以及进行商业策划、营销推广和景区经营管理的年轻人。如何培养和引进市场开发人才，将是大伙房水库周边企业重点思考的课题。

4. 文化内涵挖掘不够。大伙房水库周边人文资源众多，拥有巨大的市场需求和发展愿望，具备打造文化休闲集聚区的条件。但是相关部门和水库周边的企业在开发相关产品时，没有对此进行深入挖潜，经营理念比较肤浅和守旧。如水库商品，大多是农产品的重复开发，没有突出水库生态特点和当地独特的风土人情和文化内涵。

5. 网络意识差，网络平台建设滞后。一是受网络媒介的限制。有些大伙房水库周边的企业是有意愿从事在线营销的，但受网络媒介的限制，愿望很难实现。因为抚顺市没有一家网站能真正为企业提供全面电子商务服务。二是企业网站延伸意识差。大伙房水库周边的某些企业虽然建立了自己的网站，但还只是简单地把网络视作介绍企业、介绍产品和介绍资源的工具，没有认识到可以将企业的核心业务流程、客户流程等延伸到互联网上，使产品和服务更贴近用户需求，以体现网络的交易价值。特别是在线预订方面和个性化定制方面问题表现得尤为突出。三是国内知名网站费用高，制约企业网络宣传热情。由于市场信息不对称、透明度低、网站产品价格混乱，企业想要在国内知名网站上发布相关信息或实现产品网上交易的费用较高，这也在一定程度上影响了企业的热情。

五、大伙房水库周边可开发生态资源分析

社会的不断发展和进步，使人们对生态资源的保护与开发越来越重视。以保护促开发，以开发养保护，成为一种新的生态资源治理模式。

1. 大伙房水库水源保护地的保护与开发依据。大伙房水库为省属水库，是沈抚两地的自然"大水缸"，负有供辽宁省中部七城市 2300 多万人口饮用

水的重任，是辽宁省重要的水源地之一，在辽宁省的经济发展中有突出的重要作用。根据国家政策法规要求，抚顺市在大伙房水库水源地实施了严格的保护措施，水质状况除总氮超标外，其他指标基本符合（GB 3838－2002）《国家地面水环境质量标准》中的Ⅱ类标准。因此，抚顺市对水库周边的保护与开发必须严格依照国家规定，以生活需要为首，兼顾生产和社会发展需求。

（1）保护区的划定与保护标准。作为典型的水源地保护区，大伙房水库水源地的保护与治理是首要任务。《辽宁省人民政府关于划定大伙房饮用水水源保护区的批复》（辽政〔2009〕172，以下简称《批复》）规定："大伙房饮用水水源地保护区范围包括大伙房水库、桓仁水库及其汇水区、苏子河穆家水库坝下（输水隧洞出口）至大伙房水库和浑江桓仁水库坝下至凤鸣水库坝上的两条输水河道。"具体到抚顺市大伙房水库区域的划分结果为：一级保护区：库区设计洪水位136.6米等高线以下水体和陆地，面积为120.4平方千米。二级保护区：库区设计洪水位136.6米等高线至分水岭之间的迎水坡（不超过2000米）和回水线末端外延2000米（不超过山脊线）的区域，面积为290.4平方千米。准保护区：一、二级保护区以外的全部汇水区域，面积为5009.4平方千米（不包括苏子河输水河道一、二级保护区）。对于水源地的保护工作，《批复》和《辽宁省大伙房饮用水水源保护条例》（以下简称《条例》）都做出了明确而严格的规定。其中，一级保护区为"非开采和非旅游区"；二级保护区为"限制建设区"；准保护区为"控制建设区"，保护区的建设项目必须严格遵守国家和省、市有关建设项目的环境管理规定。

（2）大伙房水库开发与利用的依据。《中国水资源保护法》规定："开发、利用水资源，应当首先满足城乡居民生活用水，并兼顾农业、工业、生态环境用水以及航运等需要。"大伙房水库为省属水库，负责供给沈阳市、抚顺市等七座城市的饮用水，对水源的保护是首要任务，《条例》中也对大伙房水库保护区的开发规划做出规定："二级保护区及准保护区所在地的市、县人民政府应当建立经济社会与生态文明相协调的发展模式，鼓励和引导群众转变生产生活方式，建立生态型产业体系，发展绿色、有机农业，制定绿色、有机农业区域发展规划，推广生物防治病虫害等先进的农业生产技术，实施农药、化肥减施工程，减少种植业水污染物排放。""二级保护区及准保护区所在地的市、县人民政府应当推广循环水养殖、不投饵料养殖等生态养殖技术，在准保护区建立生态养殖区，减少水产养殖业污染。"在准保护区以外的周边地区，可以参照《中华人民共和国环境保护法》规定，"鼓励全民所有制单位、集体所有制单位和个人充分利用适于养殖的水域、滩涂，发展养殖业""国家保护水产种质资源及其生存环境，并在具有较高经济价值和遗传育种价值的水产种质资源的主要生长繁育区域建立水产种质资源保护区"，建议城乡"结合当地自然环境的特点，保护植被、水域和自然景观，加强城市园林、绿地和风景名胜区的建设"。

2. 大伙房水库周边生态资源保护与开发的思路。按照国家水源地保护的相关管理政策，大伙房水库的核心区及一级保护区范围内属于严格的生态保护区，在该区域内，一切生产需求必须退位于水源保护需求。因此，不适于进行开发。二级保护区属于水源地可能产生污染的缓冲地带，因而不适宜开展如矿产开采、化工生产等污染性生产，但可以在条件允许的范围内建立生态保护示范区，既能较好地满足生态治理与保护的需要，又能对丰富的生物资源进行合理开发，实现生态效益与经济效益的双统一。准保护区范围内可以进行适当的旅游开发。抚顺市大伙房水库周边自然生态资源丰富，具有较好的山地、林地、湿地、农业、文化等自然与人文资源，因而应在保护大伙房水库水源地的基础上，合理开发利用水资源及丰富多样的自然生态资源，在合理规划、科学匹配、适度开发的基础上，建设集保护、生产、观光、休闲、教育、娱乐、防灾减灾于一体的多层次、多功能的生态保护旅游系统，在促进地方经济社会发展的同时，兼顾水源地和生态环境的保护，并通过系统整体的持续运行，最终实现生态系统的自我调控与更新完善。

3. 大伙房水库周边生态资源多元化开发模式。生态资源的多样性决定了对生态资源的开发与利用也必须是多元化的，不能简单以旅游盖之，而应探索具有交互式、融合性功能的，可自我更新完善的多层次、多元化开发模式。

(1) 生态示范区的资源类型与建设。《国家生态旅游示范区建设与运营规范》中明确提出，国家生态旅游示范区可分为山地型、森林型、草原型、湿地型、海洋型、沙漠戈壁型和人文生态型七种类型。大伙房水库沿线及周边地区地理位置优越，特质、特色区域较多，拥有丰富的森林资源、山地资源和湿地资源，新宾县永陵一带更是具有较好的人文资源。从生态开发的角度来看，大伙房水库可供开发的生态旅游示范区种类较为丰富，如山地型、森林型、湿地型、人文生态型四种类型的生态旅游示范区都具有可操作空间。

山地型和森林型生态示范区。山地型国家生态旅游示范区是以山地环境为主而建设的生态旅游区。森林型国家生态旅游示范区是以森林植被及其环境为主而建设的生态旅游区。其中，天然湖泊、水库、暗河、森林、溶洞、岩洞等生态环境质量，建筑、历史文化、民族民俗文化、宗教文化等传统文化，以及生物能、风能、太阳能、沼气等新能源基础设施的基本状况是建设山地型和森林型生态示范区时应主要考虑的资源和评分标准。这些标准也同样适用于湿地型和人文生态型生态旅游示范区。抚顺市大伙房水库周边群山环立，植被覆盖率达到75％以上，属于山地与林地相混合的地形地貌。这里林地物种资源丰富，水系比较集中，天然湖泊、水库分布较广，可供开发的资源非常丰富。因此，应该在调研的基础上，以区域的集中性和资源的代表性为基础，在这里建立有特色的集观赏性、舒适性和科学性于一体的综合型山地型生态示范区。

湿地型生态旅游示范区。湿地型国家生态旅游示范区是以水生和陆栖生物及其生境共同形成的湿地为主而建设的生态旅游区，主要指内陆湿地和水域生态系统，也包括江河出海口。抚顺市大伙房水库社河河口湿地是比较典型的湿地，现已建成社河河口湿地公园，新宾县政府等地方政府也在积极建设湿地保护区。但是因为缺乏良好的运营模式和经营理念，导致湿地公园的特点不突出，缺乏观赏性，相关旅游设施不完备，尚处于雏形阶段，不具备市场化的条件，不能带来科学的经济回报，成为纯粹的消费性工程，不能进行自我更新和维护。城市湿地公园，是指利用纳入城市绿地系统规划的适宜作为公园的天然湿地类型，通过合理的保护利用，形成保护、科普、休闲等功能于一体的公园。因此，在建设湿地生态旅游示范区的过程中，应根据各湿地的特点，丰富完善湿地物种，发展水生植物和生态水产养殖业，突出湿地型生态系统特色和观赏性，并针对湿地生态保护的特殊性，划定旅游的目标人群，形成以体验性、观赏性、艺术性、科普性为主题的高端消费市场，尽量减少旅游活动对湿地环境保护的冲击和影响，在实现环境保护的同时，带来更多的经济效益。

人文生态型旅游示范区。人文生态型国家生态旅游示范区是以突出的历史文化等特色形成的人文生态旅游区。抚顺市作为满族的集聚区，拥有最为纯正的满族文化传统资源。在水库周边沿线不仅有萨尔浒风景区，向外扩展50余公里还有清永陵、赫图阿拉城等清前文化遗址。这些著名的人文景点在市委、市政府的重视发展下，都得到了较好的发展，特别是满族风情节的连续举办，极大地促进了满族文化的推广和宣传。但是从发展状况来看，这些人文景点仍然缺乏整体包装规划，由于各个景点散落于苏子河周边，人文特色的建设方面存在简单重复性，特色不够突出，所以并没有形成规模性的人文生态型旅游示范区。因此，应该重新整合规划人文路径，以水库周边为据点，以满族文化为主线，以苏子河沿线为纽带，以宗教文化为辅助，形成具有鲜明文化特色的人文型生态旅游示范区。

（2）活动基地与会务中心建设。《中华人民共和国环境保护法》明确提出，"国家鼓励环境保护科学教育事业的发展，加强环境保护科学技术的研究和开发，提高环境保护科学技术水平，普及环境保护的科学知识"，因而在水库周边开展活动基地与会务中心建设，是符合国家政策需求的。

活动基地建设。水库周边滨湖道路路况良好，沿线风景优美，环境质量优越，近年来在各级政府的积极建设下，修建了一批别具风格的生态山道，这些都成为建设户外活动基地的良好基础。较为成形的活动主要为户外自行车运动、健步走和自驾游等，但这些都属于民间自发行为，缺乏政府有序引导和支持规划，也没有形成固定的品牌活动，因而在知名度和认可度方面都存在一定差距。因此，抚顺市应充分利用和发挥大伙房水库周边地理地形特点和建设优势，形成具有特色的运动品牌活动，如在弯急崎岖的盘山公路开展极限赛车运动；在风景优美的滨河沿线承办国家甚至国际级自行车赛事，并形成固定的户外自行车运动品牌赛事；在别具风味的生态山道开展登山健步走运动，喊出"养生、清肺、美颜、悦心"的响亮口号；将沿线经典整体包装，形成精品线路，组织自驾游，成为自驾游品牌线路等。在科普教育方面，水库周边丰富的自然生态资源和人文资源是一本活的教科书，不仅可以成为学生科普教育的基地，还可以成为向市民举行环保教育的活动基地。多样化的农业资源和高科技的农业生态园又具备了成为市民进行体验农业科技的活动基地的条件。因此，抚顺市应该充分挖掘和开发水库周边的资源优势，形成独具吸引力的活动中心。

会务中心建设。水库周边集环境保护和生态开发于一身，本身就具有很好的研究和参考价值。根据国家加强环境保护科学技术的研究和开发的思路，可以针对水源地和湿地的建设与保护问题形成专门的议题，邀约全国同行参与会议，或者承揽湿地保护相关方面的重大会务。在"8·16"洪灾中，水库周边部分村镇作为滑坡泥石流高发的典型地质灾害区，已经建立了相应的比较完善的地质灾害监测点，其治理和灾后恢复工作在全国同类地质灾害工作中处于领先地位，并多次进行过系统内部的参观与交流。借鉴四川雅安等地在地质滑坡工作中承揽各种专业会议，抚顺市也可以在省内、区域内，甚至在全国范围内召开滑坡工作会议。会务工作的承办可以扩大抚顺市的知名度，可以为抚顺市水库生态保护建设提供更好的智力支持，还可以繁荣会务经济，促进地方经济的发展。此外，水库周边现存的乡村度假区、特色农家乐、特色河鱼宴、高级景区宾馆等，都为承办会务提供了良好的便利条件。

（3）生态观光农业和科技农博产业基地建设。按照国家水源地保护规定，在二级保护区和准保护区内发展生态有机农业是科学的发展路径。

生态观光农业。生态观光农业是一种以农业和农村为载体的新型生态旅游业。近年来，伴随着农业产业化的发展，现代生态农业不仅具有生产性功能，还具有改善生态环境质量，为人们提供观光、休闲、度假的生活性功能。随着收入、闲暇时间的增多，生活节奏的加快以及竞争的日益激烈，社会越发展，人们对生活质量的追求就越高。生态有机农业关系到人们的食和衣，并延伸到健康与养生，是未来经济发展的重头戏。水库周边已经进行了农业生态园区规划，并形成了一些品牌农产品，但不论从规模上、产能上，还是产业链的发展方面都有待建设完善。农业生态园区讲究的是生态、有机，应该以绿色、环保为主题，以科普、参观、体验为补充，充分挖掘利用农业优势，形成农业主题度假村、特色农家乐基地、租赁式农场体验区、专题文化艺术节等特色产品，为城市人群提供休憩、放松的绿色空间，打造健康养生的后花园。

科技农博产业基地。现代农业的未来发展趋势是以科技为先导，低污染、高产出、自动化、立体化的产业模式。抚顺市大伙房水库周边因保护需求，不提倡采用可能带来环境污染的农业生产方式，但纯粹生态环保的农业生产方式往往效率不高，产量较低。而退耕还草、退耕还林等农业生产与环境保护争地的现象又增加了农业发展的困难。发展科技农博产业基地可以有效解决这些问题。建设规模化、集约化的立体循环式高科技农业基地，培育无公害的畅销果品蔬菜和树木花卉等，既可以提高农业生产效益，科学整合利用农业资源，保护生态环境，又可以解决闲散人员的就业问题，带动相关产业链的发展，推动社会经济进步。

（4）养老产业园区建设。银色消费是未来老龄化社会的重要消费领域，抚顺市社会老龄化问题越来越严重，建设发展养老产业园区既是经济发展的需求，也是改善民生的需求。水库周边环境优美，空气质量优良，农产品丰富，交通相对便利，最重要的是因为处于保护领域，地产开发较少，房产价格较低，这些都为建设养老产业园区提供了便利条件。规划的白家店养老区尚处于开发阶段，没有形成规模效益。抚顺市应依托乡村发展设施完备的养老产业园，针对老年人养老需求的不同，开发多层次多格局的老年公寓类型。在公寓周边建设集"医、养、娱；游、购、乐；产、供、销"为一体的生态养老基地，为老年人提供衣食住行等全方位高品质的服务，使生态休闲养老园区成为服务全省，带动周边，具有较强竞争力、服务力、集聚力和辐射力的全市养老经济发展核心区。

六、相关建议

大伙房水库周边生态资源保护与利用不是简单的项目堆叠，也不是纯技术解决方案的拼凑，而是一个长期、动态、复杂的过程，这就需要政府统筹全局、前瞻性考虑建立常态化保护与利用机制。

1. 转变观念，统一思想，形成大伙房水库周边生态资源有效保护与合理开发的社会共识。抚顺市要做好大伙房水库周边生态资源保护与开发，就必须明确目标，统一思想。一是要深刻认识大伙房水库周边生态资源保护与开发的地位和作用。大伙房水库周边区域正处于发展的战略机遇期，这也是以生态资源开发为突破口，带动当地经济快速发展的重要手段。全市上下要深刻领会生态资源保护与开发与经济之间相互促进、相互发展的内在联系和规律；同时，要深刻理解大伙房水库周边生态资源保护与开发的新趋势、新业态，集思广益，勇于进取，促进大伙房水库周边生态资源保护与开发进程。二是要把大伙房水库周边生态资源保护与开发作为全市重点工作，尽早出台大伙房水库周边生态资源保护与开发的总体发展规划，出台相关法律法规，并将大伙房水库周边生态资源保护与开发作为抚顺市产业结构调整和居民增收的重要突破口。三要加强领导，明确职责，增强合力，形成共识。要把大伙房水库周边生态资源保护与开发工作摆在突出位置，推进大伙房水库生态资源保护与开发的相关工作，各职能部门要全面履行职能，综合协调、行业指导、市场监管、政策研究、加大宣传等工作，努力创新工作机制和方法，提高工作水平，营造部门联动的良好氛围。

2. 加强大伙房水库上游流域的综合治理。强化大伙房水库上游流域的综合治理，对于改善和提高水库周边生态环境和经济建设都有着重要意义。这就要求政府一是要加大水库上游农业污染的治理力度，对上游环境污染严重的区域因地制宜地开展农村生活污水、垃圾污染治理和村容村貌环境综合整治；大力实施农村改水、改厕、改厨，太阳能、沼气等清洁能源推广，以及生活垃圾收集处理设施建设。同时，在水库上游地区全面开展农业面源污染综合治理的试点与示范工程，依托开展土壤污染治理、农田地膜污染治理、农村沼气建设项目和畜禽污染控制示范点建设等项目，大力推进土壤污染、农膜污染、畜禽养殖污染防治和农村固废利用等进程，推进农业垃圾的综合利用，提升土壤综合生产能力。二是要深入实施青山工程，提高库区绿化覆盖率。对水库上游具备进行退耕还林条件的区域，加快实施退耕还林。加大库区周边绿化，对库区周边实施绿化治理，加快植树造林步伐，切实提高库区绿化覆盖率。三是严厉整治水库上游工业污染。加强对水库上游周边企业产生的废水、废气、废渣等污染源进行全面排查工作，切实查清现存污染源，及时锁定和查处违法排污企业。对被多次投诉、举报，设施运行不正常，被多次查处仍未整改到位的企业，实行"一对一、点对点"督查督办，坚决做到调查到位、处理到位。对不实施工业废水零排放改造、不按规定转移危险废物的企业坚决吊销其排污许可证，并将其依法实施关闭。

3. 打造"互联网＋文化创意＋旅游"的新模式，带动旅游产业的升级发展。政府应将"互联网＋"思维贯穿在大伙房水库周边生态资源保护与开发的过程中，不断加强与互联网产业的融合，发挥大伙房水库周边自身的生态资源优势，依托现代信息技术以及官方网站、微博、微信等新媒体的发展，打造一个旅行社、景区、酒店等企业之间线上和线下的多方合作平台，实现对大伙房水库周边生态资源的有效利用和深度整合。在此基础上，抚顺市应通过新媒体技术与文化创意的结合，挖掘大伙房水库周边丰富的历史文化、民俗文化资源，挖掘和培养文化旅游产品，并借助微博和微信等平台为大伙房水源保护地的文化资源增添活力、聚集人气，激发社会大众的关注度。此外，还要克服传统旅游发展模式的束缚，以新思维、新技术和新方法升级旅游产业，实现产业模式的多元化。应引进职业旅游经理人，将大伙房水库周边区域进行整体策划和包装，形成规划到位、特点突出、服务周到、品目多样的旅游经济带。在产业布局上，将富有特色的水库鱼、农家乐、自然生态保护区、文化遗址观光区，以及有机米、生态菜、野味养殖、满族特色美食等大伙房水库周边现有的和可利用开发的资源整合起来，优化产业布局，形成以生态有机和便利高效为特征的"食、住、行、游、购、娱"于一体的旅游产业链。在发展模式上，以新思维、新技术为支撑，以旅游产业为核心，以旅游产品为支撑点，不断与其他相关产业进行融合，开发新的业态，形成新老结合、层次丰富、消费多样、吸纳强劲的多元化服务网络体系，并充分利用网络科技手段，实行一票一码的会员制模式，通过产品的关联消费、积累优惠消费、个性定制消费、展示消费等模式，体现用户的特权与身份，增强用户的黏性与忠诚度，带动发展潜在客户群体。

4. 引进循环产业链理论转变发展方式。循环经济产业链即生态产业链，是通过"原料——产品——废物——原料"的循环过程，将上一个产业排出的废弃物作为下一个产业的原料，在具有市场、技术或资源关联的产业之间形成链条，以实现资源的综合利用，从而达到经济效益、社会效益和环境效益的共赢。大伙房水库周边生态资源的开发过程中要引进生态产业链理念，着力推进生态资源循环化改造。抚顺市应重点打造省级生态循环农业示范区，应以大伙房水库完整的生态农业为依托，大力发展以无公害、绿色、有机为特色的高效生态、精品精致农业，并将大伙房周边区域建成省级生态循环农业示范区，重点推广种植养殖结合、粮食经济作物结合、农机农艺结合等新型高效农作制度，积极构建起从农产品育种、初深加工、秸秆综合利用、饲料加工、畜牧养殖、有机肥生产、生态农业园区建设，到农产品加工及物流配送等相关产业相结合的循环经济产业链体系，构建起集种、养、加工、利用于一体的大农业立体循环产业链。

5. 基础设施建设引入色彩识别系统。在建设和改造大伙房水库周边基础设施的过程中，抚顺市政府要突破传统观念，引入色彩识别系统，将该区域作为一个产品整体进行设计和包装。从色彩构成上看，大伙房水库周边整体色调为绿色，公路与河道为青白色穿梭点缀其间，以清前文化为代表的人文遗迹群落整体为砖青和草灰色调。整个区域色调比较协调，呈现出一种自然古朴的形象。在建设与保护大伙房水库生态环境的过程中，政府应该对市政基础设施进行色彩规划设计，在考虑功能分区的前提下，以造型和色彩的张力形成对区域功能的强化。生态保护区应尽量突出自然色，如修建具有质朴风格的木桥、栈道、树屋等，通过向自然借景，将市政设施巧妙地融入自然环境中。人文展示区应该延续历史文脉，如在清前遗址浓缩历史文化，根据八旗色彩修建基础设施，形成色彩区分，保持与传统色调的协调，显示文化的真实性。科技农博产业基地应通过具有现代气息造型的小品和公共设施，以青白色调突出科技性和环保性，强化现代农业科技与传统农业生产的视觉感官差距。农业休闲娱乐区应以尊重农村的审美格局为前提，用市政设施的造型和色彩进行合理的调整和改进，通过色彩的反差和层次，突出农村质朴、热烈、欢乐的特质，提升人们的愉悦度。应在不同的功能区域周边，运用生态透水混凝土建设彩色透水地坪，以平面色块地标形成景观区分，打造以生态绿、水库蓝、清前黄、休闲红、科技灰为主色块的层次分明的色彩空间。

6. 做好环大伙房生态圈的规划设计。要实现大伙房水库周边生态资源的保护和开发，必须规划先行，就必须根据大伙房水库周边生态资源的自身特色扬长避短、因地制宜地进行规划设计。规划设计要通过综合考虑抚顺市经济社会发展需求，来制定城市发展的总体规划。例如，在对环大伙房周边道路进行规划时，一是要在确保抚顺市基本农田数量在占补平衡的基础上，尽量利用原有地形地貌，杜绝对自然人文资源的改建、扩建和重建，最大限度地避免对风景原貌的破坏；二是道路规划要和沿线区域的山水结合，形成一路一景的景观风貌；三是要突破传统的道路网规划，不仅要考虑道路系统为大伙房水库周边的交通服务，而且要考虑把道路作为生态旅游者体验大伙房水库周边景观的重要物质载体，根据自然风光的特点，选择合适的路网结构，作为大伙房水库周边山水风光的构景和对景的重要手段。同时，要区别对待一级、二级保护区开发的内容，一级保护区内可以修建人行小路，二级保护区内可修建公路，通过合理的道路交通规划的实施来整合区域资源，带动其他相关产业的发展，提高大伙房水库周边生态资源的利用效率。

7. 推进大伙房水库周边大众创业、万众创新。推进大众创业、万众创新能够激发人民群众的智慧和创造力，从而为大伙房水库周边生态资源保护提供新动力。资源环境约束日益强化，要素的规模驱动力逐步减弱，传统的高投入、高耗能、粗放式发展方式已难以为继，因而需要从要素驱动、投资驱动转向创新驱动，这就需要更多的市场力量。推进大众创业、万众创新是大伙房水库周边生态资源保护与利用发展到当前阶段的一个必然选择。大伙房水库周边生态资源保护与利用要转型升级，要向中高端迈进，关键是要发挥人的智慧，把人的积极性更加充分地调动起来。在大伙房水库周边生态资源保护与利用的过程中，政府要加大简政放权力度，放宽政策、放开市场、放活主体，形成有利于创业创新的良好氛围，让许许多多的创业者活跃起来，汇聚成大伙房水库周边生态资源保护与利用的巨大动能。支持创业创新，关键还是要解放思想，破除观念上的掣肘。首先，公共部门要为大众创业、万众创业扫除一切阻力，松绑一切阻碍创业、创新的机制束缚，为创业、创新清障铺路。其次，在支持创业、创新的过程中，也要恪守边界，从尊重创业规律出发，明确该做的与不该做的。如何确保大众创业、万众创新落到实处，考验的还是各级政府和部门的改革行动与公共服务质量的提升。在一定程度上，大众创业、万众创新的发育程度，也是衡量社会综合性改革成效的一个重要标志。

8. 形成有利于促进政府和社会资本合作模式。大伙房水库周边生态资源保护与利用是一项复杂的系统工程，所需资金巨大，涉及政府、企事业单位和市民家庭等多元主体，涵盖投融资、建设、运营、监管等过程。传统的政府自建自营模式已经远不能满足投资需求，更多的资金需要由企业和融资机构去筹措，将市场机制引入大伙房水库周边生态资源保护与利用已经成为必然选择。财政部发布的《关于推广运用政府和社会资本合作模式有关问题的通知》指出，要尽快形成有利于促进政府和社会资本合作模式（PPP）发展的制度体系。运用 PPP 模式解决大伙房水库周边生态资源保护与利用应该从三个视角来考虑。第一，从市场的角度，应该提升大伙房水库周边生态资源保护与利用的运行效率；第二，大伙房水库周边生态资源保护与利用还要站在市民的角度，要宜居宜业；第三，从企业家角度，大伙房水库周边生态资源保护与利用一定要有很好的运行环境，企业要在大伙房水库周边生态资源保护与利用中能够发展起来。在大伙房水库周边生态资源保护与利用方面，PPP 的应用具有四大关键要素，即制度设计、运营补贴、合作伙伴、绩效考评。在制度设计方面，要从 PPP 运作的全流程做好制度设计和政策安排。从确定投入方式、选择合作伙伴、确定运营补贴到提供公共服务的全流程，制定包括预算管理、政府采购、政府性债务管理和财政支出绩效评价等方面的一系列合理制度。在运营补贴方面，要从"补建设"向"补运营"逐步转变，从大伙房水库周边生态资源保护与利用整体效益出发，对社会效益好的 PPP 项目给予适当补贴。补贴依据是项目的运营绩效。

9. 主动融入"智慧抚顺"建设中。大伙房水库周边生态资源的保护与开发绝不是传统意义上的平面式的保护与开发，而是在信息技术的引领下，立体式、多角度、全方位的保护与开发。因此，大伙房水库周边生态资源的保护与开发应主动融入"智慧抚顺"建设中去。"智慧抚顺"就是利用新一代的互联网信息技术，实现城市智慧式管理和运行，为城市中的人创造更加便捷美好的生活。"智慧抚顺"是一个庞大的信息资源库，它拥有着大容量的、不同行业、不同领域的信息资源，这些信息资源能够反映一个城市的真正需求和发展方向。大伙房水库及周边生态资源的保护与开发，要充分利用"智慧抚顺"建设中新一代通信技术，并通过建设生态资源智能调度中心和与之相配套的数据接入终端，实现对生态资源的实时监控与数据传输。首先，应利用"智慧抚顺"建设中的信息技术改造传统农业，重点发展以绿色生态为特征的精准农业，通过电子商务平台拓宽农产品产销渠道，完善农产品溯源防伪机制的建设，同时延长农业产业链，发展休闲体验农业和清洁高效的农场主题文化。其次，应利用"智慧抚顺"建设中广泛的协同服务发展保健健康服务业，建设智能化的生态体验服务区、休闲疗养服务区和药膳康复服务区，建立个人健康数据库，并将这些数据信息带入云终端计算后，集合线上来自全国各地的养生专家打造个人专属养生计划，实现养生资源的无障碍流动。

10. 用好国家政策，打造品牌生态功能区。在大伙房水库周边生态资源保护与开发上，应该严格遵循国家生态保护红线的规定，对一级水源地保护区实施严格的空间边界划分，制定高标准的管理限值，以维护区域生态及经济社会可持续发展。在二级及准保护区内，应充分参考国家振兴东北老工业基地的优惠政策，清理高污染、高浪费、低产出、低效益的企业，并通过高新技术和先进实用技术改造传统产业。在基础设施建设上，应积极引入外资和社会资本，实现筹资渠道的多元化，减少地方政府债务负担。在发展方向上，应积极响应国家《中国制造 2025》工业 4.0 规划，打破地域限制，突破产业局限，将现代农业与清洁化工业相结合，发挥水库周边交通便利、地广人稀的优势，打造大型仓储配送中心。应鼓励个人及企业运用 P2P、O2O 等现代互联网模式进行创新，实现产业模式的创新和重新布局。应充分发挥大伙房水库周边生态资源优势，以国家生态环保建设政策为依据，以旅游产业为主导，以休闲娱乐为主题，以生态运动为亮点，发展消费经济，带动房地产、餐饮、服饰、特色工艺产品等相关行业的发展，形成以大伙房水库和水源保护地为中心，以生态环保和地区发展为立足点，以旅游观光和休闲娱乐为核心，生态、科技、农业与现代清洁工业相结合的规模化、特色化和高关联性的集"生产——服务——消费——循环关联发展"于一体的区域经济社会圈，将大伙房水库周边地区打造成为抚顺市城市发展与环保形象的缩影与名片。（曹阳　刘士全　王玉环　付杨　刘诗谣）

第二节　发扬天女山景区生态优势　打造生态旅游高峰

旅游业对我国经济社会发展全局具有重要战略意义。习近平总书记强调："旅游业是综合性产业，是拉动经济发展的重要动力。"为了充分发挥旅游业的拉动作用，2016 年，抚顺市将旅游产业纳入到城市转型振兴的战略性产业之中。抚顺市虽然旅游资源丰富，但一直缺乏在全国乃至世界范围内具有影响力的旅游主打品牌。面临只有"高原"没有"高峰"的局面，抚顺市委、市政府充分挖掘全市丰富的旅游文化资源，全力打造抚顺市旅游产业新的增长极。天女山享有"天女木兰故乡"的美誉，发展天女山旅游景区将对抚顺市建成旅游名城和全域旅游城市做出重要的贡献。

一、天女山景区的概况

天女山自然风景区地处抚顺县马圈子乡境内，占地面积 8600 亩，系长白山余脉，主峰海拔 780 米，以盛产天女木兰而闻名。天女山自然风景区内山高林密，空气清新，悬崖峭壁环抱四周，古洞奇观分布其中，主要景点有通天道、通天洞、开山大石缝、龙潭、凤凰台等 28 处。景区有着罕见的原始森林，林中古树参天、干粗枝展、阴湿少光，给人以久远、神秘之意境。风景区内物种资源丰富，生态环境良好，构成了得天独厚的旅游资源特色，尤其是具有极高观赏价值和药用价值的天女木兰，这些都为"游绿、吃绿、购绿"的健康休闲旅游提供了优越的条件和基础。

天女山景区一年四季皆有可以观赏游玩之处。"春有百花秋有叶，夏有凉风冬有雪。"春季到抚顺市天女山，可以登山踏青赏花、观水入林洗肺，秀美的山水、新鲜的空气，定会让游客游在其中、乐而忘返；夏季的抚顺市天女山，山林中的幽静与清凉、乐园里的激情与欢快，一扫城市的喧嚣与酷日的烦躁，无论是登山临风，还是戏水消夏，都会让游客心旷神怡、无比惬意；金秋的抚顺市天女山，天阔云疏，朗月清风，层林尽染而枫红夺目，游客可以看红叶、赏繁花、采蔬果、游特色，蓝天白云、水天一色的自然风光，会让游客犹如"舟行碧波上，人在画中游"之感；冬季来抚顺市天女山，游客可以戏冰雪、住民宿、过大年，身临其境地感受天女山冬天的景致。当前，天女山景区正式通过"旅游＋生态"的模式，让外地游客来了有玩头、离开有念头。

二、天女山景区发展中存在的问题

1. 全市层面上缺乏统一规划。2018 年中央一号文件指出要大力发展乡村休闲旅游产业，首次提出要以产业化的思维来发展乡村旅游产业，通过横向拉长旅游产业链、纵向融合产业发展，促进乡村旅游产业升级。截至 2017 年，天女山风景区的旅游开发仍以自然生态开发为主。抚顺市由于拥有多个自然生态优美的景区，因而在政策允许的条件下一窝蜂做开发，政府层面缺乏统一规划和引导，导致经营者层面一味追求短、平、快，而忽视了合理规划，缺乏差异化主题，进而造成了景区同质化问题严重。

2. 开发模式相对单一、宣传滞后。首先，天女山景区旅游产品过于单一、缺乏精品、重游率低，未能有效利用天女山各种生态资源，难以适应现代旅游市场需求。天女山景区周边的旅游活动只有吃农家饭、干农家活、住农家房，产品雷同、品位不高、重复较多，缺乏体验休闲项目，难以满足游客多层次、多样化与高文化品位的旅游需求。其次，天女山旅游产品深度开发不足，未深入挖掘天女山农业旅游资源和民俗文化内涵，仅停留在观光、采摘、垂钓等项目，仅在原有生产基础上的表层开发，只是满足了游客物质需求，而缺乏创新设计与深度加工。再次，天女山旅游产品的宣传策划能力低等原因让天女山旅游难适应激烈的旅游市场竞争。最后，天女山旅游产品配套基础设施建设不完善，这为旅游带来了很大的不便。

3. 深度开发融资难。天女山旅游开发离不开金融资源的支持，而天女山旅游开发面临着政府融资主体、融资总量小等问题，仅靠政府资金的支持是远远不够的。长期以来，金融严重阻碍旅游的发展，很大程度上制约了天女山风景区申报国家4A级景区的进程。从2017年的天女山景区申报的情况来看，主要存在着五大难题：一是融资渠道相对单一；二是缺乏天女山旅游专业融资机构；三是旅游业与资本市场结合松散；四是闲置资金进入旅游业的投资数额规模较小；五是利用政府扶持资金的能力较弱。

4. 现代化运营模式较差。在"互联网＋"的时代背景下，天女山旅游的营销渠道却存在着重宣传，轻营销和轻渠道建设，营销渠道单一的现状问题严重。天女山旅游的经营以现场售票为主，周边的旅游产品的销售渠道单一且传统，产品的品质化保障缺乏诚信监督。同时，在天女山游玩的过程中，电子支付系统与WIFI仅覆盖景区入门处，游客旅游的体验感较差。在天女山旅游管理方面，存在着碎片化、不系统等情况，缺乏监管和质量审查机制。如何结合"互联网＋"时代背景，实现天女山旅游经营、管理、营销一体化格局，是未来天女山旅游发展需要探索的重要课题。

5. 品牌吸引力不足，中短程客源为主。天女山景区尚未形成大品牌，旅游的客源以中短程为主，市场潜力有待进一步释放。抚顺市天女山所在的新宾县有着良好的生态环境、悠久的历史文化和多彩的旅游资源但并不为市场所认知，且由于资源开发水平较低，未能在全省叫得响，因而造成了天女山知名度和竞争力相对较低，从而阻碍了天女山旅游产品及中远程市场的开拓。

三、探索天女山景区发展的路径

1. 全域思维，创新天女山旅游开发模式。政府应站在全域旅游视角对天女山进行开发，一方面，应由传统点式开发趋向旅游目的地建设与线路开发，从原来单体景区旅游向"景区＋农家乐＋田园综合体＋共享农庄"等新形式转变，串联盘活天女山全域旅游资源。另一方面，要系统推进旅游与精准扶贫、环境治理、产业发展、美丽天女山及生态修复的深度融合，要高度关注全域发展，实现从旅游产品发展到全域旅游目的地体系建设的目标。

2. 产业化思维，全力创新天女山旅游产品。天女山旅游产品是天女山旅游发展的重要一环，天女山旅游产品升级创新主要是基于马圈子乡周边农村的绿水青山、田园风光、乡土文化等资源，用文化和创意改造农业，使农业结合生产、生活、生态发挥创意，要研发具有独特性创意农产品或活动，建设魅力村庄，大力开发休闲度假、旅游观光、养生养老、创意农业、农耕体验、手工艺等，重点发展艺术村、农业科技园、休闲农庄、特色民宿、自驾露营、户外运动等天女山旅游产品。在创新天女山旅游特色产品时，要从天女山旅游产业要素出发，将以天女山景区产业为催化剂，打造现代农业、健康养生养老业、文化创意产业、体育运动产业等融合的全产业体系，构筑天女山旅游引领的复合型产业链条，激活天女山产业旅游产业功能。

3. 多渠道融资，创新天女山旅游投融资模式。投融资模式的创新主要从多个角度展开：一是争取国家、省市与地方政府的投资支持。二是加强与金融机构合作。三是天女山旅游对外招商引资模式创新，如定向与招募入股等。四是创业者发挥其资金与社会资源优势，与农民合作，参与天女山旅游开发、设施建设、经营管理等，重点投资发展养生养老、创意农业旅游、生态旅游、康疗旅游、营地旅游、民俗文化旅游等乡旅业态。五是构建旅游产业投融资平台。支持创新型、成长型的旅游企业股权融资，积极引导金融、风投机构与市内具备条件的旅游企业对接合作，加大对乡村旅游项目的信贷支持。六是健全信贷担保机制，加大对金融资本的支持力度。

4. "互联网＋天女山旅游"运营新模式。"互联网＋天女山旅游"新模式融合了互联网、物流、农村金融与物联网等，能够推动天女山在线旅游平台企业发展，实现科技化管理、精准化服务。一是"互联网＋天女山旅游"可以助力营销推广。天女山旅游营销模式要实现"线上线下"互动营销、融合营销、精准营销，在做好线下营销的同时，要加大线上营销的力度。二是

"互联网＋天女山旅游"能够提升经营效率。天女山旅游运用"互联网＋天女山旅游"的新模式，通过天女山旅游 O2O 模式，能够发挥互联网在游前、游中、游后的优势，实现线上线下紧密结合的高效管理。三是"互联网＋天女山旅游"能够提升游客便捷性，能实现旅游资源的在线展示和预订，同时借助平台影响力，通过 APP 与游客进行在线互动，完成从线上信息展示、营销、互动、决策、预订、支付等天女山旅游游前的线上服务，到线下个性化、多元化的天女山旅游体验的闭环过程。

5. 实施全媒体营销，强势开拓中远程客源。天女山景区应创新营销理念和营销渠道，挖掘天女山旅游品牌价值，重点以传统媒体营造全域旅游氛围，以新媒体为渠道开展灵活投放，以事件和节庆活动制造旅游热点，借助现代科技为中心，推动全媒体营销网络构建，实现营销推广向市场引导、传统营销向精准营销、分散营销向整合营销的发展。政府将天女山景区变成全市大品牌，逐步培育成在全省叫得响的大品牌，进而全面提升天女山知名度和竞争力，促进天女山市场潜力的进一步释放和旅游中远程市场的开拓。

四、保障措施

1. 强化共同意识，形成发展合力。抚顺市要做好做大天女山旅游产业，就必须明确目标，统一思想，形成共同意识。一是要深刻认识天女山在乡村振兴中的地位和作用。抚顺市乡村正处于发展的战略机遇期，这也是天女山带动周边区域经济发展的重要时期。新宾县上下要深刻领会天女山景区与乡村振兴之间相互促进、相互发展的内在联系和规律；同时，要深刻明确天女山旅游发展的新趋势、新业态，促进其快速发展。二是要加强领导，明确职责，增强合力。要把发展天女山旅游产业摆在突出位置，推进相关旅游工作快速发展，各职能部门要全面履行职能，做好综合协调、行业指导、市场监管、政策研究等工作，努力创新工作机制和方法，提高工作水平，营造相关部门上下联动的良好氛围。

2. 强化政策保障。一是科学修编土地利用总体规划，适当增加天女山发展用地，以此优化提升天女山景区质量。二是建立旅游产业发展专项基金。为支持天女山发展，抚顺市旅游委应发布支持旅游企业发展的优惠政策清单，每年应安排旅游业发展专项资金，推进旅游产业基础设施和公共服务建设。抚顺县政府每年在财政预算中应逐年增加发展旅游专项资金。三是加强营销奖励政策建设。抚顺市相关部门应对旅行社"引客入天女山"实施奖励活动，充分调动旅行社"引客入天女山"的积极性，不断增加市场占有份额。

3.加强宣传推广意识，扩大天女山的知名度。面对激烈的市场竞争，"好酒也怕巷子深"。因此，天女山景区在旅游宣传方面，要利用好电视、互联网等媒体，构建立体式、全方位宣传体系。同时，天女山景区还要加大旅游在线推广力度。随着手机媒体的发展，手机媒体的作用越来越强劲。天女山景区管理部要加快同主流旅游网站和各大移动运营商的合作，将天女山景区的旅游产品和特色旅游资源放到网上和移动终端上，从而推动天女山景区的发展。

4.增强忧患意识。在经济下行压力不断增大的今天，天女山景区的发展态势不容乐观，今后会面临更多的难题和挑战。因此，天女山景区管理层需要增强忧患意识，敢于攻坚克难，勇于创新，积极培育新动力，创造竞争新优势。天女山景区要想在全市旅游产业中走在前列，真正打造"生态旅游高峰"就要不断提高保障水平，争取资金保障和配套设施建设等，在准确把握天女山生态优势的前提条件下，创新发展形式，积极探索天女山旅游产业发展的新路子。（刘士全）

第三节　弘扬赫图阿拉城历史文化　打造民族旅游产业

赫图阿拉城是一座拥有400余年历史的古城，位于新宾满族自治县城西16公里、永陵镇东4公里的苏子河南岸，是清太祖努尔哈赤建立的第一个国都，其被皇太极尊称为"天眷兴京"，也是中国历史上最后一座山城式都城，更是迄今保存最完善的女真族山城。赫图阿拉城是后金政治、经济、军事、文化、外交的中心，被视为清王朝发祥之地，因是满族崛起的地方而蜚声海内外。

一、赫图阿拉城的发展概况

赫图阿拉城是"关外三京"之首，清王朝及先祖在此留下了众多的建筑古迹、文物、历史掌故、轶闻、民间传说和风土人情。城内有清王朝第一座关帝庙、孔庙（文庙）等七大庙宇。500多年前的汗王井，是中国罕见的明代早期木结构泉水井。其在研究清前史、艺术、社会、文化、经济等方面具有无可替代的价值。赫图阿拉城现有汗宫大衙门、白旗衙门、汗王井、东西荷花泡、显佑宫、地藏寺、满族历史文化长廊、满族老街等景观,现为国家4A级旅游景区。其中,赫图阿拉村为全国乡村旅游模范村,先后发展了农家乐100余户,规模化农业采摘基地10个,其中5家被国家旅游局评为中国乡村旅游金牌农家乐。厚重的清前文化,浓郁的满族风情,奠定了赫图阿拉城在抚顺市、辽宁省乃至全国的历史文化资源本体的唯一性,因而也获得了国内国际文化旅游产业投资企业的认可,同时也彰显了东北文化旅游产业的根祖身份。从旅游产业发展的角度来看,赫图阿拉城的现代旅游产业格局正在形成。

1. 产业格局基本成型。2016年,中共抚顺市委提出了以"清皇祖地,启运新宾"为形象定位,规划打造百亿元民族文化旅游集聚区,提出了"一城、两馆、三官、六节、十品"项目建设的发展思路。其中,"一城",即重塑赫图阿拉城,包括内城品质提升、外城商业改造,突出"遥远的赫图阿拉"项目核心,适时启动5A级景区申报工作。"两馆",即建设前清历史博物馆和满族民俗博物馆,奠定"遥远的赫图阿拉"文化基础,为产业布局、项目建设提供有力的理论支撑。"六节",即举办国际旗袍文化交流节、满族祭祖启运节、赫图阿拉大会等节庆活动,通过节庆活动提升项目品牌知名度。"十品",即推出贡米、贡酒、贡参、贡果、贡具、贡水、贡鱼、贡宴、贡蜜等"十大贡品"系列,形成全域养殖种植、深度包装加工、贡品推介展示、网上网下交易的新型营销模式,增加"遥远的赫图阿拉"皇家贡品的影响力和丰厚度。

2. 黄金线路初步形成。抚顺市整合旅游资源,精选优质旅游产品,先后打造了启运文化之旅和启运民俗之旅精品线路。"启运文化之旅"依托赫图阿拉城和清永陵,在完善原有景区硬件的基础上,不断增强软实力,推出了满族婚礼、萨满祭祀、后裔祭祖等文化体验项目,打造了皇帝巡城、登基大典等实景再现表演项目供游客欣赏。这些活动全面提升了景区的文化品位,适应了广大文化爱好者、民族情结追求者的需求。"启运民俗之旅"以赫图阿拉村和大房子村等特色村寨为依托,通过基础设施改造,增添了满族渔猎、饮食、娱乐等民俗服务项目和满族元素,提升了民俗文化品位和特色,满足了广大游客纵情山水乡愁的需求。以上两种产品既相互独立,又互相补充,不仅形成了单点的一日游线路,又形成了"文化+生态"的综合性旅游路线,为游客提供了更多的选择。

3. 产业政策基本形成。为保护和传承满族历史文化遗产，新宾县委、县政府成立了文化遗产保护与利用管理委员会，设立了赫图阿拉城文物管理所，成立了县非物质文化遗产保护中心。此外，新宾县还编制了《赫图阿拉城保护规划》。

4. 产业融合度逐步加深。为进一步适应旅游市场的需求，赫图阿拉城旅游产品的类型也在不断变化，逐步打破了传统，大力推广了"旅游＋"这一现代经济社会可持续发展的新模式。在"旅游＋文化"方面，除了城内已开发的景区外，还陆续推出了满族农庄过大年、旗袍文化节、满族后裔祭祖等节庆活动。

二、赫图阿拉城发展中存在的问题

虽然赫图阿拉城旅游资源类型多样、数量丰富，合理的利用使得短时间内产生了很好的效益，但客观地说，城内及周边旅游产业发展仍处于初级阶段，现阶段仍以观光旅游为主，产业规模分散，缺少核心旅游吸引物。赫图阿拉城发展的主要问题表现在以下几方面：

1. 有大资源，无大合作。赫图阿拉文化浓厚，历史遗迹保留较好，自然风光独特，旅游资源的极高品质得到了业内专家及领导的认可。赫图阿拉城虽然已形成生态、人文、民俗旅游景区的分布格局，但与各景区之间相对独立，竞争多于合作，尚未形成资源共享、信息交流、客源互送的大旅游局面。

2. 赫图阿拉城有大形象，无大印象，境内拥有的世界文化遗产、国家A级景区等都是清前文化、满族风情的旅游热地，但产品大多停留在初级观光旅游产品的层次上，大多景点处在能把游客吸引进来却留不住的局面。同时，赫图阿拉城缺失具有轰动效应及主题鲜明的旅游品牌，"有说头，没看头"。特别是由于地处北方，赫图阿拉城虽然也进行了一些冬季项目的开发尝试，但"旅游半年闲"的瓶颈问题尚未破解。

3. 有大文化，无大产业。赫图阿拉城厚重的民族文化底蕴和较小的旅游产业之间存在着明显差距，旅游与农业、工业、文化等相关产业融合发展的程度比较低，旅游产业链条的不完善，制约着旅游产业竞争力的提高。

4. 有大环境，无大服务。赫图阿拉城虽然近年来基础设施和环境建设不断加强，但旅游住宿、餐饮、酒店、购物等硬件条件接待设施还不完善，如新宾县各类宾馆供应床位总量明显不足，且档次不高。同时，其服务氛围、服务品质等软性接待服务还亟须提升。

5. 有大建筑,无大保护。赫图阿拉城周边水质随着发展逐渐下降,附近的河流污染已经成了普遍现象。景区在发展中存在大量建设性破坏,这种破坏已经普遍成为景区破坏的源头。目前来看,国内游客的环境保护意识普遍较为淡薄,很多人为破坏导致了赫图阿拉城的建筑寿命大大缩短。

三、相关建议

今后,赫图阿拉城应以体制改革为动力,围绕抚顺市打造的"三区两镇一景一牌"总体空间布局,全力打造知名景区,借助赫图阿拉城的历史文化旅游资源,打造赫图阿拉城旅游名品和精品。

1. 积极争取各级政府在政策和资金上的扶持。政策法规支持既是满族文化传承的有效保障,也是满族文化旅游产业发展的有效保护。赫图阿拉城是清王朝的发祥地,是满族文化崛起的地方,在此基础上发展满族旅游产业必须抓住抚顺市"十三五"规划的发展机遇。抚顺市应根据实际发展情况进一步完善旅游相关法律,通过制定有针对性的法律法规来保护和支持满族文化旅游产业的开发与可持续发展,通过给予优惠条件和创造良好环境保障满族文化旅游产品的开发。在政策引导方面,赫图阿拉城应当将满族旅游产业的基础要素中的衣、食、住、行、游、购、娱与其他行业相互融合,形成跨行业的旅游产业链。赫图阿拉城应通过满族旅游产业的产业链的延伸功能,与不同领域的文化资源、文化创意、文化科技、文化园区等相融合,打造综合性文化产业园,以此来形成规模效应;在城中应成立非物质文化传承交流中心,以非物质文化遗产传承为主线,集旅游、购物、休闲、艺术于一体,将各种文化融会于一身。这是满族文化产业政策引导下的积极实践和有益探索。在发展资金方面,一是要制定科学的、积极的政策,理性和规范地引导各种资金,开发地方的满族文化旅游资源,避免因资金分布不合理而导致旅游产业失衡;二是要为旅游产业的融资打造良好的融资环境和平台,使得满族旅游产业的发展资金能得到有效保障,从而促进满族旅游产业健康、快速发展。

2. 积极开发满足游客心理需求的满族体验型旅游产品。赫图阿拉城过去的满族文化旅游产品普遍存在体验氛围偏差、景区主题设计零碎化、游客在景区内游览过程中难以深入体验满族文化的内涵,这就导致了游客的心理需求不能得到满足。赫图阿拉城满族体验型旅游产品的设计应当以满足游客心理需求为目标，因而应整合、凝练满族文化旅游资源的精华部分，设计具有满族风情的体验主题，形成独特的体验氛围，使得游客从心理上产生对满族体验型旅游产品积极参与的体验渴望。满族体验型旅游产品的开发是一个系统化的工作，因而要以游客的心理需求为主线，应将满足游客的心理需求这一目标融入每一个环节。在调查清楚游客的实际心理体验需求的基础上，景区应先提出合理的主题定位，然后在设计详细的体验情节和体验活动后，再为每一个景点进行细致的布景。此外，景区还应安排旅游工作人员开展对应的服务培训。

3. 积极开发绿色产品，倡导绿色消费。赫图阿拉城景区的建设过程要加大绿色旅游产品的生产和消费比例，积极开展绿色旅游产品的营销和生态旅游产品的推广工作，大力挖掘环境生态和古建筑的结合优势，让游客在体会满族文化特色过程中也能享受到美好的生态环境。

4. 积极开发具有创意的满族体验型旅游产品。每一个地区都要有其代表性的传统文化。为了适应现代化生活不断增长的体验需求，景区要将传统满族文化与现代化的民俗体验活动结合起来，既要保护好满族传统文化的传承，又要为游客提供特色鲜明的创新体验；要将文化创意植入旅游业中，用文化创意带动旅游业的发展。这将成为今后一段时间内旅游业发展的趋势。景区应以具有创意的满族文化体验活动为主体，形成具有竞争力的满族文化旅游品牌。赫图阿拉城除了有闻名于世的古建筑旅游景区外，还有各种类型的民俗旅游活动吸引游客的参与、体验。如果自然景观整体难以变动，景区可以先从细节处着手，主要是民俗旅游活动上要不断创新和改进。景区以创新为驱动力，以满族文化资源为开发素材，设计独具创意的满族体验型旅游产品和旅游活动，既可以传承与发展传统民族文化，又可以为景区的发展提供新的动力。

5. 加强赫图阿拉城与县内旅游资源的横向联合。赫图阿拉城周边地区旅游资源也比较丰富，因而应把城内和县区其他旅游资源进行统一规划，设计成互相贯通的旅游线路。从1999年开始，抚顺的满族风情节就以享誉国内外。赫图阿拉城应充分利用节日契机，加强与县内其他景区的合作，促进城内旅游业的发展。

6. 大力培养优秀的旅游人才。人力资源是第一资源，旅游产业的发展需要旅游策划、旅游管理、导游等各类优秀人才，只有他们在各个岗位上辛勤工作、相互配合，才能使得旅游产业在发展中具有竞争力。因此，现代旅游产业的竞争，根本上还是旅游人才的竞争。赫图阿拉城满族文化旅游产业的快速发展，需要大量的优秀旅游人才投身其中。这就需要，抚顺市政府一方面要健全旅游人才培养模式，为抚顺市满族文化旅游产业提供新鲜血液，另一方面要制定合理的政策与待遇，在引进其他省份的优秀旅游人才的同时减少抚顺市优秀人才外流。无论是对满族文化的传承与发展，还是满族体验型旅游产品的开发，都需要优秀的旅游人才的参与。因此，政府应当加强对满族文化和旅游开发优秀人才的保障。

总之，满族体验型旅游产业的开发，不是对满族文化旅游资源的简单展示或复制，也不是对满族文化遗迹的恢复，而是打造一个体验型的旅游平台，使游客能够在这个平台中充分体验文字、图片等静态载体所不能提供的真实体验，让游客能够从中学习满族传统文化中的智慧和进取的民族精神，体会满族文化的风情与魅力。赫图阿拉城满族体验型旅游产品的开发应当严格遵循市场规律和以满足游客体验需求的宗旨，坚持走可持续发展的道路，这必将会为赫图阿拉城旅游产业做出越来越大的贡献。（孙涧桥）

第四节　带动果农增收致富的典型　抚顺市乐乐食品有限公司

抚顺市乐乐食品有限公司（以下简称乐乐公司）是一家专业生产食品的现代化企业，是辽宁省扶贫的龙头企业。乐乐公司建于 2006 年，已蓬勃发展了 13 个年头，它由一个年产量只有几百吨的山楂加工厂，已发展成为年产量 3000 多吨、资产总额超过 3500 万元的全省知名，拥有罐头、食用菌、山野菜、蜜饯、水果制品加工，农产品收购等产业于一身的食品生产加工企业。围绕着山楂、山梨等，乐乐公司利用 13 年时间走出了一条产业融合发展之路，振兴了农业经济，带动了果农创收致富。

一、企业发展的概况

1. 强化基地建设，为果农增收做出了巨大贡献。乐乐公司厂房面积 7600 平方米（含在建的 2000 平方米），拥有两条现代化水果加工线，能够年加工水果 3000 多吨，销售额超过 1400 万元。目前，产品已形成了线上线下网络销售。企业现有职工 60 人，间接带动了 1200 多户农民增收。乐乐公司作为市级农业产业化龙头企业，一直十分重视"农企结合"，采取了"公司＋基地＋农户"的模式，把发展产业化和为果农创收致富作为经营目标和企业责任。2017 年，乐乐公司在清原县南口前镇和红透山镇共同开发了1200 亩的山楂种植基地。在基地建设过程中，公司聘请了农业技术专家为果农开展山楂种植及病虫害防治等技术培训服务。同时，在基地的土质及水质检测、化肥施用、病虫害防治、山楂采摘等环节上，公司都派出了工作人员到现场进行了指导和监督，从而极大地丰富了果农的果树管理知识。2017年，乐乐公司果树基地顺利通过了第三方检测机构的审核。

近年来，全国山楂经常出现"卖果难"的问题。以 2016 年山东、河北山楂产区的商品山楂为例，当时的收购价格是 0.20 元每斤，为帮助农户降低损失，乐乐公司下属水果专业合作社按保底 0.60 元每斤全部收购了种植户的山楂，收购总量达 2000 多吨，仅此一项农户 2016 年平均少损失了4000 多元。2015 年，南口前地区遭受罕见的冰雹灾害，树上的山楂基本上全被毁坏，果农蒙受了巨大的经济损失。为最大程度的减少果农损失，乐乐公司开通了绿色通道收购冰雹果，而且当天收购当天付款。前后历时多日，乐乐公司收购完了这部分冰雹果，总量达 100 多吨。乐乐公司用实实在在的行动帮助了果农排忧解难，诠释了企业的社会责任感。2017 年，乐乐公司的原料果收购范围遍及了清原县主要水果种植区，解决了数千户果农"卖果难"的问题，并带动了当地林业果、运输业、饲料业的发展。多年来，乐乐公司已累计上缴税金数百万元，为发展农业和农村经济、增加农民收入做出了应有的贡献。

2. 罐头产业引领山楂产业链延伸。依靠山楂，乐乐公司将自身打造成了一家省内领先的罐头生产企业。为实现产业化、规模化发展，乐乐公司先后安装了两台先进的水果罐头罐装线，年可加工果品罐头 300 多万瓶。经过多年的努力，乐乐公司的产品除了罐头系列外，还有浓缩山楂汁、山楂浆、浓缩梨清汁、浓缩梨浆和山楂蜜饯等数十个品种，产品全部销售到国内各大城市，产品销售量连续多年位居省内同行业前列。企业发展，转型争先。在市场竞争日趋激烈的形势下，乐乐公司没有满足浓缩果汁的省内领先地位，而是继续依托科技和资源优势，拉长产业链条，走上了循环经济之路。围绕"吃干榨净"山楂原料的目标，乐乐公司进行了技术创新，在 2018 年底上马了果胶加工项目。

3. 大力发展水果采摘产业，促进农民增收。清原地区土壤肥沃，水系发达，确保了这里出产水果的营养成分。乐乐公司所种植的水果是从种植源头抓起，禁止使用农药、化肥，以生物农药、有机肥为主，这就确保了水果产品安全，让人们吃得放心。自党的十八大以来，休闲农业及乡村旅游得到了迅速发展，引发了越来越多的农业园区建设。乐乐公司借助清原县"4＋4"计划，因势利导，建设了采摘园游客服务中心，完善了采摘园必备设施，引导了大户投入到旅游开发农业采摘等旅游产业中，在促进农民增收的同时，带动了地方经济发展。2018年初，乐乐公司又向高效设施农业要效益，发展起了集科技示范、特色观光、采摘体验为一体的产业综合体。同时，乐乐公司引领合作社参与脱贫攻坚工作，以"专业合作社＋农户＋贫困户"的生产经营方式，提高了贫困户收入，并实现了第一产业、第二产业、第三产业融合发展，以特色产业激活了乡村发展新动力。

4. 发展电商模式，促进企业全面发展。近年来，乐乐公司的山楂产品已经不仅限于鲜果和山楂干，还包括很多山楂的延伸产品，比如山楂球、山楂蜜饯、山楂零食，还包括和山楂搭配的花草茶、用山楂制作的山楂酒等一系列产品。但销路一直困扰着公司发展，为了提高销路，乐乐公司走上了电商经销之路。2017年，乐乐公司网售额度超过了1000多万元，其中，线上交易超过了总交易额的20％。为了让村民都能发家致富，乐乐公司先后与200多户农户签订了种植协议，组建了专业合作社，并建成了一万多亩的标准化山楂种植基地，施肥、生物农药使用、采摘都实行统一管理，在保证山楂质量的同时，更让社员们尝到了甜头。乐乐公司电商平台在省内有一定的知名度，在这里不仅可以销售公司产品，同时还可以把清原县的其他农副产品，包括当地老百姓比较难卖的产品，如中草药材之类的，一并挂在网上销售。今后，乐乐公司还将利用这种水果电商平台，让果农的产品能卖更高的价格，从而让果农有更高的收益。

二、企业发展面临的机遇和挑战

1. 企业面临的机遇。一是中央强农、惠农、富农政策的落实，为农产品加工业发展提供了良好的外部环境。近年来，中央制定了各项惠农政策，并逐步向农产品加工领域覆盖。2018年中央1号文件强调：支持农产品加工业，支持农民合作社发展农产品加工流通，推进粮食、水果等农产品精深加工技术研发。这为粮食、水果等加工业发展提供了有力的政策保障。二是中国全面深化改革，为水果加工业发展提供了不竭的强大动力。国家发挥市场在配置资源中的决定性作用，肯定了非公有制经济的平等地位、作用，完善了产权保护制度，积极发展了混合经济，这将大大消除体制的束缚和障碍。特别是在深化农村改革方面，国家推进了土地、户籍和补贴制度改革，鼓励和引导了工商资本进入农业，赋予了农民更多的财产权利，鼓励承包经营权向家庭农场、种植大户、合作社等新型经营主体流转，这为农产品加工企业融资、用地、建基地等都起到了积极的促进作用。三是消费结构快速升级，为农产品加工业发展提供了旺盛的市场需求。从发展规律看，城镇化快速发展的阶段，往往也是农产品加工业高速成长的时期。当前，我国加工品消费大幅度上升，这为农产品加工业发展提供了巨大的内生动力。四是全社会关心关注的氛围日益浓厚，这也为粮食、水果等农产品加工业发展提供了强大的推力。由于粮食、水果等农产品加工业具有产业关联度高、带动能力强、基础支撑作用大等特性，日益受到了各地重视和政策支持，行业指导服务正逐步加强，这也让更多的社会力量投入到了水果、粮食加工产业之中，从而为粮食、水果等农产品加工业发展营造了良好的氛围。

2. 企业面临的挑战。乐乐公司在看到机遇和成绩的同时，也要清醒地认识到，企业发展仍然面临着不少困难问题。从内部情况看：山楂、山梨等水果的加工水平低；技术装备相对落后，企业没有建立研发部门，而没有研发部门很难吸引和留住高素质的专业技术人才。从外部情况看：一是加工成本不断上升，企业利润微薄。二是出口难度加大。由于国外水果加工的产品认证体系与国内不同，因而导致企业生产的产品很难"走出去"。三是行业引导能力和公共服务不足。长期以来，抚顺市农产品加工业发展既缺乏有针对性的扶持和引导，也缺少健全的信息、技术、市场、融资等公共服务体系，这也为企业的发展制造了障碍。

三、推动企业科学发展的对策建议

1. 金融部门应在贷款方面给予重点优先的保障。乐乐公司作为龙头扶贫企业，能够带动就业人数超过千户。因此，在乡村振兴战略实施过程中，抚顺银行、辽宁农村信用合作社等部门应该支持乐乐公司发展，适当地满足企业合理资金需求。尤其是对乐乐公司向农户收购农水果和为完成订单生产所需的流动资金，有关银行应给予重点照顾。

2. 放宽基本建设项目贷款抵押条件，确定合理贷款期限。金融部门应对乐乐公司新建、扩建、技改项目，属于创新研发新产品项目、引进先进生产工艺及装备的项目都应视为可信项目，放宽担保抵押条件。抚顺市政府相关部门要积极帮助公司争取贷款和相关补助。

3. 鼓励公司进行技术创新。政府应对乐乐公司采用新技术、新工艺、新材料、新设备所发生的费用，建议在缴税前进行扣除。乐乐公司技术改造项目所需设备投资的 50%，建议在缴税中抵免扣除。同时，政府应鼓励乐乐公司与抚顺市科研部门、大专院校进行产学研合作，进行技术创新和新产品研发。

4. 多元人力资源并用，大力推进建立人才支撑体系。企业应以经营管理和科技创新人才为重点，以技能型人才为基础，努力培养造就一支结构合理、素质优良、经营管理水平高、熟悉产业政策、热心服务企业的管理和市场开拓人才队伍。

总之，乐乐公司只有凝心聚力、攻坚克难、改革创新、真抓实干，才能推动公司跨越发展，才能实现企业强起来、果农富起来的目标。（刘士全）

第五节　产业扶贫的龙头　华田润农业科技有限公司

抚顺市华田润农业科技有限公司（以下简称华田润公司）创建于 2012 年，是一家集食用菌的研发、生产、技术推广培训、销售和深加工于一体的市级农业科技型龙头企业，是抚顺市食用菌协会会长单位。近年来，华田润公司随着产业规模的扩大，辐射作用的增强，带动了一大批贫困户脱贫致富。公司在 2017 年被评为抚顺市产业扶贫典范单位。

一、公司的发展概况

华田润公司拥有丰富的优质原材料，技术力量雄厚，员工 120 多人，已形成了区域产业。2014 年，华田润公司进行了温室大棚的建设，组建了技术专业团队，培养了产业工人，种植了黑木耳、香菇等食用菌。2015 年，华田润公司建设了食用菌菌种、菌包研发生产全产业链设备设施，形成了企业加农户经营模式，扩大了种植规模。2016 年，公司建成了生产楼和研发、销售及培训为一体的综合楼，增加了产能，扩大了带动的农户范围。2017 年，华田润公司进行了食用菌精深加工，扩展了食用菌销售渠道，提高了产品收益附加值，使农业产业实现了可持续发展。2018 年初，公司在清原满族自治县倾力打造了扶贫样板工程——清原县食用菌科技产业扶贫园区。一期园区占地 500 亩，生产厂房建筑面积 1.5 万平方米，年产量 1200 万包菌种，种植黑木耳、香菇面积 1500 亩。公司实行"公司良种＋标准化基地带贫困户＋企业产品回收"的模式，统一进行工厂化产品精选包装，创立了统一地理标识品牌，帮扶带动 200 多户农村家庭改变了传统的种植结构，实现了脱贫致富，并创建了辽东地区最大的食用菌扶贫产业园区。通过近 6 年的发展，华田润公司已在长白山黑木耳、香菇优良品种的工厂化繁育方面处于辽宁省领先水平。在销售方面，公司长期与全国大型连锁超市、药店及网店保持着长期稳定的销售合作，实现了公司产品从田间到餐桌的全产业链发展。

二、公司的产业扶贫

过去，抚顺市的扶贫项目都是以"输血"为主，这很难激发贫困户脱贫致富的积极性。随着中央精准扶贫工程的开展，扶贫工作也由大范围扶贫向集中连片特困地区扶贫转变，这就使得以往"输血"扶贫方式显得力不从心。政府对于集中连片的特困地区，需要开发新的扶贫模式。华田润公司充分利用产业扶贫的特点，并结合自身优势，通过多种途径带动了贫困户脱贫致富，脱贫方式也由"输血型"向"造血型"方式进行了转变。

1. 开拓市场，提升企业实力，保障企业有能力扶贫。一是走出去，学习先进的农业发展模式。企业领导和项目管理者先后到中国台湾地区，新加坡和美国等地学习交流，同时在与日本农业株式会社洽谈后进行了深度合作，了解了市场前瞻性需求，并重新定位了企业的长远发展方向。二是食用菌产业、有机农业、观光农业融为一体，相互带动。企业拥有食用菌产业、温室无公害蔬菜和草莓产业，多产业之间形成了融合带动体系。企业通过大棚冬季生产蔬菜、草莓，夏季生产食用菌，提高了大棚全年的使用效率，从而增加了收益，稳定了客源，稳定了员工队伍，这也为企业可持续发展奠定了基础。三是三产融合发展，提高抗风险能力，为长远发展提供了优势条件。企业融合三产季节差特点，进行优势互补，有效整合了技术、资金、管理、资源，实现了低成本管理运营。企业依托多年积累的良好产品信誉，提高了市场竞争力和稳定的盈利能力。

2. 发展订单农业做扶贫。华田润公司与贫困地区农户签订了农产品产销合同，向农户提供种源、技术等，指导农户开展种植、养殖，并按合同价收购农产品。这种模式解决了贫困地区农户生产什么、物资从哪来、农产品卖给谁、价格下跌亏损怎么办等一系列问题。农户在家就可以安心地进行种植，其他一切事情都交给企业。公司在抚顺市红透山等地有产业扶贫规划，由公司为贫困户提供一条龙的管理，解决了贫困户"无项目、无技术、无资金、无市场"的难题，基本上能够实现短期内脱贫，一到两年致富的目标。

3. 提升技术能力做扶贫。华田润公司一方面加强科技研发推广力度，结合乡村贫困地区的自然条件和发展优势，积极引入香菇、黑木耳等新品种、新技术，提升农产品产量和品质，能够增加农民农产品的销售收入。另一方面，公司加强对贫困地区农户的技术培训、能力培养，使农户有一技之长。华田润公司成立了家庭农场，开展规模经营，自我发展能力显著增强，并向贫困地区推广了优良农产品品种和高产栽培技术，使农户的农产品产量快速增加，仅此一项技术就让贫困农民得到更多的收益。

4. 开展金融服务做扶贫。华田润公司长期带动农户开展农业生产经营，对每个农户的生产能力、技术水平、勤劳程度、个人信用等进行摸底，根据摸底情况，向农户提升相应的资金支持。

5. 增加就业岗位促扶贫。华田润公司是劳动密集型企业，因而在种养环节就能够提供大量就业机会，可吸纳大量农户从事农业生产。随着农村第一、第二、第三产业融合加快发展，农业产业链条不断延长和拓宽，农业企业在农产品加工、销售、物流和附属产业等方面提供的就业岗位越来越多，因而对贫困地区农民就业增收的带动能力越来越强。

6. 参与公益慈善做扶贫。华田润公司生存的根基在农村，发展的依靠是农民。因此，公司主动履行社会责任，积极参与公益慈善。另外，华田润公司负责人在事业取得成就后，仍对抚顺市这片故土有深深的眷念，对乡亲有浓浓的感情，愿意为改变家乡面貌贡献力量。公司通过捐资助学、扶危济困、修路引水等方式，帮助贫困地区脱贫攻坚，改善了贫困农民的生活处境。

三、相关建议

今后，华田润公司应该进一步发挥农业龙头企业的引领带动作用，以此来实现"以企业发展带产业扶贫，以产业扶贫促企业发展"的目标。

1. 通过市场化运作，深入实施产业扶贫。一是华田润公司应将产业发展模式以产业为依托，整合扶贫涉农资金，按照统一的标准建设产业项目，发展集生产—加工—销售于一体的第一产业、第二产业、第三产业深度融合的产业模式。二是帮扶模式和带贫减贫机制。公司应按照"龙头企业＋合作社＋农户"的模式，流转农民土地集中经营，组织与贫困户签订共建协议，吸纳贫困人口就业，带领贫困户积极参与项目建设，帮助贫困户提升劳动技能，增强自身发展后劲。三是标准体系建立、标准制定、标准实施情况。公司应引用国家标准、行业标准、地方标准、团体标准，补充产业项目各环节技术和管理标准，完善产业扶贫项目的标准体系，发挥标准示范作用，规范产业项目建设、运营、管理等环节，并采购、生产、营销、服务进行统一管理。公司应开展标准化技术培训，提高贫困户执行标准的能力，提升贫困地区群众的劳动技能和内生动力，改善生态环境，使农村变得文明美丽宜居，从而培育良好的社会风气。

2. 深化企业与农户之间的利益联结。华田润公司在农业企业扶贫过程中，强调企业与贫困个体之间应结成一种相对紧密的利益同盟，其本质上仍是以契约为纽带的半紧密利益关系，从某种程度上说，这种利益关系是不稳定、不完善的。因此，企业应该总结经验及不足，着手打造更加紧密的利益联结机制，尽快在企业与贫困农户之间建立起产权型的利益联结关系。公司可以尝试建立企业化利益联结机制，形成农副产品生产、加工、销售一体化的运作模式，类似于企业内部的分工合作关系。此外，公司也可以尝试入股分红利益共同体模式。在这两种模式中，公司都确保合作农户的切身利益，让他们能够从产业扶贫的各项利润环节中获得实实在在的好处。

3. 加强对企业参与产业扶贫的政策支持。华田润公司在企业扶贫过程中存在资金紧张的问题，因而需要政府在资金、政策等方面的支持。政府应为企业开展控股、兼并等活动提供政策便利，为企业的资本扩张创造良好环境，支持企业做大做强；取缔不合理的收费项目，同时下调必要收费项目的费用标准；在全面把握风险的前提下，适当扩大有效担保物范围，号召金融机构加大对农业企业的贷款投放力度，通过调高信用评级、延长还款期限、降低贷款利息、强化续贷支持等方式解决企业融资难题；将产业扶贫与财税政策相挂钩，利用税收减免、贷款贴息等方式减轻企业负债负担；积极借助广播电台、电视、报纸杂志、移动新媒体等渠道进行扶贫事迹的宣传报道，同时结合企业取得的扶贫成果开展荣誉评比活动，帮助农业企业树立良好品牌形象；利用委托研究、课题招标等途径，鼓励高校、科研机构等参与产业扶贫的专业技术研究，帮助农业企业攻克技术难关。

总之，农业企业参与产业扶贫是贫困地区脱贫致富的有力抓手，针对农业企业在产业扶贫中的问题，企业、社会、政府等各方必须给予充分重视，并采取多途径有力措施，打消农业企业发展的掣肘与后顾之忧，从而更有效地发挥农业企业在产业扶贫中的作用，进而促进县域经济发展，让更多的贫困户能够脱贫致富。（孙涧桥）

第六节　立体农业先锋　红透山镇光伏发电复合项目

　　立体农业是对农业概念的一种新的概括。传统的农业生产力运动走的是一条"低层次平面垦殖"的道路。立体农业，又称层状农业，就是利用光、热、水、电等资源，同时利用各种农作物在生育过程中的时间差和空间差，在地面地下、水面水下、空中以及前方后方同时或较互进行生产，通过合理组装，组成各种类型的多功能、多层次、多途径的生产系统，以此来获得最大经济效益。清原满族自治县红透山镇光伏发电复合项目正是这样一个立体农业项目。

一、红透山镇光伏发电复合项目概况

　　红透山镇光伏发电复合项目座落于清原满族自治县红透山镇苍石村、沔阳村。该项目采用上层光伏发电，下层建设塑料大棚培植菌棒的模式开展。红透山镇光伏发电复合项目是由江西展宇集团总投资，清原东仪新能源有限公司和清原天虹新能源有限公司分别组织建设，项目计划总投资 2.5 亿元，总占地面积 1485 亩，主要建设 40 兆瓦光伏发电项目。项目建成后，预计年发电量 5200 万度，年销售收入 3300 万元。截至 2018 年 12 月，项目已落实投资 1.5 亿元，天虹新能源有限公司建设的 20 兆瓦光伏发电项目已竣工并实现并网发电。

　　光伏发电板下层菌棒大棚项目是由江西展宇集团和抚顺田润华农业科技公司合作投资建设，项目计划总投资 6500 万元，总占地面积 760 亩。发展食用菌冷棚 14 万平 478 栋，并建设菌种生产繁育车间、深加工车间和冷冻库等生产加工车间约 2.5 万平方米。

　　项目依托光伏发电，即在太阳能发电设备下建设食用菌大棚，太阳能发电与食用菌生长互不干扰、优势互补，从而大幅度提高土地资源利用效率。

项目建成后，预计年可立体种植黑木耳 700 万袋，加工黑木耳干品 35 万公斤，年栽培香菇 200 万袋，加工鲜香菇 200 万公斤，实现产值 4600 万元。截至 2018 年 12 月，14 万平方米的食用菌冷棚建设已经完成，其他基建项目将于 2019 年 6 月开工建设。项目建成后，该园区将成为一个集食用菌技术推广和应用、黑木耳生产与销售、市场批发与物流、生态环保与光伏发电多功能于一体的现代立体农业园区，这将为周边地区发展立体农业起到积极的示范作用。此外，项目通过"公司＋农业合作社＋农户"模式，带动苍石村、沔阳村通过发展食用菌产业壮大村级集体经济。同时，该项目也可实现带动周边 400 户农户和 100 多个有劳动能力的贫困户发展产业，预计直接实现就业超过 800 人，每户年收入增加 1 万元以上。

二、清原县红透山镇发展光伏项目的优势

1. 土地和光照优势。在自然地理条件方面，清原县红透山镇是一个典型的半山地区，地势由西北向东南倾斜，地貌多低山、丘陵等类型。红透山镇总面积 199.5 平方公里，阳山地、丘陵面积占总面积的 1/2，这为光伏项目的开发、建设提供了有利条件。在光照条件方面，太阳能资源是以太阳总辐射量表示的。一个国家或一个地区的太阳总辐射量主要取决于所处纬度、海拔高度和天空的云量。根据《太阳能资源评估方法》（QX/T 89－2008）和气象部门的调查测算：我国太阳能年总辐射量最大值在青藏高原，年总辐射量高达 10100 兆焦耳/平方米；最小值在四川盆地，年总辐射量仅 3300 兆焦耳/平方米。辽宁省具有丰富的太阳能资源，太阳能资源总储量排名全国前列。清原县太阳能在全省层面上最为丰富，尤其是红透山地区，每年太阳辐射量在 5500 兆焦耳/平方米左右，属于太阳能资源丰富区，具有一定的开发价值。根据推算得到的红透山镇场址区域辐射数据显示，项目所在地区多年平均年总辐射为 5900 兆焦耳/平方米。根据《太阳能资源评估方法》（QXT 89－2008）确定的标准，光伏电站所在地区属于"资源丰富区"。光伏场区 5～9 月是总辐射量最充沛的 5 个月，此后开始逐渐减少，到 1 月降到全年最低，后又逐渐增加。项目建在低山丘陵坡度较缓地区，非常适宜太阳能电池板的大面积铺设。同时，项目所在地距抚顺市中心仅有 45 公里，属于输电成本较低的区域。这些都为建设大型地面光伏电站提供了有利条件。

2. 光伏政策优势。国家能源局每年都在光伏电站建设指标上有所倾斜。

截至 2017 年年底，我国光伏发电累计装机容量一亿千瓦，成为全球光伏发电装机容量最大的国家。我国光伏发电面积占全球新增装机的四分之一以上，这为我国光伏制造业提供了有效的市场支撑。从发展速度上可以看出，政府对光伏产业发展的重视在逐渐提高，这为光伏产业的发展营造了鼓励氛围。通过研究国家和辽宁省的政策可以发现，每年国家和省级政府机构在加大光伏产业扶贫的力度和规范光伏产业扶贫的方面均有章可循。在国家大政策的影响下，清原县把发展光伏发电产业作为强县富民的主导产业来抓，并聘请专家制订了清原县光伏产业发展政策，确立了利用广阔的山地资源，大力发展绿色、环保、低碳、清洁的光伏产业，将红透山镇、南口前镇等列为重点区域，重点发展光伏发电项目。

3. 立体农业的优势。在红透山镇光伏发电复合项目建设的同时，公司与抚顺田润华农业科技公司合作成立了食用菌合作社，合作社由当地居民自愿加入，社员负责培植菌棒，合作社负责食用菌产品的销售。从此方面可以看出，红透山镇光伏发电复合项目把提升农业产业格局、增加农民收入作为推进农业经济的一项重要工作来抓，通过发展立体农业有力促进了光伏产业与第一产业的快速融合。红透山镇周边已经形成了食用菌产业链，该地区生产的食用菌，如香菇、黑木耳、滑菇，不仅在抚顺市有名气，还打入了南方市场，提高了清原县农产品的知名度，这也为红透山镇光伏发电复合项目发展食用菌产业奠定了基础。此外，项目所属的母公司江西展宇光伏科技有限公司和抚顺田润华农业科技公司实力雄厚，能为立体经济发展提供资金保障。按照公司计划，该项目作为推进农业增产农民增收的一项举措来抓，按照"公司＋农业合作社＋农户"的发展模式，充分发挥了集团优势，把市场信息及时提供给农民，使入社的农民技术上有依托，信息上有"耳朵"，销售上有靠山。

三、清原县发展红透山镇光伏发电复合项目的重要意义

1. 地区经济发展的需要。清原县是一个财政小县，经济发展缓慢，全县富民带动经济的大企业、大项目很少。而且随着生态环境保护力度加大，清原县传统的铁矿、铜矿等均受到了进一步的限制，给本来就极其薄弱的清原县经济又增添了更大的压力。2017 年，全县地区生产总值为 56.1 亿元，公共财政预算收入仅为 5.3 亿元；相对于辽宁省其他县来说，排名靠后。到 2017 年年底，清原县还有 4 千多人口没有实现脱贫，清原县经济的发展能

力可见一斑。因此，清原县急需引进埠外大型企业带动县域经济发展，而清原县红透山镇光伏发电复合项目就是一个投资过亿元，能带动近千人就业脱贫的重点项目。

2. 产业优化升级的需要。清原县作为传统农业种植大县，小农思想根深蒂固，人民靠天吃饭，在打造支柱产业方面不尽如人意。第三产业发展失衡，清原县的传统支柱产业为铁矿业，在生态保护力度不断加强的今天，铁矿业受到了相当大的遏制，很多企业被迫关闭停产。占主导地位的铁矿业逐渐萎缩，产业结构迫切需要调整。作为工业企业本来就薄弱的农业县，在国家大背景影响下，昔日主打的工业行业日渐消瘦。因此，清原县亟须环保节能的高科技企业入驻，而清原县红透山镇光伏发电复合项目正好能够满足清原县结构调整的需求。

3. 协同发展的需要。习近平总书记强调指出："我们既要绿水青山，也要金山银山。宁要绿水青山，不要金山银山，而且绿水青山就是金山银山。"因此，传统的高耗能、高污染、高投入、低产出的"三高一低"模式已经不能适应"绿水青山就是金山银山"的理念。在保护生态环境的大背景下，清原县要想承接好项目就必须提升自己的硬件基础。清原县要放弃重污染的采矿业，积极利用自身光照资源充足的优势引进光伏太阳能产业，使绿色环保低碳的行业在清原县扎根立足，并逐渐发展壮大，顺应了"绿水青山就是金山银山"的大趋势，这也是实现清原县绿色发展的首选。

4. 精准扶贫的需要。清原县红透山镇光伏发电复合项目是解决当地贫困户脱贫的重要手段。清原县将项目安排在太阳能资源丰富的山区，通过光伏太阳能板下种植食用菌项目带动了一部分人脱贫。红透山镇光伏发电复合项目通过鼓励贫困户入社的方式，实现了从"输血"变为"造血"，从而带动了当地经济向又好又快发展，进而满足了精准扶贫、精准脱贫的大背景要求。

四、加快清原县红透山镇光伏发电复合项目建设的建议

清原县红透山镇光伏发电复合项目是充分利用当地太阳能资源的新能源项目，其发展扶贫符合国家政策。同时，该项目利用资源优势开展大规模产业扶贫项目，让众多村民有机会脱贫，这也为山体综合开发提供了借鉴和参考。因此，项目亟须强化建设。

1. 加快资金补助的落实。从 2012 年到 2017 年底，国家级关于光伏产

业的文件不少于 300 个,地方政府文件更比比皆是,电价补贴和光伏发电政策也不尽相同,在我国经济发展进入新常态和全面深化改革及全面建成小康社会的大背景下,要求各部门充分学习上级文件和政策,并结合本地特点制定符合本地区的政策法规,为光伏企业提供最优的政策扶持,从而实现光伏企业在盈利的同时也帮助地方政府实现扶贫脱贫的目标,实现合作共赢。清原县红透山镇光伏发电复合项目是一个可持续发展的项目,抚顺市政府应给予土地、配套设施、电网服务等多方面的照顾,并利用现有政策做好电力入网时的辅助工作,为企业盈利,加快产业扶贫铺平道路。

2. 培育专业型人才。在光伏企业高速发展的基础上,技术人才、科技人才要紧跟发展的步伐,在国家大背景的影响下,清原县红透山镇光伏发电复合项目发展迅速,板上光伏发电、板下种植食用菌并存,在整个过程中需要大量的技术型和食用菌管理人才来维持立体发电模式的正常运行。清原县红透山镇光伏发电复合项目具有实时性的特点,即所发电量随时发随时上网,并可通过电网加以调度和消纳,这就要求在光伏电站运行过程中尽量少出故障,或者在系统发生故障后要在最短的时间内予以排除,减少对电网的冲击。因此,建议抚顺市政府能够在相关高校、科研院所定向培养懂得维修光伏设备的专业性人才。同时,针对食用菌项目,需要清原县政府和红透山镇政府多在食用菌实际技能培养上下功夫,为企业培育更多的养殖能手。

3. 加大宣传力度,提高百姓的认知水平。在加大推广普及光伏产业的同时,也要让农民对光伏产业了解透彻,这样更有利于光伏的推广。经济的发展需要良好的环境,清原县红透山镇光伏发电复合项目发展的过程需要政府部门为企业营造良好的发展环境。尤其是当地电力管理部门在充分认真学习国家相关政策法规基础上,应加大对光伏产业的宣传普及力度。光伏能源作为无污染、绿色环保、清洁的低碳能源,符合我国在经济进入新常态以后的供给侧改革的潮流,因而应通过宣传让人人接受光伏、人人宣传光伏,让清原县红透山镇光伏发电复合项目更好地为地方经济发展作贡献。(刘士全)

第七节　名牌企业的典范　辽宁三友农业生物科技有限公司

辽宁三友农业生物科技有限公司(以下简称三友公司)创建于 2011 年,

总部位于抚顺县后安镇。三友公司拥有一期、二期2处现代化生产加工厂区，5个产业化基地，1个示范人才技术孵化园区，公司占地面积1100亩，有现代化标准菌包生产线20条，可年产各类菌种及食用菌栽培袋6600万袋，产品远销全国各地，并出口韩国、日本等国家。2017年，企业产值2.52亿元。三友公司是国家级高新技术企业、辽宁省产业化重点龙头企业、辽宁省名牌企业、辽宁省科技创新企业、辽宁省食用菌协会会长单位。

一、三友公司品牌创建的概况

1. 品牌创建。公司在建立一年后，经抚顺市农业产业化工作领导小组办公室综合考察评审，三友公司被认定为市级农业产业化重点龙头企业。在被确定为市级龙头企业后，三友公司立即与抚顺市各个菌类专业合作社形成合作关系，其生产的菌类产品迅速抢占了全市菌类市场。

2. 品牌培育。2013年，三友公司联合中国农科院食用菌研究所研发培育食用菌新品种，并在同年，公司成为全国最大食用菌菌种研发创新平台。2014年，三友公司开创食用菌产业新思路，开发了食用菌休闲农业旅游项目，打造了"咕嘟菇"品牌，并将"咕嘟菇"农场发展成为食用菌休闲旅游连锁农场。同时，三友公司积极发展"互联网＋"，将首华农产品交易中心打造成了公司农产品现货交易平台。2013～2014年，三友公司被评为抚顺市科技创新企业、辽宁省科学技术普及基地，公司产品通过了国家食品安全HACCP认证和食品国际质量ISO9001认证。

3. 品牌营销。首先，三友公司采取自营店、加盟店、直销、商场销售、零售商等多种营销方式，广开销售渠道，增加了产品的市场占有率。在日常品牌宣传管理中，公司有效利用广告、赞助、互联网等传媒进行传播，增强了品牌知晓度，提高了市场竞争力。三友公司自创建以来参加了所有由当地政府组织的各类展会，通过展会平台，以较小的成本迅速提高了知名度，增加了产品销量。其次，细分产品。三友公司生产的是菌类产品。公司细化消费市场，针对高档客户需求，推出了"礼包装"产品；针对普通消费客户，推出了散装产品。这一举措刺激了销量上升，提高了公司的市场占有率。再次，品牌延伸，打造"永创第一"的经营品牌。公司长期对其生产的产品进行研究和开发。截至2017年，公司已经有食用菌系列35个、咕嘟菇系列13个、菌棒系列7个。最后，品牌危机。在企业发展过程中，三友公司也曾发生过产品过期问题，引发了消费者不满。公司非常重视这一问题，出台了相关政策，对有质量问题的产品一律召回并销毁。这也促进了"三友"的品牌的成长和发展，为公司赢来更多口碑，从而提升了企业形象。

二、三友公司品牌建设的启示

三友公司能够在竞争激烈的农产品市场中脱颖而出，并打造出良好的企业品牌，主要有以下几点启示值得相关企业参考。

1. 企业有清晰的品牌定位。三友公司的品牌定位就是做菌类产品的百年品牌，成为全国菌类产品的佼佼者。只有准确的品牌定位，才能有准确的市场定位，企业清楚认识到客户群主要是菌类食品的消费者，这为公司营销网络点的设立做了正确的引导，并且企业在资金充裕的条件下，开展了企业品牌建设研究，确保了企业品牌能够有序良性发展。

2. 细节服务经营品牌。无论是细分消费市场，丰富产品类型，还是注重产品质量，公司都不惜花费成本，坚持从原材料到生产工艺都严控质量关，这些都体现了三友公司周到的细节服务。也正是这些看起来不经意的举措，让"三友"品牌在消费者中赢得了良好口碑。

3. 重视质量标志认证。三友公司充分认识到质量标志认证对品牌的重要性，因而十分重视质量标志的认证。截至 2017 年，三友公司已通过 ISO 9001 国际质量管理体系认证和国家食品安全 HACCP 认证。公司荣获了抚顺市消费者信得过单位、中国农博会优质农产品金奖、中国三农科技服务金桥奖、中国绿色食品博览会辽宁绿色（有机）食品银奖等荣誉称号。这些质量标志有效地提升了消费者对公司品牌的信任度，名优标志和认证标志的作用被更多地关注和寄予期望。

4. 政府支持为品牌建设提供有益帮助。食用菌类产品是抚顺市的特色，必然会得到政府给予企业更多的扶持政策，以帮助其快速成长发展。三友公司深知获得政府支持的重要性，因而十分注重与政府单位保持良好关系。公司积极参加政府组织各类展会、评选活动等，促使其品牌影响力进一步扩大。

5. 创新是品牌建设的关键。品牌是一个动态的概念，品牌建设不是一劳永逸的，消费者的品位、理念、要求日新月异。如果企业固守统一模式不变，即便做得再好，仍然不会使消费者体会到企业的存在。三友公司从已有产品出发，创新产品和服务，推出多个系列产品，给消费者以新鲜感，品牌认知度因而得到了明显提高。

6. 处理品牌危机方法得当。三友公司在发展的过程中也遇到过好几次品牌危机，但是三友公司没有因此被击败，而是通过认真分析、深刻反思、及时出台相应的措施，巧妙化解品牌危机。公司通过面对品牌危机时及时采取措施，让大家看到该企业对于品牌危机处理恰当有效，公司通过危机处理，提升了公司品牌。

三、相关建议

三友公司品牌的成功，为抚顺市农业企业提供了一条可以借鉴的道路。但抚顺市农业企业如何借鉴三友公司的经验，强化自身的品牌，还需进行实际研究。我们的建议如下。

1. 做品类的代表。三友公司获取资源、打造品牌的主要方法之一就是要以品牌占据品类，做品类的代表。要成为品类代表，很大程度上势必要依靠当地政府的政策支持。那么农业企业如何获得政府支持呢？一是农业企业除了注册商标外，还可以通过国家级和省市区"无公害""绿色""有机食品"标志产品的认证、中国驰名商标等认证，以此来保护农业企业的利益，使自己的企业和品牌独占品类，独树品牌。二是在消费者头脑中抢注地位。做品类的代表，虽然在一定程度上有利于农业企业品牌提升，但是农业企业还不能将优势产地资源揽为己用，现实中许多优势产地资源被许多企业共同使用，造成了属性混乱。抚顺市农业企业要想将本地优势资源为自己所独享，就要学会在消费者头脑中抢注地位，学会在地域名品上做品牌，因而企业应注重运用传媒力量，通过广告、做赞助商等形式，争创品牌知名度，争取要在同行中脱颖而出，把品牌做成品类中的正宗代表。

2. 明确品牌发展方向。企业不能只限于生产普通商品，应当重点发展核心产品，让自身的品牌由弱到强，逐渐壮大。农业企业品牌发展核心工作之一就是确立品牌目标，然后围绕品牌发展目标，开展一系列品牌建设活动。农业企业品牌建设路径一般要循序渐进，要经历区级名牌、市级名牌、省级名牌，最后达到国家级名牌的过程。正如三友公司已有长期品牌发展规划有具体可行措施，抚顺市其他的农业企业应该借鉴三友公司的发展经验，做好品牌发展计划，逐步打造属于自己的品牌。

3. 提升品牌形象。一是坚定品牌定位。品牌定位是针对目标市场，建立一个独特品牌形象，并对品牌的整体形象进行传播、设计等，从而在目标顾客心中占据独特的、有价值的地位。简而言之，品牌定位就是树立形象。

应结合实际，根据企业的品牌定位情况，分类研究，使企业能够真正在消费者中树立一个鲜明的形象。二是寻找产品本身的风格。企业在具体进行产品定位时，要想定位站得住脚，就不应信手拈来，而是切实关注产品与生俱来的特性。三是品牌定位，应充分考虑投入问题。农业企业经营者在品牌定位时要注意充分考虑此项工作的投入、经济效益等，在品牌定位时要注意不要用力过度，要注意农业企业规模、资金、技术等限制因素，尽量做自己力所能及的事。

4. 重视农产品质量标志认证。在树立品牌质量方面，农业企业与工业企业显著区别是在品牌定位、品牌个性和品牌服务等诸项内容中，产品品牌质量安全所占的比重要大得多，是消费者认可的第一要素。农业企业的产品质量安全是否达标，是在形式上通过认证来体现的。反之，企业通过认证活动，也可以全面提升企业的生产管理水平和质量安全等级。大量的实践证明，实施农产品认证是提升农产品市场知名度和美誉度的重要途径。根据不完全统计，贴上"无公害"和"绿色"标志的农产品比同类产品价格能够上扬 20%～80%，有机食品更是比普通产品价格一倍。因此，作为抚顺市农业企业，应该充分利用无公害食品和绿色食品这一公共质量安全品牌，以此来树立自身产品的品牌和提高知名度。企业应通过有机食品的认证，提升品质，打造市场普遍认同的企业品牌，进而更好地打开国内市场。

5. 注重品牌传播推广。从三友公司的品牌经验可以看出，企业在品牌建设中取得一定成效，是因为企业比较重视媒体宣传。企业通过广告宣传、赞助等形式塑造了品牌美誉度。但是，抚顺市的农业企业几乎很少通过广告等方式进行宣传。这是因为企业一方面受困于资金限制，另一方面，也仍有部分企业主存在"酒香不怕巷子深"的错误意识。这种错误意识也导致了抚顺市不少的农业企业没有专人或专业部门负责品牌建设工作。众所周知，在品牌管理实务中，有两项重要的塑造工作，即广告与公共关系。品牌首先是名牌，需要广泛的知名度，广告是获得知名度最快、最有效的手段。名牌只有和消费者发生了品牌关系之后，才能被称为名牌，品牌关系要靠公共关系才能建立与维系。在品牌传播管理上，农业企业一方面要尽快转变错误的传统思维，建立专门品牌战略管理组织负责品牌管理工作，落实专人开展品牌宣传、品牌营销等。资金实力良好的农业企业可以运用多投广告、找名人代言、做赞助商、展览、开放式参观活动等方式，提高品牌曝光率。部分困于资金的农业企业则可以通过微博、微信、博客、论坛等新兴社交类媒体，以较低成本来提高知名度和美誉度。

6. 注重品牌设计的其他问题。一是品牌命名。品牌命名看似随意，实际上是一个科学的过程。一个优秀的品牌名称既要从企业及品牌自身的定位、市场竞争、顾客认知，以及法律、文化等多角度进行思考和选择，也要遵循一个科学的决策程序。抚顺市农业企业在品牌命名时要注重品牌名称的"先天价值"，最好是利用产品的某种独特性，能够引起人们的好奇和记忆，便于识别和传播，但也要防止过分标新立异带来负面影响。此外，品牌名称可能增加品牌正面联想，也可能产生负面联想，抚顺市农业企业在品牌命名时最好能够增加正面联想，传达出农产品健康、亲切、安全的品牌联想，要尽量少用笼统的产地品牌。二是品牌标志。品牌标志与品牌名称都是构成完整的品牌概念的要素，是品牌商标中图形化、概念化的视觉符号，是品牌无须言语的称谓，包括图案或明显的色彩或字体。三是形象设计。首先，农产品外包装应符合产品特性。如牛奶品牌可以采用白色包装，因为白色能够给人干净、整洁、无污染的感觉，符合消费者对牛奶这类产品的基本要求。加工农药材为主的农业企业可以以药材原料的原色为主要色调，进行包装，突出其产品原料纯正、营养丰富的特点。其次，农业企业在进行包装设计时应倾向于简洁，能给人深刻印象的往往是简单的图案和线条。此外，对于高档农产品包装，走高端、做品牌、卖高价，是很多涉农企业的愿望。高档农产品包装设计追求内敛流畅、清雅修长，遵循着古色古香的风格，消费者看到这样的包装，会容易感受到品牌的高雅，从而引发购买欲。（刘士全）

第八节　循环产业的"能手"　清原县
恒大农业科技有限公司

清原县恒大农业科技有限公司（下文简称恒大农业公司）成立于2013年，公司固定资产1亿元，在岗职工103人，占地面积100多亩，年生产有机肥的能力达到8万吨。2017年，企业实现销售收入2000多万元，利税200多万元。恒大农业公司生产的有机肥主要面对的是蔬菜种植、果树种植、高产经济友作物等养殖场或者企业，其注册商标是"恒大有机肥"。公司下设机械加工部、有机复合肥实验厂、配料加工部、商标品牌市场营业部，主要从事动物粪便有机复合肥的割造、供应。恒大农业公司是集有机肥料生产销售、新技术研究开发与推广应用于一体的新型农业企业。

恒大农业公司的肥料产品以鸡粪和腐熟鸡粪为主，其中腐熟鸡粪是主要的经营项目。在该公司半径 40 公里范围内约有 200 家的蛋鸡养殖户，平均每家养殖户可达到 4500 只左右的规模，这是恒大农业公司的主要生产原料来源。这些原料就是从蛋鸡养殖场收购来的鸡粪。以 2017 年为例，根据产销链各环节的成本情况进行分析：该企业在 2017 年生产了 4 万吨腐熟鸡粪有机肥，以每吨售价是 500 元、成本为 325 元来计算，可获利 175 元，年总净收益为 700 万元。通过分析利润率可以发现，有机肥项目是当今农业产业中最值得投资的项目之一。

一、企业优势分析

恒大农业公司研发的有机肥产品中含有丰富的生物有机质、氨基酸、有机酸、多肽等，肥料配比合理，营养全面，农户使用后可改善土壤理化性和生物性，增加土壤的有机质，此外产品还含有大量益活菌。

1. 核心技术优势。恒大农业公司是生产有机肥的加工企业，拥有自己的商标"恒大有机肥"，月产有机肥能力可达 7000 吨，这也是它可以在市场上发展的一个优势，并且已获得了业界的认可。恒大农业公司生产腐熟鸡粪有机肥技术处于省内领先地位。腐熟鸡粪有机肥主要采用发酵法来对鲜鸡粪进行处理，使鸡粪一方面能够得到无公害处理，另一方面可以使鸡粪能够得到充分的资源性利用，并取得一定的经济效益。其生产工艺流程为：前期简单发酵、造粒、发酵、包装出售。

2. 产品、设备及原材料优势。恒大农业公司拥有两个生产整套颗粒状的有机肥自动生产设备，利用设备能生产出腐熟纯颗粒鸡粪、腐熟纯颗粒羊粪、稻壳颗粒鸡粪、羊粪鸡粪二合一颗粒等小型动物粪便有机复合肥。面对的销售对象是蔬菜种植、果树种植、高产经济农作物等群体。自动化设备的优势造就了恒大农业公司的潜在能力，只要能够继续研发设计、制造、包装，以及在其他方面做到与同质产品的不同，形成产品独特性，在市场上就可以具备强有力的竞争力。

3. 消费者及供应商优势。清原县拥有优质水稻、无公害蔬菜、苗木花卉、中药材、蓝莓、草莓等种植基地，以及鸡蛋、肉猪、肉牛、特养等畜牧养殖基地，全县有 20 万亩蔬菜播种面积，15 万亩的标准化生产面积。2017年，畜牧业产值占清原县农业总产值的 20% 左右，清原县有 200 多个规模养殖场区。通过以上数据可以看出，有机肥还是具有很大的消费者群体的，或者说有很大的市场空间。这些种植基地和畜牧养殖基地都属于环保企业，生产的产品也是无公害产品，这无疑更需要有机肥作为主要的施用肥料。恒大农业公司属于中型企业，主产品以直销的方式出售给使用者。经过几年的发展，在大量农户使用后，其产品迅速抢占了抚顺市有机肥市场。

4. 公司管理的优势。恒大农业公司为发展好企业，主动学习了国内先进企业的管理经验，将管理作为发展企业的重要基础。公司一是成立了对标管理办公室，全面掌握了国内外同行业的发展现状，收集整理了综合指标、技术装备、产品研发、节能降耗、经营管理等重点管理指标，选取了行业标杆，制定了对标方案，推进了公司对标管理工作。二是恒大农业公司全面把握有机肥产业技术发展动态，结合实际，查找差距，不断提出了改进方案和措施，把对标工作纳入企业的常态管理，并制定了指标体系和考核评价体系。三是公司健全定期分析评价制度，强化过程监督，定期调度分析，及时发现、解决对标落实中存在的问题。公司将对标工作纳入了领导人员绩效考核，与经济发展目标同步考核，加大了奖惩力度，有效发挥了机制的激励约束作用。

二、企业弱势分析

1. 欠缺市场开拓能力，品种单一。恒大农业公司主要产品是禽类粪便有机肥，主打产品为干鸡粪和腐熟鸡粪两种有机肥，在竞争能力方面还有所欠缺。国内的竞争对手除了推出相同的产品外，还有豆粕有机肥、猪粪有机肥、苗木专用有机肥、花卉专用有机肥、蔬菜专用有机肥等，充分满足了市场的需求。恒大农业公司的主要特征是规模不大，这就导致了其生产工艺在技术、资金、人才等方面受到了极大的限制，导致产品过于单一，技术含量较低，没有属于自己的特色产品，企业市场竞争力较弱，很难同发展成熟的大型有机肥企业抗衡。在产品特征方面，公司的产品多为初级加工品或者半成品，仅仅是从饲料化转变成为肥料化。在竞争如此激烈的市场中，单一产品是很难打开市场的，也很难在市场上保持不败的地位。因此，公司只有将产品多样化，才能开拓成一个更具适应力和竞争力的公司。

2. 技术研发资金不足，企业金流动出现问题。企业融资难是世界性难题，农村民营企业更是如此。农村民营企业外部融资渠道不畅，主要依靠内部融资和非正规渠道融资。抚顺市现在为农村民营企业提供了企业贷款，但据统计，抚顺市仅有不到10％的农村中小民营企业得到了资金支持。此外，这些企业大多位于农村，土地、房产没有权属证明，固定资产有限，因而不能办理资产抵押。这些企业信用等级也不高，当所有因素都能满足时，融资的成本就会比较高。手续复杂又再次制约了这些企业的融资积极性。随着市场经济的迅速发展，很多化肥企业不断引进了新技术，投产了新设备，导致了化肥和有机肥行业的竞争越来越强。在这样的背景下，恒大农业公司的优势较弱，其主要原因就是资金回流缓慢，企业内部没有用于研发的专项资金，企业管理者为了研发新一代的产品，甚至动用了企业流动货金，致使产品推广、原材料采购、生产加工等方面也亮起了红灯，出现了严重的经济危机。研发资金的不足，创新能力也跟不上时代的发展，公司无法满足市场经济的要求，在业绩上也就难以有所突破。优势品种单一化、流动资金不足成为公司向前发展的重要弊端。

三、企业前景分析

1. 市场需求量大。由于市场的需求量增加，政府扶持和鼓励促使有机肥行业有了更大的市场发展空间，这个行业的发展潜力也凸显出来，越来越多的企业参与其中。在这样的发展趋势下，竞争促进发展，发展带动竞争，有机肥产品更新也在逐渐加速。企业核心技术也跃然纸上，加之不断增强的行业发展理念，但行业的市场现状与产业化发展也出现了一些隐患，如成本低，行业标准门槛不高，产品同质化、市场竞争不清晰等。恒大农业公司是研发、生产、经销一体化的有机肥企业，而且拥有独立知识产权产品。总体而言，在机遇和挑战并存的市场上，公司需要有能够展示自己独特文化内涵和使用功能的产品，因而应该提高产品质量和服务质量，并且公司应能发挥"专长"，充分满足市场的需求。从营销的角度说，恒大农业公司需要开拓出一个独特的市场模式，达到良好的市场效果，获得市场和消费者的信赖，并且应加强市场运作能力和销售能力，从而可以直接与竞争对手抗衡。不管生存还是发展，公司首先要确立市场定位，并以此规划自己的产品；其次要确定本公司的盈利模式，如果产品还停留在当前模式和用户上，公司发展前景不甚乐观。仅仅靠自身的信誉和关系户做市场，并不是长久之计，因而公司应该有长远的规划。

2. 符合国家环保政策，可以得到政府的扶持。有机肥产业是一个朝阳行业，也是技术含量较高的行业，广阔市场令人刮目相看。抚顺市应该加速本土化产业的发展，而不是依赖外地的技术和设备，因而要大力推广和使用自己的产品，使产业的优势更好地表现出来。公司的科研投入和公司间的合作也是需要政府来推动的，这就需要政府帮助和提高农村企业的竞争优势。国家出台的《财政部国家税务总局关于有机肥产品免征增值税的通知》为有机肥的行业发展带来了利好条件，使企业更有热情参与其中，也刺激了企业的再发展，从而连带农民的创新意识也逐渐增强。一些发展迅速的企业开始成了本行业的龙头企业，这对其他中型企业也起到了刺激性的作用。目前，恒大农业公司还没有成为省级龙头企业，它同样需要政府的帮助，需要受惠于政府、政策。

3. 具备企业核心竞争力，创造可持续竞争优势。只有重视核心技术，才能具备持续的竞争优势，这对于农村私营企业来说是极其重要的一点。值得一提的是，技术标准和市场标准是新技术必须具有的两大标准。只有难以仿制的、先进的核心技术，才是切合市场需要的。整体而言，技术水平不高的中国私营企业，还不重视技术的市场标准。恒大农业公司的技术力量正在不断增强，核心技术的技术标准与市场标准不一致的问题也变得突出起来。这就要求企业的管理者们应倍加重视，使其在市场标准的衡量下拥有先进的技术。对于恒大农业公司来说，它的核心竞争力就是它的生产工艺"湿粪造粒"。其改变了传统的畜禽粪便有机肥的生产工艺，它的创新之处在于：一是它可以将含水量在50％左右的各种畜禽粪便直接造成3毫米左右的圆形颗粒；二是可以随时调节颗粒大小，保持均匀成粒；三是即使机器内含有不易发现的砖块、铁丝、石块等杂物也能正常运作。另外，环保也是恒大农业公司的一个竞争优势。在加工过程中，恒大农业公司在鲜粪便内加了保氨除臭剂，用科学的方法能够把可挥发的氨臭气体进行固定，在晾晒过程中不会出现臭气熏天的情况，同时也保证了有机的营养成分不流失。为了保证有机肥的纯度，恒大农业公司尽可能减少或者不加入其他肥效低的干物质来调节水分，通过采取晒的方式将水分降至50％左右。

恒大农业公司有了属于自己的专利产品，接下来就应该是调动科研人员的积极性，培育出更新更好的产品。企业要保持自己的核心竞争力就应积极与其他院校、科研单位联合研发出新产品，各取所长，从而促进有机肥资源的合理配置和优化组合。企业核心竞争力是私营企业在市场争中取胜的法宝，在社会经济和企业的发展中，企业将面对各种挑战和压力，只有具备这项核心竞争力的企业才能获得最终胜利。

四、相关建议

1. 找准定位，塑造品牌，提高企业竞争力。竞争力就是要把资源和能力结合起来，把资源优势转换成能力优势。有效整合起来的资源是核心竞争力，这种资源不是分散的。资源是专用性资产，并非其公司能轻易获得的。企业的这种核心竞争力还是在其发展过程中建立起来的一种整合能力，可以帮助企业保持竞争优势。一个企业的成功来自于战略的成功，同样，战略的失误也会导致企业的致命失误。因此，企业应先有战略，后有发展。恒大农业公司如果想达到可持续发展的目标，就必须制定出合适的战略，并贯彻战略。企业需要依靠差异化来生存、发展。恒大农业公司所在地的农户对鸡粪的处理方式是将鲜鸡粪直接出售给农民，直接作为肥料用到农作物上。这样做的优点主要有两个：一是投资少，使用成本比较低；二是易于农民操作。但也存在着缺点：一是对环境造成了严重污染，且会传播病菌，不利于防疫和公共卫生；二是运输不便，容易造成二次污象；三是使用不规范，未经过无害化处理，容易造成死苗。所以，政府要大力发展有机肥，宣传有机肥，转变农民的观念。企业应邀请抚顺市农业技术人才到农村去做有机肥相关知识培训，讲授一些有机肥的农业知识，让农民真正认识有机肥产品，加大农民对恒大农业公司生产的有机肥的认同。公司还要派发有机肥传单，传单逐户地发到农民手中，让农民直接接触到企业的产品知识宣传单，让农民通过传单了解有机化肥知识和企业知识。此外，企业应提供一些免费产品做试验，让农民真正认识到产品的作用，口口相传，从而起到良好地宣传作用。只有这样，恒大农业公司才能在市场中站稳脚跟，才能在激烈的市场竞争中取得长久的成功，才能做到可持续发展。

2. 加强产品研究，保证企业持续稳定发展。企业只有拥有好的产品，才能做到可持续的发展。虽然，恒大农业公司有着自己的专利产品，但是因为资金的问题已停止了技术设备的更新换代。现如今，恒大农业公司使用的设备相对陈旧，随着市场的快速发展，设备利用已不能满足市场的需求。所以说，在科技快速发展的今天，不能让技术停滞不前，反而是应加快设备的更新。要想解决设备升级的问题，融资生产是一个手段。此外，在发展过程中，恒大农业公司应该请农业专家、教授亲临现场做指导，提高技术水平，使产品更加符合市场要求。抚顺市周边有很多的农业科研单位和农业院校，他们具备新产品的研发能力，但是研发前是需要很多的度金投入，且研发周期长，企业现有经费难以支持这项工作，无法进行必要的资金投入。众所周知，技术创新可以给竞争对手带来新的竞争威胁，技术的提高也是竞争力的提高，在制定战略的过程中，它是非常重要的一个环节，不容忽视，它对竞争地位和优势将会产生极大的影响。因此，恒大农业公司需要更多的资金进行技术改造和创新，突破发展的瓶颈。

3. 提高生产技术，解决资金不足问题。恒大农业公司由于生产工艺受到规模及资金的限制，难以更新生产技术，导致无法生产出市场上急需的商品；恒大农业公司利益获得能力较差，且没有充足的流动资金投入到更新技术研发和设备购买，严重限制了其生产能力，难以达到规模效益。恒大农业公司若想保持长期有效的发展，应注意以下两个方面：一是通过"农信贷"等方式，加强重视农业的基础设施建设，汲取传统农业的精华，建立现代农业综合体系。二是长期依靠自然要素的传统农业在技术进步作用下必须得到相应改造和提升。只有这样，企业才能延长产业链，才能在激烈的市场竞争中冲破传统农业的约束，实现可持续发展。

4. 扩大销售渠道，加快资金回流速度。首先，公司应做好经销商的选择与管理。经销商是有机肥企业发展的关键合作伙伴。恒大农业公司在选择经销商时要让真正能认同企业营销策略的经销商来做销售，不能一味地选择大的经销商。因为越大的经销商，其手中就有更多有机肥品种，那么要让他们主动去推销的话，他们自然就会推销一些利润高的产品，从而使自己公司的产品只能沦为摆设，或者成为一种与其他产品对比的样品。因此，恒大农业公司应该选择一些规模较小的经销商来经销自己产品。同时，恒大农业公司对这些小的经销商要进行全程的督促和管理，使之能在企业的营销战略下经销企业的产品。其次，要做好产品的售后服务。售后服务是营销理念的重要组成部分，对于淳朴的农民尤为如此，恒大农业公司要注意帮助他们解决肥料在使用中的问题。企业售后服务部应该建立农户产品使用档案，并且定期对使用过产品的农户做一些电话回访，或亲自到农户家中去了解他们使用有机肥后的情况，并及时反馈给企业市场部。同时，恒大农业公司还应通过农民的信息反馈及肥料的使用情况，不断改良有机肥的品种。（刘士全）

第九节　自营经济的主阵地　国有林场

抚顺市是林业资源大市，拥有丰富的森林资源，也有众多的国有林场。在辽宁省委、省政府出台《辽宁省国有林场改革实施方案》后，抚顺市的国有林场承受着巨大的经济压力，不仅在职职工平均工资水平较低，而且还有20％～30％的富余人员需要安排。在全面实施乡村振兴战略和保护"绿水青山"的背景下，让国有林场成为职工安居乐业的家园，是国有林场亟须解决的重大任务之一，而发挥国有林场的资源优势，促进国有林场职工发展自营经济（以下简称"自营经济"）是解决该问题最有效的办法。

一、抚顺市国有林场的现状

抚顺市现有国有林场 32 个，其中新宾满族自治县 14 个，清原满族自治县 10 个，抚顺县 5 个，东洲区 1 个，顺城区 1 个，市直 1 个。全市国有林场经营总面积为 214 万亩，林地面积 210 万亩，森林面积 198 万亩，森林蓄积 1749 万立方米。在林地面积中，商品林 116 万亩，蓄积 980 万立方米；公益林 94 万亩，蓄积 769 万立方米。在森林面积中，人工林 107 万亩，蓄积 998 万立方米；天然林 91 万亩，蓄积 751 万立方米。

抚顺市自营经济从 20 世纪 90 年代初开始起步，经过二十几年的努力，到 2017 年，全市自营经济项目达 108 个，分为种植业、养殖业、加工业和服务业四大类。其中，以中药材、山野菜种植为主的种植业项目 37 个，以林蛙、鹿等为主的养殖业项目 12 个，以林产工艺品加工为主的加工业项目 22 个，以沟域旅游为主的服务业项目 37 个。

近年来，抚顺市各县林业部门高度重视自营经济发展，成立了专门机构负责管理，并将发展自营经济纳入了各国有林场目标考核；采用了租赁、转让、承包、股份制等形式，将场办二级企业剥离给职工发展自营经济，产业项目承包给职工经营，小流域承包给职工进行开发利用。此外，国有林场还树立了不同类型的先进典型。国有林场通过一系列有效措施，促进了自营经济发展，调动了林场职工的积极性，使职工有活干、有事做、有项目、有收入，维护了林场稳定和林区安全，促进了林场发展和林业资源保护。2017

年，国有林场从事自营经济的职工达 3500 多人，占职工总数的 50％；自营经济实现产值 3.5 亿元，从事自营经济的职工人均纯收入达到 2.2 万元。

二、自营经济发展面临的难题

抚顺市国有林场自营经济发展虽然取得了一些成绩，但仍存在着许多困难和问题，主要表现在以下几个方面：

1. 重视程度不够，认识不到位。有的县区对自营经济发展重视的程度还不够，没有认识到自营经济发展对增加职工收入、稳定林场职工队伍、深化国有林场改革、落实生态文明战略具有现实和长远的重要意义。没有把自营经济发展摆到重要议事日程来抓，更没有对本地区自营经济发展进行认真研究、统筹安排。有些县区没有对自营经济发展进行规划定位，没有结合"一乡一业"产业发展对自营经济发展进行引领和带动。思想上不重视，引导上不到位，扶持上缺乏力度，工作上缺乏主动性和创造性，导致自营经济发展组织化程度低，发展不平衡，盲目性、随意性大。有些国有林场没有从本地实际出发，没有立足于资源优势，没有将自营经济发展作为支柱产业来抓，而是当作副业看待，没有形成有计划、有目标、有措施、有考核、有奖惩的规范管理模式。林场职工思想观念还没有从"大锅饭、铁饭碗"中解脱出来，仍对公有制有较强依赖性。林场职工瞻前顾后，缩手缩脚，发展自营经济主观能动性和创造性不足。

2. 国有林场职工收入低，资金投入不足。2017 年，全市国有林场在职职工工资人均每月 2729 元，在岗职工实际工资人均每月 3049 元，内退职工实际工资人均每月 2520 元。而抚顺市 2017 年城镇在岗职工年平均工资为 56774 元，月平均工资已经达到 4731 元。国有林场职工收入与全市在岗职工收入差距悬殊，职工维持生活都很困难。而发展自营经济投入较大，如 5 亩地种植木耳需要资金 10 万元。职工收入较低，承担投资风险能力较弱，投资自营经济项目的资金和信心明显不足。由于天然林禁止商业性采伐，以及近几年木材市场价格走低，抚顺市国有林场经营陷入了困境。2017 年，32 家国有林场中有 16 家亏损，亏损率为 50％。全市国有林场负债率超过 40％。为发展县域经济，有的县将国有林场资产全部或部分进行了抵押贷款，使国有林场经营举步维艰，无力在发展自营经济资金上增加投入。

3. 缺乏政策扶持，生产规模小、效益差。国有林场几乎没有覆盖到国家发展林业产业的专项资金。如国家调整公益林补偿费，国家级公益林补偿每亩从 6 元调整到 11 元，省级公益林补偿每亩从 1 元调整到 6 元，国有林场不享受此政策。国有林场职工是产业工人，农业综合开发、设施农业补贴、贴息贷款、扶持龙头企业政策等惠农政策大多享受不到。国有林场职工无林地、林权等抵押物，无法向银行贷款，有的地区妇女小额贷款和职工小额贷款政策都难以享受得到。2017 年，全市国有林场从事自营经济职工 3500 多名，经营 10 亩以下的有 2100 多人，10 亩至 50 亩的有 1200 多人，50 亩以上的有 200 多人。这些大多是自发状态的散户经营，规模小，品种杂，科技含量低，管理较粗放，抵御市场风险能力差。联户经营和经营大户不多，无龙头企业，缺少拳头产品和品牌，缺乏必要的产品营销和宣传推广手段。这就造成了产品无规模，质量不高，知名度低，销售量小，经济效益较差。

4. 科技支撑和服务的力度不强。大多数国有林场和自营经济项目位于山里头、水的源头、路的尽头，处于山林间和沟域中，远离城镇，环境相对闭塞，信息相对不畅。由于生产组织的分散性、自营经济发展项目的多样性，国有林场缺乏集中统一的科技指导和服务。国有林场对资源开发利用的专业人才难以引进，国有林场很难有效地组织起科技队伍，没有形成产业发展一体化的科技服务体系，这就导致了自营经济多数产品缺乏创新，科技含量低，链条短，缺少精深加工，大多数产品不能实现规模化生产。许多职工缺少科学管理和技术指导，广种薄收，跑马占荒，管理粗放。如某林场职工承包 300 亩林地种植山参，由于缺少科学管理，种植了 15 年，至今仍无收益。再如某林场职工进行山野菜加工，由于缺少技术和标准，加工出的产品口味不好，销售困难。

5. 国有林场改革滞后，发展动力不足。长期以来，国家将国有林场定位于生产性的事业单位，职工身份既不是产业工人，又不是事业单位员工，也不是农民。在管理上，国家只给林业建设投资，林场的生产、技术和管理人员不列编制、不给经费，经营好的林场还要上缴利润。国有林场可采资源减少，收入锐减，国家林业重点工程建设项目多不在国有林场，无建设资金，创收困难。"企不企、事不事、工不工、农不农"的定位与体制，与国有林场的性质与任务不相适应。由于林场可采森林资源下降，国家又实行限采制度，不少商品林改为了公益林，致使许多林场采伐量减少，收入降低。国有林场改革的滞后，导致国有林场经营困难，因而为自营经济发展提供的动力明显不足。

三、相关建议

为进一步深化国有林场改革，加快推进抚顺市自营经济发展，现提出以下建议。

1. 加强组织领导，进一步提高发展自营经济重要性认识。发展自营经济是继集体林权制度改革后进行国有林场改革的重要组成部分，事关林业改革大局，事关林业职工生存发展和社会稳定。各级政府要高度重视自营经济发展工作，切实加强领导，要将自营经济发展纳入国民经济和社会发展规划和年度计划，做到认识到位、责任到位、政策到位、工作到位、措施到位。各部门要积极研究新情况，有针对性地采取措施，解决自营经济发展遇到的新问题。各级行政主管部门要提高认识，统一思想，克服畏难情绪，站在战略高度，加强领导，层层建立责任制，把自营经济工作纳入对国有林场目标考核重要内容，实行规范化、制度化管理。各有关部门要广泛宣传开展自营经济工作的意义，将其作为国有林场改革的一个重要配套措施。各级行政主管部门都要设置自营经济管理机构，应有专人负责常抓不懈。各级政府及主管部门要为自营经济发展做好规划、协调和服务工作，积极为发展自营经济企业和个人提供政策、信息、技术、行政审批等各项服务，促进自营经济快速发展。

2. 研究落实扶持政策，为自营经济发展提供政策保障。各有关部门要落实好辽宁省政府有关发展非公有制林业的政策，采取以奖代补的方式扶持自营经济企业和个人项目发展，对自营经济项目典型示范大户、具有显著牵动作用的龙头企业和有关组织要给予重点扶持。依据《辽宁省林业厅关于加快国有林场职工自营经济发展的实施意见》，抚顺市政府要适时组织发改、财政、国土和林业等部门专门人员，深入全市各国有林场对自营经济发展情况进行一次深入细致地摸底调查，在摸清底数、掌握大量第一手翔实材料基础上，经过认真分析研究和反复论证后，以市政府名义制定促进抚顺市国有林场自营经济发展的实施意见，出台一系列扶持政策，保证自营经济健康有序发展。抚顺市政府要建立林权及林地使用权交易市场，在不改变林地国有性质和用途、不损害职工承包权益的前提下，承包职工可依法自愿有偿流转林地承包经营权，可以转包、出租、转让，可以互换、联户入股、抵押等，可以作为出资、合作的条件。抚顺市政府要积极争取省和国家政策支持和资金投入，特别是在大伙房水源保护区补偿上，参照农民土地补偿标准，适当给予国有林场林地补偿；在国家级和省级公益林补助上，适当提高国有林场补助标准，享受农民同等待遇。对于国家级抚顺县三块石森林公园和新宾满族自治县猴石森林公园等利用部分国有林场森林资源开发经营的旅游产业，相关部门应按一定比例将营业收入分配给相应国有林场。政府应通过一系列扶持政策的出台并实施，为自营经济快速发展提供有力支撑。

3. 加大资金投入，拓宽融资渠道。各级政府应建立稳定而逐年增加的财政投入保障机制，设立自营经济发展专项资金，不断加大资金投入，有效解决制约自营经济发展的瓶颈问题。各级政府要进一步整合涉农资金，根据自营经济发展情况，每年按一定比例拿出部分资金用于自营经济发展。各级行政主管部门在项目落实、资金分配上给予国有林场职工发展自营经济优先安排，要依据《辽宁省支持县域经济发展产业项目贴息资金使用管理办法》，对自营经济发展项目优先给予信贷贴息支持。有条件的林场，要设立职工自营经济周转专项资金，并采用抵押、担保等方式帮助职工申请小额贷款。国有林场扶贫资金要为职工自营经济发展提供支持。金融部门要进一步解放思想，大胆创新，探索建立新机制，逐步降低贷款门槛，减少直至取消对林场职工贷款限制。各国有林场要充分利用本地区丰富森林资源和生态资源，大力开展招商引资，充分吸引社会资金参与自营经济发展。

4. 科学制定规划，注重典型示范。抚顺市政府要对自营经济产业发展进行统筹安排、科学规划，特别是要同全市农村工作会议上确定的发展战略和"一乡一业、一村一品"的发展目标相融合，将自营经济发展纳入全市农村和各县区产业发展的规划。抚顺市政府要立足资源抓产业，站在全局的高度，结合实际，瞄准市场，合理布局，因地制宜，本着宜林则林、宜果则果、宜药则药、宜蛙则蛙、宜游则游的原则，积极开展林草、林药、林果、林菜、林养间作，多渠道规划产业项目，确定发展重点，明确实施步骤，扎实认真推进，把自营经济发展引领到科学、有序、健康的轨道上来，实现不砍树也能致富的目标。同时，要注重选树在自营经济发展中涌现出的先进典型，利用各种方式宣传推广，以典型引路，示范带动，激发和调动职工投身自营经济发展的积极性，为自营经济发展创造有利条件。

5. 强化科技支撑，切实提高服务质量。各级主管部门要组织林业技术推广专业人员，深入到自营经济发展第一线，要在项目选择、专业技术、市场预测、信息交流等方面给予指导支持各有关部门要加强自营经济信息服务，通过组织招商会、推介会等形式和利用网络等先进技术，做好信息服务。各有关部门要积极开展送科技下乡、下场、下户活动，主动为自营经济企业和个人搞好技术咨询、技术培训等科技服务，不断提高自营经济发展的科技支撑力和自主创新品牌的科技含量。各有关部门要"不拘一格降人才"，建立和完善人才引进机制，吸引大批林业技术人才，充实到林业特别是基层林业队伍中去，也可采取大学生村干部模式，配备大学生场干部弥补林场人才不足问题。各林场领导班子也要率先垂范，带头学习科学技术，不仅要当指挥员、战斗员，更要做一线技术员、勤务员，通过提升科技水平和服务质量，为自营经济的健康发展提供坚强保障。

6. 转变经营方式，创新经营模式。各级政府及主管部门要积极鼓励和引导职工解放思想，更新观念，树立市场意识，转变生产经营方式，鼓励和支持一家一户小规模经营组织联合经营，建立专业合作社、家庭农场等经济合作组织，实行职工与职工合作项目、职工与林场股份制项目、职工与招商龙头企业开发项目等多元化经营模式，使自营经济实现组织化生产，集约化经营，规模化发展。各国有林场还要积极探索经纪人制度，努力开拓市场，不断扩大产品销售量。此外，各国有林场要注重打造品牌，按照"人无我有、人有我优、人优我特"要求，生产出立得住、叫得响、打得出、有特色的拳头产品，并不断使之做大做强，从而提高经济效益，不断提升产品知名度和市场影响力。

7. 深化国有林场改革，增强发展活力。抚顺市政府要勇于创新，大胆探索，积极推进抚顺市国有林场改革，应按照国家林业改革的要求，在明确国有林场功能定位、科学界定国有林场属性、创新内部经营机制、加大政策支持力度上先行先试，谋求新突破。例如，按照国有林场功能定位，可将保护区、生态公益林与商品林的管理、经营分开，把国有林场分为保护管理型林场和生产经营型林场，对保护管理型林场实行全额拨款事业单位的管理方式，对生产经营型林场维持原有经营方式不变；将国有林场保护区、生态公益林与商品林按照功能不同进行拆分，将功能相同的部分合并在一起，组建新的国有林场，在合并过程中，将一些规模小、效益差的国有林场撤销，建立工区。撤场、并场、建立工区能够减少林场管理人员数量，减轻经济负担，提高工作效率。抚顺市政府要重视和强化对城区管理的林场改革和建设，帮助解决改革发展过程中面临的困难和问题，为自营经济发展增添动力和活力。（温成泉　刘士全）

第十节　乡村振兴的新主体　家庭农场

自 2013 年中央 1 号文件提出"扶持家庭农场发展"的要求以来，抚顺市各级政府认真学习贯彻落实文件精神，着力优化农业结构调整，大力挖掘农业优势产业资源，积极探索和尝试发展家庭农场的新途径，使抚顺市的家庭农场日益发展壮大。家庭农场的快速发展对提高抚顺市农业生产的机械化、专业化水平，提高土地的利用率，提高农产品质量，扩大现代农业发展规模，农业增产增效，农民增收致富，实现乡村振兴等都发挥着重要的作用。

一、家庭农场发展现状

2017 年，抚顺市新增家庭农场 99 家，总量达到了 516 家，其中有 25 家获得了辽宁省级示范家庭农场的奖励资金。2017 年，抚顺市推荐的清原满族自治县鑫园家庭农场等 23 个家庭农场获得了 2017 年省级示范家庭农场称号。抚顺市以种植业类为主的家庭农场共 378 家，占全市总量的 73%，而这其中 60% 是从事粮食生产的，养殖业、林经济类的家庭农场共 138 家。全市家庭农场经营土地面积为 15 万亩，其中耕地 14.7 万亩，涉及土地流转的耕地 14.4 万亩。家庭农场年销售农产品总值在 4 亿元以上。在兴办家庭农场的工作中，新宾县动手早、抓得实、敢创新，率先成立了抚顺市第一个"汇禾源"家庭农场。

从家庭农场经营状况看，经营水田平均每亩成本 990 元左右，按照亩产量 500 千克、市价 5 元/千克计算，每亩效益在 1500 元左右；经营玉米每亩平均成本在 570 元左右，按亩产 750 千克、市价 2.2 元/千克计算，每亩效益可达 1080 元左右。从事平地参的每亩投入 3 万元，亩产 500 千克左右，按市价 100 元/千克计算，每亩效益在 2 万元左右（不含参籽）；从事蔬菜生产的家庭农场的每亩效益在 3 万元左右；从事食用菌产业每亩效益可达 2 万 ～3 万元；从事肉生产的家庭农场，按年出栏肉鸡 10 万只计算，可实现年纯利润 50 万元；从事生猪养殖，按年出栏生猪 2000 头计算，年利润可达 120 万元。从数据上可以分析出，从事粮食生产的家庭农场，虽然效益低，但投入较少，且容易扩大规模。从事蔬菜、食用菌、中药材生产和养殖业的家庭农场，投入高，效益高，但风险大。在已注册的家庭农场中，发展较好的有新宾县红庙子乡汇禾源农作物家庭农场，其经营面积达到了 3300 亩，有各类农机具 150 台套，全部实行了机械化作业，年经营纯收入在 180 万元左右；抚顺市锦顺家庭农场，经营面积为 1120 亩，每亩纯利润近 1500 元，年经营纯收入达 160 多万元。

二、家庭农场发展面临的难题

虽说，抚顺市家庭农场建设方面取得了一定成绩，但由于全市的家庭农场的建设和发展还处于刚刚起步阶段，距家庭农场的发展模式和标准还有一定的差距，仍存在着一些制约发展的困难和问题。

1. 对发展家庭农场重要性认识不够，发展不平衡。个别县区政府和相关部门对家庭农场是现代农业发展的重要主体认识还不够，没有给予足够的重视，至今没有出台鼓励和支持家庭农场发展的政策，管理上处于无序状态。另外，对家庭农场缺乏清晰的定义，一些家庭农场与种粮大户、农民专业合作身份重叠，同时挂着家庭农场、专业合作社和产业化龙头企业三块牌子。各县区家庭农场发展不平衡，80％以上的家庭农场都在新宾县，而清原县和抚顺县合计起来还不足 20％。并且，全市对申办家庭农场没有统一的标准，申报门槛高低不等。同时，大多数农民及种养大户普遍缺乏市场意识，他们满足于现状，缺乏组建家庭农场的积极性。

2. 缺乏科学规划和规范管理。大多数家庭农场自身没有编制科学的发展规划，以致在生产、经营、销售环节和管理上还比较粗放，没有长期的项目规划，对科技引进、品牌意识认识不足，生产随意性大。家庭农场是家庭形式的经营主体，多数农场不核算、不记账，没有财务收支详细记录，或者账目混乱，只算大账，不记小账，不进行成本核算和效益分析。政府缺乏统一的指导，对本地区家庭农场经营的产业项目没有统筹的考虑，导致一些家庭农场存在盲目经营，不能和地区的主导产业及特色产业很好地结合起来，很难享受到一些扶持政策，没有品牌效益，以致缺乏市场的竞争力和抗风险能力。

3. 土地流转难度大且流转不规范。一是随着城镇化的快速推进，土地的稀缺性不断显现，抚顺市人均耕地又少，可供流转的耕地资源有限，农民对土地的依赖程度高，不愿意出租土地，还有的农户担心土地流转后，一旦发生土地征占，自己的利益会受到损失，所以土地流转难度越来越大。二是土地集中连片难，流转到的土地往往土质、农田基础条件较差，零碎不集中。如清原县的禾财家庭农场，现经营面积为1100亩，今后通过逐步流转土地和平整土地，经营规模将达到5000亩以上。但由于流转的土地大部分土质差，不连片，这将给机械化作业带来很大难度。三是流转价格上涨快，受物价和高收益农业项目刺激，土地流转价格逐年上涨。2013年之前，土地流转价格为300～500元/亩，2013～2016年价格为700元/亩，2017年以后达到800～1000元/亩，流转价格上涨，且流转周期短，流转合同不规范，给农场经营带来了很大压力，同时也带来了农民纠纷，难以满足家庭农场扩大生产经营规模的要求，严重影响了农场主的正常生产秩序和生产积极性。

4. 融资、用地、用工等要素制约了家庭农场的发展。多数家庭农场经营的土地面积较大，经营初期用于土地流转、购买农机具等生产设施一次性投入资金量大。多数家庭农场实力不强，固定资产不多，缺乏可以抵押贷款的资产，且抚顺市农村土地承包经营权和农机具尚不能作为抵押物进行贷款，只享受妇女小额5万元的贷款优惠政策，导致家庭农场融资难。在生产经营和产品深加工方面急需的资金难以得到解决，已成为制约家庭农场发展的主要瓶颈。另外，家庭农场用于建设办公、晾晒场等用地难落实。由于实行严格的基本农田保护制度，建晾晒场用地难以审批，一些规模较大、从事粮食种植的家庭农场，集中收获的粮食大量堆积，没有地方晾晒，一旦遇到阴雨天气，就会使大量粮食发霉，这会给农场主带来很大的经济损失。同时，由于在家务农的农民越来越少，劳动力工资普遍上涨，用工成本增加，在春秋两季农忙时节，雇工问题就更难以解决。

5. 各部门之间配合不够密切、不协调。主要体现在各级工商部门与农业、林业、畜牧、水利、农机、供销社、税务等部门之间的沟通机制没有建立起来。各个部门各自为政，每个部门所掌握的情况和数据都不一样，工作难以实现兼容，难以形成促进农业新型经营主体发展的合力。

6. 家庭农场主缺乏专业知识和创新意识，影响产业发展。家庭农场主大部分是种养植大户出身，又是典型的土生土长的农民，他们掌握的知识和应用新技术不多。调研中了解到，一些农场主对一些农业专业知识认知程度不高，甚至存在误区，经营素质还需进一步提高。例如，一些农民对农机部门积极推广保护性耕作、农业机械化作业持怀疑态度，认为有机农业就是不上化肥、不打农药。另外，尽管大部分家庭农场主多年从事农业生产，实践经验丰富，但毕竟受学历、理念等因素影响，难以有效承担现代农业发展重任，因而他们需进一步提高经营素质。

三、相关建议

加快培育和发展家庭农场等新型现代农业经营主体，是乡村振兴和农业发展的关键所在。家庭农场作为提高农业集约化水平的有效载体，在现代农业经营主体中表现最为活跃，最具生命力。因此，政府要加大扶持力度，积极培育，加快发展。为此，提出以下建议。

1. 提高认识，加强组织领导，营造良好的政策环境。各级政府要高度重视，把发展、扶持现代家庭农场作为促进农业转型升级，发展现代农业的有效抓手，切实加强组织领导，制定出台扶持家庭农场发展的政策，明确认定标准与管理办法，积极营造支持家庭农场发展的政策氛围和舆论环境，充分发挥管理部门的服务作用，使家庭农场及早享受相关政策和服务。同时，各级政府应积极示范引导，从培养典型入手，积极引导、鼓励有条件的农户发展家庭农场，动员现有的家庭农场主进行工商登记注册，办理税务登记，规范经营，指导家庭农场进行财务收支记账，实行经济核算、效益分析，推动家庭农场健康发展。另外，各级政府和相关部门要着重抓好对国家法律、法规的落实，要加大部门之间沟通协调机制的建设，努力形成合力，共同加大支持农业发展的力度。在制定政策方面，各级政府要统筹地区主导产业、特色农业发展和农民增收，要保持政策的连续性，不能朝令夕改，让农民无所适从。

2. 加大宣传力度。家庭农场是农业农村发展的新生事物，也是新型的农业经营主体，为积极推动家庭农场发展，就必须加大宣传力度，使农民群众真正认识到什么是家庭农场以及发展家庭农场的重要性，积极稳妥地推进家庭农场健康发展。各有关部门要采取多种措施，鼓励和吸引农村各类专业人才积极投身现代农业建设，从事规模化的粮食、蔬菜、花卉、畜禽等以家庭农场为主要模式的农业生产，构建一支有文化、懂技术、会经营的新型农民队伍，实现高效、生态、现代农业的发展目标。

3. 强化基础工作，积极推进和规范土地流转。各有关部门要进一步加强土地流转市场的管理，为供求双方提供法律咨询、供求登记、信息发布、纠纷调解等服务，为土地流转搭建便捷的沟通和交易平台。农业管理部门要帮助家庭农场在土地流转方面做好服务，做好合同的签订、法律咨询、备案等工作。各有关部门还要逐步探索建立土地流转双方的价格协调机制、利益连接机制和纠纷调解机制，以促进家庭农场能连片集中流转土地，维护流转关系稳定，积极有序地推进农村土地流转，规范流转市场。

4.加大扶持力度，不断提高家庭农场生产力水平。各级政府要鼓励有条件的种养大户申办家庭农场，鼓励家庭农场增加技术、资本等要素投入，提高农业集约化水平。以地方政府为主体，市、县、乡三级联合建立土地规模经营扶持专项资金，引导专业大户、家庭农场与承包农户签订中长期租赁合同。同时，政府部门应制定并出台地方家庭农场评定标准，健全和完善家庭农场各项登记备案制度，建立县、乡、村三级信息共享平台，提升家庭农场发展质量。财政部门要整合资金，重点扶持，设立专项发展资金，用于家庭农场提高生产能力建设。各有关部门要立足本地实际情况，重点扶持特色产业发展，打好特色牌；要指导经营主体向绿色、有机农产品方向发展，以提高产品质量获得市场认可；优先安排适宜家庭农场申报的农业项目；落实用地、人才引进等优惠政策，在有条件的情况下，允许其按规定建设生产管理用房、晾晒场等；鼓励农业科技人员和大中专毕业生到家庭农场工作；开展优秀家庭农场评选，对发展好的家庭农场给予一定的奖励。

5.拓宽融资渠道，健全服务，为培育发展家庭农场提供有力保障。资金周转困难已成为家庭农场发展中的一大制约因素，资金周转困难随时危及家庭农场的生存与发展。各级政府及有关部门要优化金融服务，允许家庭农场以大型农业机械和其他农业设施、流转土地经营权等抵押贷款，创新信贷品种，简化信贷手续，提供优质服务；采用龙头企业担保、成立担保公司等方式，优先为家庭农场提供担保贷款，重点解决家庭农场在引进先进技术和优良品种，加大招商引资力度，帮助家庭农场获得外来资金、市场、人才、技术等多方面的支持；指导家庭农场应用先进适用新技术、引进优质高产新品种及种养新模式，开展标准化、规模化生产；要提高农业组织化程度，实现家庭农场与市场的无缝对接；扩大农业保险范围，增加保险险种，降低农业生产风险，保障家庭农场健康发展。另外，各有关部门应对家庭农场的经营活动做出相应规定，对流转后的土地规定家庭农场经营者不得转包、不得改变土地的农业用途，严禁从事破坏土壤地力的掠夺性生产经营。

6.加强管理，强化自身建设。各部门之间要加强配合，指导和帮助家庭农场经营主体做好自身建设。各类家庭农场要从自身建设入手，抓好制度建设，抓好章程落实，抓好人才培养，夯实自我发展的基础。各有关部门要加强法律法规、经营管理、生产技术等方面的培训，提高农场主的综合素质，不断提高家庭农场经营管理水平，引导和规范新型经营主体健康发展。

（温成泉　刘士全）

后　记

　　《多元化方式推动抚顺市乡村振兴路径研究》是 2018 年抚顺市社会科学院的重点课题。该课题由抚顺市社会科学院党组书记、院长李栋提出，由抚顺市社会科学院有关人员共同完成。

　　乡村是城市经济发展的基础，对于城市转型振兴更是重要因素。推动乡村发展，既是推动抚顺经济整体发展的动力，也是调整经济结构、促进经济发展的重要方式。因此，做好乡村振兴课题势在必行。为了贯彻落实《中共中央国务院关于实施乡村振兴战略的意见》《中共辽宁省委、辽宁省人民政府关于贯彻落实中央决策部署实施乡村振兴战略的意见》《抚顺市委、市政府关于实施乡村振兴战略的意见》，寻找振兴乡村经济的突破口，响应抚顺市乡村发展战略，2018 年初，抚顺市社会科学院党组书记、院长李栋要求抚顺市社会科学院有关科研人员在深入实际调研的基础上对"乡村振兴及乡村产业发展情况"进行研究。同时，在研究过程中要以 2018 年中央一号文件和省市农业农村工作会议精神为主线，以绿色发展为导向，以产业结构调整为重点，探索农村培育新产业、新动能、新主体，围绕农业增产、农民增收、农村增效，加快农业转型升级，着力构建农业与第二产业、第三产业交叉融合的现代产业体系，推进抚顺市乡村产业化发展，实现农民增收、村集体经济不断壮大、产业结构不断优化的多赢局面。

　　此课题成书主要有以下三个目的。

　　一是对促进抚顺市农村经济发展作贡献。本课题以新一轮乡村振兴战略的深入实施为契机，对推进乡村振兴战略下的抚顺市特色农业发展情况、打造特色小镇情况、依托特色企业带动、引领乡村振兴情况等方面进行深入而细致的探讨，对抚顺市特色农业的发展基础、发展优势、存在的问题及最新趋势进行分析判断，提出了发展特色农业的思路与建议，以解决抚顺市乡村产业发展不旺的问题，进而为促进抚顺市乡村振兴作贡献。

　　二是为乡村研究贡献绵薄之力。习近平总书记指出，要坚持乡村全面振兴，抓重点、补短板、强弱项，推动农业全面升级、农村全面进步、农民全面发展。2018 年是乡村振兴的开局之年，全国各行各业都把实施乡村振兴战略摆在优先位置，以实干促振兴，农业农村经济活力得到了明显增强。而抚顺市在乡村产业振兴方面的著作还是一片空白。抚顺市社会科学院作为地方智库，更要在智力支持上为乡村振兴作贡献。因此，抚顺市社会科学院相关科研人员结合抚顺市实际，完成了这样一本理论与实践相结合的著作。这不仅为抚顺市农业发展提供了参考，也填补了抚顺市乡村振兴著作领域的空白。

三是成果转化的重要体现。地方社会科学院的重要职责是为现实服务、为应用服务、为地方经济和社会发展服务。因此，抚顺市社会科学院从事社会科学研究的同志，要与实际工作部门的同志多沟通、多联系，把理论应用到实践中。这就要求社科工作者要走出书斋，深入实际调查研究，提出解决问题的观点和建议，为地方经济和社会发展作贡献。此课题是抚顺市社会科学院相关科研人员走遍清原县、抚顺县、新宾县所有乡镇的调研结果，也是读者全面了解抚顺市乡村发展情况的重要参考，更是抚顺市社会科学院成果转化的最好体现。

课题提出后，温成泉、刘士全等同志对涉及的资料进行选编、拟定写作提纲，设计各章、节的框架，由课题组成员按提纲进行写作。初稿完成后，由刘士全、孙熠（辽宁石油化工大学）进行了编辑加工及修改，在修改过程中，得到了段玉珍、王晓民、王平鲁、罗震（抚顺市经济学学会）、赵连玉（市农委）、李群（市委党校）等同志的指点和帮助，最后由李栋、温成泉、朴熙荣等同志审阅了书稿。

课题在写作过程中，参阅了国内外相关研究成果，同时也得到了抚顺市经济学学会的支持和帮助，辽宁大学出版社的编辑不辞辛苦地为该书的出版作了重要贡献，还有许多的同志为本书的出版提供了帮助，在此一并致以由衷的谢意！

编者
2019 年 3 月